社会変容をめざすESD

ESD towards Social Transformation

ケアを通した自己変容をもとに

Transforming Oneself through Caring

曽我幸代

Soga Sachiyo

学文社

はじめに

　気候変動によるさまざまな影響は，環境だけでなく，社会や経済にも及び，その深刻化が問題視されている。1992 年の国連環境開発会議で世界にその名が広く知れわたったセヴァン・スズキの言葉は，今でもなお私たちの心に届く。「どうやって直すのかわからないものを，こわし続けるのはもうやめてください。」解決できないことを続けないでと呼びかけた声は，どれだけの「大人」の心に残っているのだろう。この言葉は，現代社会が直面している問題に，私たちがどのように対応していかなければならないかを考えさせる。またそれは，教育が地球規模の諸問題の解決に貢献できるのかという問いにもつながる。私たちが，教育に何を求め，どこに教育の目標を置くのかによって，そのあり方は異なる。子どもや若者の成長に役立つとともに，社会の発展にもつながる教育について考えていく必要がある。

　筆者がこれまでに出会ってきた子どもたちや若者たちは教育によって，幸せを感じている者もいれば，反対に苦しみやつらさを覚えている者もいた。途上国で出会う，学校に行きたくても行けない子どもたちや児童労働の場から逃れて再教育を受けている若者たちに，教育の重要性について気づかされる一方で，試験の結果に一喜一憂し，教師や親の評価を気にする子どもたちに，教育とは何かを改めて問いかけられる。

　筆者は教育に関心をもち，教育学を学び，子どもや若者がそれぞれの苦しみから解放される可能性を教育に期待するものの，教育に関わるもしくは子どもや若者に関係する報道を見聞きするたびに，家庭や学校など子どもや若者の居場所に何か異変が起きているように思われた。また，同時に教育する側の「大人」に不信感を抱くようになった。

　現代社会に生きる「大人」になった今，改めて上記のセヴァンの言葉を自分自身に問いかけると，教育のあり方を根本から考え直さなければならない必要

i

性に迫られる。子どもや若者を取り巻く持続不可能とも思える問題が取り沙汰されるなか，教育が社会の要となって，人を幸せにするという希望や期待を越えた，ある種「祈り」にも近いような思いが，自らを研究の道へと歩ませたとも言えるのかもしれない。

　子どもや若者が事件や事故に巻き込まれる昨今の問題は，現代社会の歪みを表していよう。社会と教育の関係性，ならびに一人ひとりの「生」と教育との関係性を再構築しなければならない時にある。どうすれば子どもや若者が苦しみやつらさから解放されるのかという問いに一つの道を示してくれたのが，2007 年の夏に聖心女子大学で開催された「環太平洋国際会議」で出会った「ESD (Education for Sustainable Development)」という教育のあり方だった。同会議に一ボランティアとして参加して，ESD という初めて耳にする教育のあり方を学ぶうちに，筆者はそれに魅了された。ESD に秘められた可能性を探るために，既存の教育と何が違うのか，どこにその特徴を見出せるのかと問い続けた。「こわし続ける」人間による社会を「直す」ために，その根底にある世界観から捉え直し，また，どのような教育が必要であるのかについて検討してきた。

　ESD は，何か明確な正解がある教育ではない。進化する概念であり，人や場所が変われば，そのあり方も多様にある。ただ一つ共通していることは，持続不可能な状況を持続可能にするということである。そのキーワードとなるのは変容であり，どのような人がどのような持続不可能な状況にいるのかを知り，どのように持続可能にしていくのかを考えていくプロセスである。またそれは，「専門家」任せにしてきたこれまでの社会や教育のあり方をふり返らせ，一人ひとりが持続可能な社会や教育について考えていくことを求めるのである。

　本論が，一人ひとりの生活や考え方を問い直すきっかけとなり，「こわし続ける」社会を立ち止まらせ，「直す」ことができる社会について考えるための，また，子どもたちや若者たちの足元を照らす教育について再考するための一助となれば，幸いである。

なお，本書は 2014 (平成 26) 年 2 月に聖心女子大学大学院文学研究科に提出した博士学位論文「持続可能なコミュニティと自己変容をもたらす教育」をもとにしている。平成 29 年度日本学術振興会科学研究費補助金「研究成果公開促進費 (学術図書)」(課題番号 17HP5214) の交付をうけて刊行するにあたり，一部の内容を変更している。

目　次

はじめに　　i

図表目次　　vi

略語一覧　　vii

序　章　研究のねらいと先行研究の検討 ………………………… 1

第1節　本研究の目的　　1

第2節　先行研究の検討　　6

第3節　本研究の意義と方法　　13

第4節　本論の構成　　20

第1章　持続可能性に向けて求められる思考様式 ……………… 25

第1節　近代科学技術の進歩と二元論的世界観　　25

第2節　全体論的世界観に基づいたシステム思考　　32

第3節　科学と持続可能性　　46

第2章　持続可能な開発と自己変容 ……………………………… 53

第1節　不確実性の時代の到来と価値観の多様化　　53

第2節　持続可能な開発とその必要性　　60

第3節　関係性を捉え直すケアと〈人間中心〉主義　　66

第4節　自己変容を通した持続可能な開発　　79

第3章　自己変容をもたらす教育 …………………………………… 91

第1節　「国連 ESD の 10 年」採択までの国際的動向　92

第2節　変容をもたらす教育としての ESD　112

第3節　ESD と「自分自身と社会を変容させるための学び」　126

第4節　ESD の課題と自己変容の重要性　149

第4章　変容をめざした自由学園の教育 …………………………… 161

第1節　自由学園の教育的基盤　164

第2節　生活に根ざした自由学園の教育

　　　　―自由学園最高学部生への聞き取り調査をもとに―　178

第3節　変容をもたらす教育への示唆　198

第5章　社会変容をめざす ESD ………………………………………… 211

第1節　教育を通した「ケアするコミュニティ」の形成　211

第2節　本研究の課題　220

おわりに　224

参考文献　227

索引　245

図表目次

図 I　ESD のエッセンス　11

表 1-1　環境倫理学で扱われる問題　29
図 1-1　世界人口の推移と推計（紀元前～2050 年）　35
図 1-2　U プロセスと変化の 4 段階，およびその変曲点　38
図 1-3　意識／世界の構造と時間　45

図 2-1　〈切り身〉の関係＝かかわりの部分性　58
図 2-2　〈生身〉の関係＝かかわりの全体性　58
図 2-3　care と cure の意味の変遷と関連　72
図 2-4　U プロセス　80
図 2-5　社会システムの見取り図　86

表 3-1　ESD に関わるユネスコ等による国際会議等の経緯　96
表 3-2　IEEP の前半期の区分と活動　98
表 3-3　トビリシ宣言に明記された環境教育の目標・目的・指針となる原則　100
表 3-4　「世界保全戦略」における開発と保全の概念　101
表 3-5　EPD の焦点と原則　105
表 3-6　「ダカール行動枠組み」による EFA へ向けた目標　108
表 3-7　ミレニアム開発目標　109
表 3-8　ESD の 7 つの特徴　114
表 3-9　持続可能性への教育と社会における段階的な対応　119
図 3-1　ESD の見取り図　123
表 3-10　学習の柱の比較　134
表 3-11　未来のための学び：ESD におけるコンピテンシー　140

図 4-1　自由学園における「生活即教育」の実践　168
図 4-2　自由学園の食の循環図　169
図 4-3　ホールスクール・アプローチ　177
表 4-1　聞き取り調査の日程一覧　179
図 4-4　インフォーマントの通学歴　181
表 4-2　聞き取り調査での質問項目　182
表 4-3　自由学園における学び　185
表 4-4　自由学園の教育の「概念モデル」　190
図 4-5　社会システムの見取り図と自由学園　202

略語一覧

ACCU	Asia/Pacific Cultural Centre for UNESCO	ユネスコ・アジア文化センター
ASPnet	Associated Schools Project Network	ユネスコスクール
BUP	Baltic University Programme	バルト海大学プログラム
DCSF	Department for Children, School and Family	（英国）子ども・学校・家庭省
EFA	Education for All	万人のための教育
EfS	Education for Sustainability	持続可能性のための教育
EPD	Environment and Population Education and Information for Human Development	人間開発のための環境・人口教育と情報
ESD	Education for Sustainable Development	持続可能な開発のための教育，持続発展教育
ESD-J		「持続可能な開発のための教育の 10 年」推進会議
GAP	Global Action Programme	グローバル・アクション・プログラム
GDP	Gross Domestic Product	国内総生産
ICEE	International Conference on Environmental Education	国際環境教育会議
IEEP	International Environmental Education Programme	国際環境教育計画
IIS	International Implementation Scheme	国際実施計画
ILO	International Labour Organization	国際労働機関
IPCC	Intergovernmental Panel on Climate Change	気候変動に関する政府間パネル

IUCN	International Union for the Conservation of Nature and Natural Resources	国際自然保護連合
MDGs	Millennium Development Goals	ミレニアム開発目標
NGO	Non-Governmental Organization	非政府組織
NIER	National Institute for Educational Policy Research	国立教育政策研究所
NPO	Non-Profit Organization	非営利団体
PI	the Presencing Institute	プレゼンシング・インスティチュート
SDGs	Sustainable Development Goals	持続可能な開発目標
SoL	Society for Organizational Learning	組織学習協会
UN	United Nations	国際連合
UNDESD	United Nations Decade of Education for Sustainable Development	国連持続可能な開発のための教育の10年
UNECE	United Nations Economic Commission for Europe	国連欧州経済委員会
UNEP	United Nations Environment Programme	国連環境計画
UNESCO	United Nations Educational, Scientific and Cultural Organization	国連教育科学文化機関（ユネスコ）
WCED	World Commission on Environment and Development	環境と開発に関する世界委員会（ブルントラント委員会）
WWF	World Wide Fund for Nature	世界自然保護基金

序　章

研究のねらいと先行研究の検討

第1節
本研究の目的

　本研究は，教育が個人ならびに社会のウェル・ビーイングを高めることに貢献するのかという問いへの一つの応答として，個人と教育，および社会の関係性に着目しながら，持続可能な社会の形成に求められる教育について検討することを目的とする。

　近年，報道されている事件や事故からも明らかなように，子どもや若者に関わる問題が深刻化している。いじめ，児童虐待，育児放棄，売買春に関わるJKビジネス，少年犯罪など，子どもや若者が被害者のみならず，加害者となることもしばしばである。また，本来彼ら／彼女らが守られるべき場である家庭や学校における事件や事故も数多く報告されている。こうした事態は私たち一人ひとりに問いかけられる「生」の問題であるように思われる。それは，どのように「他者」とともにいるのかという問いであり，また私たち一人ひとりのライフサイクルならびにライフスタイル，すなわち，自身の生き方に関わっていよう。

　子どもや若者に関わる問題だけにとどまらず，現代社会は気候変動，環境破壊，地域紛争，貧困の格差拡大，金融危機などの持続不可能な事態にも直面している。地球規模で起きている喫緊の諸問題に対して，私たちはどのように対処すべきかが問われている。すなわち，国内外のさまざまな問題には，私たち

1

一人ひとりの暮らしや営みが関連しているという各々の自覚とともに，習慣的な行動の改善が求められているということである。

　以上のような現代的な課題は，個人と社会の関係，またそこにいかに教育が関われるのかを問いかけるのである。こうした問いへの応答の繰り返しが国際社会ではなされてきた。しかしながら，教育以上に，経済成長か環境保全かという社会のあり方についての議論が二項対立の図式でなされてきたために，教育もどちらかに利用されてきた歴史であったとも言えよう。誰のための，何のための「開発」ないし「教育」であるのかを改めて考えなければならない。

　1972 年に開催された国連人間環境会議（ストックホルム会議）以降，経済成長か環境保全かという二項対立的な論争を越えた人間と自然との共生のあり方が問われているが，同会議から 40 年を経た今でも，対立的な議論が繰り返されている。その一つの要因として挙げられるのは，経済成長と環境保全が相互補完関係にあるという認識のもとで議論が進められていることである。それは，環境を破壊しないように配慮した「グリーン」な技術革新によって，経済成長を遂げようとする考え方である。このようなグリーン・エコノミーの導入と促進は，近年の国際会議においても強調された (United Nations, 2012)。しかしながら，それが「持続可能な開発 (Sustainable Development)」のあり方であるのかを問わなければならない。つまり，環境的・経済的・社会的側面を包括的に捉え，世代内および世代間の公正を実現する「開発」であるのかを吟味する必要がある。そうでなければ，これまでの経済成長路線を進む社会体制と根本的に変わらない開発が行われていることとなる。

　1987 年のブルントラント委員会の報告書『地球の未来を守るために (“Our Common Future”)』で定義づけされたと言われている持続可能な開発は，「将来世代のニーズを損なうことなく，現在世代のニーズを満たすこと」(WCED, 1987 : 8) を意味している。この定義によって後押しされた経済成長は，資本主義体制のもとで環境負荷をかけないように進められていると言える。それは，従来の体制と同じシステム内で技術革新をしているにすぎないのである[1]。こ

2

のような変わらない資本主義体制内で行われるという前提自体が問われなけれ
ば，経済成長を目指す途上国・新興国と二酸化炭素排出量の削減目標を達成し
ようとする先進国の二極化によって生まれた溝は埋まらないだろう。

　資本主義体制のもとで行われる経済活動の特徴の一つとして，あらゆるもの
を数値化して予測し，無駄を省き最大限の成果を挙げることを目指した合理主
義が挙げられる。未来への貯えのために計画的に実行していくという考え方は，
機械論的な世界観に依っている。それは，近代以降私たちの生活の中に染み込
んでいる直線的な時間観や，事象を客体化し要素還元的に捉える見方に代表さ
れる思考様式である。確かに，現代社会には機械論的世界観に基づいた，さま
ざまな発見や実践，進展が積み重ねられてきた。その恩恵は，私たちが手に入
れてきた物質的な豊かさと時間短縮による便利さにみることができる。

　その一方で，それによる社会システムの歪みが，現在直面している幾多の諸
問題として現れていることも否定できない。世界の国々が科学技術の進歩に力
を注ぎ，工業化を促進させる一方で，天然資源は枯渇し，環境破壊は悪化して
いる。近代科学技術の進歩や経済成長が私たちに豊かさや安全をもたらすとい
う「神話」は環境破壊や経済格差などによって根底から揺さぶられ，不確実な
時代が到来したと言える（例えば，今道，1990；今村，1994a；バウマン，2001；
ベック，2005；見田，2006；大澤，2008, 2011）。自然を客体化する機械論的な世
界観に基づいた自然科学の進歩や資本主義体制の確立によって，深刻化した環
境破壊や経済格差などの問題を目の前にして，人間と自然に関わる知識の問い
直しが求められている（例えば，Prigogine and Stengers, 1984＝1987；鬼頭，
1999a；鬼頭・福永，2009；尾関，2001, 2007；松尾・牧村・稲垣，2010）。

　近代科学技術の進歩を支えた知識体系は，社会的な営みの中で形成される価
値観や伝統的信条といったローカルな知識体系よりも優位にあるとされてきた
（シヴァ，2002, 2003）。偏った知識体系の全体性を整えるためにも，科学的に実
証されていない知識体系に位置づけられる叡智や人間性などについて捉え直す
必要がある。ローマ・クラブは1972年『成長の限界』において，資源の有限

性，その利用効率の改善，質を重視した開発の3点を指摘した。なかでも，3つ目に関しては「われわれが必要とする，最後の，最もつかみどころのない，そして最も重要な情報は，人間の価値観に関するものである」（メドウズ他，1972：167）と述べ，続編である『限界を超えて』において「生産性や技術以上のもの，つまり，成熟，憐みの心，知慧といった要素が要求されるだろう」（メドウズ他，1992：viii）と説明を加えている。このことは，環境保全と経済開発の関連が説かれる持続可能な開発に関するその後の国際的な宣言文からも読み取れ[2]，持続可能な社会やコミュニティをいかに形成するかについての議論や実践が行われている（例えば，木村，2008；立教大学 ESD 研究センター，2011；鈴木，2012；西井・藤倉他，2012：140-281）。

　機械論的な世界観に基づいた社会体制のもとで生じる世代内・世代間の不公正に対応するために，換言すれば，科学的に実証された知識体系が優先されるという知識体系の偏在化を問い直すために，ESD（Education for Sustainable Development：持続可能な開発のための教育[3]）は提案された。その誕生は，1992年の国連環境開発会議（リオ・サミット[4]）で採択された「アジェンダ21」の第36章に見ることができる。それ以降，ESD は世界的に促進され，2002年に UN-DESD（United Nations Decade of ESD：国連持続可能な開発のための教育の10年）として国連総会で採択された後，国際連合教育科学文化機関，ユネスコ（United Nations Educational, Scientific and Cultural Organization：UNESCO）を主導機関として，さまざまな教育現場で実践されている（例えば，UNESCO, 2005a, 2008, 2009a など）。

　国内においては，環境省や文部科学省を始めとして関係省庁が集まり，「国連持続可能な開発のための教育の10年」関係省庁連絡会議が内閣に設置され，2006年に「わが国における『国連持続可能な開発のための教育の10年』実施計画」が定められた。さらに，ESD に関連する法律の改正等も進められた[5]。なかでも，2008年に公布された「教育振興基本計画」において「地球的規模での持続可能な社会の構築は，我が国の教育の在り方にとっても重要な理念の

4

一つである」（文部科学省，2008：10）として，ESD が生涯学習社会を実現させるために参考となる理念であると記された。また 2013 年に閣議決定された第二期「教育振興基本計画」においては，ESD が現代的・社会的な課題に対応する学習として推進されるべきと明示された（文部科学省，2013a）。平成 20 (2008) 年の学習指導要領改訂では「持続可能な社会」の文言や「持続可能な開発」に関連する内容が記された。学校教育において ESD に取り組む環境が整備されてきており，ESD の実践を推進するユネスコスクールへの加盟件数も近年増加している[6]。さらに，環境省や ESD-J[7] などによって地域における ESD の実践も進められ，生涯学習として子どもから大人が関わる身近な学びの場づくりが行われている。

　ESD は環境保全と社会的公正を実現するために必要とされているが，環境教育や開発教育などの既存の教育と類似しており，その特色が見出されないまま展開されている。ESD が「持続可能な開発」に向けて行われる「教育」であるならば，世代内・世代間公正に向けた開発のあり方を探究することが，一個人の人格形成にどのような影響をもたらすのかについて検討する必要がある。つまり，自然や他者が，自分自身とどのように関わっているのかを捉えることが求められる。

　上記のような問題意識は，教育が地球規模の諸問題を引き起こす社会システムの再生産に貢献しているのではないか（Orr, 2004），という疑問につながっている。近代教育では，一個人の人間性を開花させたり高めたりしながら，社会の発展や革新を目指す営みではなく，社会秩序を維持するための人材育成が重視されてきた。そのため，学校には競争原理が持ち込まれ，再生産の構造はより固められる。管理体制のもとで行われる数値による評価とそれによる序列化は，子どもたちのみならず，教員にも影響を与え，精神的な抑圧となって，教育活動にさまざまな弊害を引き起こしている（例えば，堀尾，1989；天野，1995；藤田，2007；広田，2009）。ESD が社会の変容をもたらし，持続可能な社会をつくるための一つの手立てとされるのであれば，社会変容をもたらす教

育とは，どのような特性をもっているのかについて，教育と社会システムとの関係を明らかにしながら検討する必要があろう。本研究の狙いは，教育が危機的な状況に応えることができないのではないかという先の疑問への応答の一つとして，社会を変容させるためには，教育が要になるということを考察していくことにある。

第2節
先行研究の検討

ESD は，人類の生存が持続不可能とも予測される地球の現状に歯止めをかけ，持続可能な社会をつくるための国際的な教育政策として推進された。UN-DESD の国際的な実施枠組みとしてユネスコによって作成された UNDESD 国際実施計画 (International Implementation Scheme：以下，IIS) には，持続可能性の中核を占めているのは教育であり，教育と持続可能性は密接につながっていると書かれている。深刻化する地球規模の諸課題を克服するうえで，教育が担う役割の重要性をここに改めて確認することができる (UNESCO, 2005b：27)。

IIS には，教育と学習の側面に持続可能な開発の原則と価値観，実践を統合させることが UNDESD の全体目標であると記されている。この教育的な取り組みを通して，行動の変化が促され，より持続可能な未来がつくられることが期待されているのである。ゆえに，すべての人が，教育を受け，持続可能な未来や積極的な社会変容に求められる価値観や行動，ライフスタイルを学べる機会のある世界が UNDESD のビジョンとして描かれている (*Ibid*, 6)。IIS の内容をより詳しく説明している枠組みには，このような目標を実現させるために，ESD に取り組む特徴として，学際的・ホリスティック，批判的思考と問題解決，価値志向性，多様な方法，参加型，適用可能性，地域の重要性の 7 つが記されている (UNESCO, 2006：17)。また，取り扱われるべき重要課題が 3

つの視点から挙げられている。一つは、人権、平和と人間の安全保障、ジェンダーの平等、文化的多様性と異文化理解、健康、HIV/AIDS、ガバナンスに関わる社会・文化の視点であり、2つ目は天然資源、気候変動、農村の変容、持続可能な都市化、防災・減災を含む環境の視点で、最後の経済の視点は、貧困削減、企業責任と説明責任、市場経済についてである[8]。さまざまな地球規模の諸問題を関連させることが、ESDの特徴であるとも記されている（*Ibid*：18-21）。

　地球規模の諸問題を扱うという特徴が、ESDに問題解決のための教育である印象を与えていることは否めないだろう。確かに、IISに記されている上記の特徴から、気候変動や生物多様性などの諸問題をテーマにして、学際的な観点から批判的に問題を捉えたり、地域課題と関連させながらグローバルな問題について考えたりすることを求めていることが読み取れる。しかしながら、UNDESDの目標やビジョンに書かれているように、ESDが持続不可能になりつつある社会から持続可能な社会へと変容させることを促す教育であることに注目しなければならない。上述したグローバルな課題を扱った教育活動を通して、学び手の意識や習慣が変わることを狙いとしているため、そこで問われている「変化」は、表面的な「取り替え」を求めているのではない。UNDESDのビジョンにある「価値観や行動、ライフスタイルを学ぶ」とは、従来の考え方や生活習慣を見直し、持続可能な社会の形成に求められるものの見方やふるまいを身につけていくことと考えられる。そのために、UNDESDにおけるユネスコの役割および加盟国の課題の一つに、「既存の教育プログラムの再方向づけ」[9]とあり、UNDESDの始まりとともに、各国政府には、ESDを組み込んだ教育システムの変革が求められた（*Ibid*, 7）。さらに、UNDESDの後半期には、「自分自身と社会を変容させるための学び（Learning to transform oneself and society）」がESDの特徴の一つであると示された（UNESCO, 2009b, 2010）。以上のことから、ESDは自己変容と社会変容をもたらそうとする教育であると考えられる。

序章　研究のねらいと先行研究の検討　　7

UNDESD が始まり，ESD に関する学術的な研究は増えてきており，国内においては日本環境教育学会や開発教育協会，日本国際理解教育学会などによって進められている。2005 年以降，学会等での研究報告やシンポジウムの開催，論文発表や関連書籍の刊行，実践事例集の配布などが継続的に行われている。ここでは，それを大きく次の4つに分類して，先行研究のまとめとしたい。

　一つ目は，ESD 誕生までの経緯から，既存の教育との関連性について捉えた研究である。UNDESD 採択までの経緯や各国の動向（例えば，佐藤・阿部・アッチア，2008；佐藤・阿部，2012），複雑な要因によって引き起こされているグローバルな諸問題について理解するための分野横断的かつ学際的な内容についての議論が目立っている（例えば，日本環境教育学会，2012；祐岡・田渕，2012）。なかでも，ESD との関連性も高い環境教育の分野での議論は，ESD を検討するうえでの重要な先行研究となりえる。それは，環境教育が国内において社会的認知を受けた過程と，ESD の普及と促進の過程が重なるからである。現在，環境問題は学校教育でも社会教育でも扱われるテーマであり，数多くの実践が行われている（例えば，清里環境教育フォーラム実行委員会，1992；鬼頭，1999b；鬼頭・福永，2009；阿部・朝岡，2010）。しかしながら，学校におけるその役割は，まだなお課題が残っている。それは，今村光章が指摘するように，環境教育が地球規模の環境問題の解決に功を奏しているのかという疑いである。このような問題意識のもと，今村（2009：3）は，「学校で行われている環境教育を阻む『壁』の正体を暴き出し，その『壁』を乗り越えていく方法を模索し」，環境教育の基礎理論を構築しようとする。海外の批判的な議論を用いながら，環境教育の分野で教育学的な視座から「新しい環境教育」[10]を示している。今村を始めとする「新しい環境教育」は，本研究における ESD 論を考察するうえで，不可欠な示唆を提供している。

　2つ目は既存の理論を用いて，ESD の特徴を捉える理論研究である。ワークショップでの実践や ESD に取り組んでいる学校への調査から得られた見解をもとに，参加型経験学習や対話などの方法（例えば，川嶋，2011；中西，

2011；中澤，2012），習得されるべき技能（例えば，丸山，2009；Mochizuki and Fadeeva, 2010；トランスファー21，2012）などが考察されている。なかでも，小栗有子による「ローカルな知」を通した ESD 論では，地元学や鶴見和子の内発的発展論などを用いて，ESD の特徴である地域性や価値志向性について論じられており，生活者である一人ひとりによる学びの創造の重要性が述べられている。小栗は，ESD がユネスコを始めとする国際機関や国によって政策としてトップダウンに推進されていることや，ESD でも重要視されている「ローカルな知」に関して，それを所有する当事者ではない第三者，つまり，教育者や研究者などの専門家によって分析され，活用されることを問題視する。けれども，彼女は専門家による知識の分析や活用に対抗するのではなく，当事者性を引き出し，「草の根の民衆の思いや願いを形にしていける理論」(小栗，2005a：29) として ESD 論を構築していくことを目指す[11]。同じように，岩佐礼子 (2013) も鶴見の内発的発展論を用いて地域における ESD の実践を捉え，トップダウンで展開される ESD のあり方に疑問を呈し，「内発的 ESD」の意義を強調している。

　3つ目に，国内外における優良実践をもとに検討した事例研究である。IIS や関連する文書資料に書かれている ESD の特徴が現れている具体的な事例を集め，どのような教育活動が行われているのかを考察している（例えば，UNESCO, 2005a, 2008, 2009a, 2011a；阿部・田中，2012）。永田佳之や成田喜一郎らは従来の教育観からの変化を指摘し，ESD の評価につながる議論を展開しており，学校文化や地域の変容に通じる見解を述べている（永田，2009a, 2010, 2011；成田，2009）。なかでも，日本国際理解教育学会特定課題研究プロジェクト「持続可能な社会形成と教育：ESD の実践基盤に関する総合的研究」(永田・原他，2012) は，変容に着目して4種類のアプローチによる ESD の実践を示し，そこでの学びの特徴を捉えている。ESD の目的である「既存の教育プログラムの再方向づけ」によって，教育活動の方向性と手法，習得されるべき技能が有機的に関わっていること，また，そのようなシステムが学び手の変容にどう関

係しているのかを読み取ることができる研究報告である。さらに，日本ホリスティック教育協会は，UNDESD の前半期に ESD に関する書籍を刊行し，その可能性について全体論的な視座から論じた（日本ホリスティック教育協会編，2006, 2008）。機械論的な思考様式からの転換を主張し，世界各国のオルタナティブ教育の事例から ESD がどのような教育観に根ざすべきかについて検討した論考が掲載されている。なかでも，同協会とユネスコ・アジア文化センター（Asia/Pacific Cultural Centre for UNESCO：ACCU）の共催によって 2007 年に開催された環太平洋国際会議で生まれた「ホリスティック ESD 宣言」は，子どもの発達に応じた教育，地域性，文化の重要性，大人自身の学びの必要性を説き，ESD にとって必要不可欠な視点を示している。

　最後は，ESD を批判する研究である。ESD が学習者自身にもたらす影響，および教育システムの変容，社会変容へとつながるということについて，教育学的視座から体系的に論述された研究は，国内においてまだ発展途上と言える。海外においては，*Journal of Education for Sustainable Development* を始め，欧米の環境教育関連の学術誌が刊行されており，ESD や持続可能な開発に対する批判的議論がなされている（例えば，Jickling, 1992, 1998；Selby and Kagawa, 2010；Wals, 2011）。カナダの環境教育学会長である B・ジクリングは，「なぜ私は自分の子どもを持続可能な開発のために教育させたくないか」という論文（Jickling, 1992）で，「持続可能な開発」の曖昧な定義づけと，「○○のための教育」に見られる教育の道具的な目的論を批判した[12]。環境教育においても，概念の哲学的な分析が不十分であることと，「環境のための教育」という名称が与える教育の方向性や目的が限定されることの 2 点については検討すべきと指摘する。このジクリングが投げかけた論点は，現在においても確認されており，ESD の根本的な課題を示していると考えられる。このような ESD への批判の共通点として，ESD が新自由主義の影響を受ける危険性をもっているという見解である。つまり，十分な議論をされていない「持続可能な開発」が経済至上主義や技術至上主義に基づき，経済成長が優先される社会の再生産の道具

にされたり，異常気象や生物多様性など，喫緊の課題とされるテーマのアドボカシーに利用されたりする危うさを内包していることが挙げられる。曖昧な定義づけによって，地域社会や学校の文脈に応じた取り組みが可能となり，実践に多様性が生まれる一方で，自らの足元をすくうかもしれない脆弱さがあることに気づかせる指摘である。

　このような重要な指摘は，国内で ESD に取り組んでいる関係者の目に留まる機会は少なく，「ガラパゴス」[13]状態を生み出しているとも言える。国内における優良実践から ESD の特徴を捉えることも重要であるが，海外で行われている ESD に関連する議論を手がかりにして自らの取り組みを相対的に捉え，内省しながら深みのある実践へと発展していくことが期待されよう。

　このように，ESD が扱われる領域が環境教育や開発教育，国際理解教育などさまざまであるために，ESD と既存の教育との類似性ないし親和性を捉えることはできても，それらとの差異が見えにくいがゆえに，ESD そのものの特性は見出されにくい。ここに，ESD と既存の教育との関係を明らかにする一つのイメージとして，ESD-J が示した図1がある。それは，「形容詞付きの

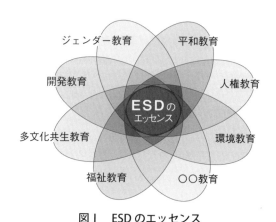

図1　ESD のエッセンス

（出所）ESD-J「シナリオプロジェクト」
〈http://www.esd-j.org/aboutus/concept〉（2017 年 9 月 20 日最終閲覧）より抜粋。

教育 (adjectival education)」に ESD のエッセンスが含まれていると説く。図 1 をみても，ESD が既存の「形容詞付きの教育」とまったく異なる教育ではないことがわかる。

　実際，教育方法や教育課程，教育内容等に関わる先述した 7 つの特徴や地球規模的な諸問題を扱った教育実践は，UNDESD の以前にも環境教育や国際理解教育，開発教育などのような「○○教育」と称される「形容詞付きの教育」でも取り組まれていた (UNESCO, 2009b：37)。ESD の概念が検討され始めたことで，そこで扱われる「環境や開発のトピックが，持続不可能性を帯びた新たな時代状況でいかに活かされ得るのかについては各教育の現代的課題である」(永田，2012：50) が，「形容詞付きの教育」はグローバルな諸問題と関連させ，時代に応じた教育内容の適用範囲を拡大させてきたとも考えられる。「形容詞付きの教育」は，これまでにも時間割の中のどの授業時間を使うことができるのか，また既存の教科内のどの単元に組み込むことができるのかなどの議論が行われてきている (McKeown and Hopkins, 2007)。ESD においても，国語・算数 (数学)・理科 (化学・物理・生物)・社会科 (公民・地理・歴史・倫理・政治経済・現代社会)・英語・家庭科などの既存の教科内で関連する単元の中で扱われたり，総合的な学習の時間等を使って，分野横断的な学習が行われたり，また学校全体で取り組んだりと多くの実践が積み重ねられてきている (永田・原他, 2012)。

　ESD が「形容詞付きの教育」と関係し合いながらも，独自の特性をもたなければ，ESD の実践を評価することも難しいだろう。ESD が「形容詞付きの教育」との違いをどこに見出すことができるのか定かではないとき，「形容詞付きの教育」の一つとなる危険性をもっている。それによって，従来の教育システム内で「形容詞」が示す研究領域やそれに関連する問題が要素還元的に扱われ，限られた授業時間や教育内容における「形容詞付きの教育」同士のパイの奪い合いに ESD も参加することになろう。極論を言えば，「形容詞付きの教育」があといくつ増えれば，地球規模の諸問題が解決され，持続可能な社会

が形成されうるのかと懐疑的にならざるをえない。教育現場はこうした「新造語主義」に翻弄されたり，「新しい教育」の誕生に鈍感になったりなど，政策と教育現場との溝は広がる。それはUNDESDの目指す教育システムの変容を妨げる要因ともなろう。生徒・学生のみならず，教職員もエンパワーされ，教育文化を改善しようとするESDの可能性は，「形容詞」という研究領域ではなく，教育に重点が置かれていることに見出せるのである。

　そこで，本研究においては，教育システムの変容を捉えることが鍵となる。なぜなら，ESDの目的の一つである「既存の教育プログラムの再方向づけ」には，どのような目標で方向性が示され，どのように方向づけられるのか，つまり，既存の教育プログラムがどのように変容するのかということが含まれていると筆者は考えるからである。ゆえに，社会システムとの関連から変容の方向性を確認するとともに，教育システムの変容が何を意味するのかについて検討していく必要がある。本論で図1が示す「ESDのエッセンス」と呼ばれるコアな部分の教育に迫り，それがどのような特徴をもつのかについて考察するためにも，「持続可能な開発」の概念を整理し，ESDを教育論として展開していくことが求められるのである（日本ホリスティック教育協会編，2008：7）。

第3節
本研究の意義と方法

　UNDESDのビジョンでは，持続可能な未来や積極的な社会変容に求められる価値観・行動・ライフスタイルを学ぶことが目指された。つまり，ESDでは意識や行動基準，習慣を変えることが求められており，その特徴とされる「自分自身と社会を変容させるための学び」が必要とされているのである（UNESCO, 2010）。それは，誰かによってもたらされる変化とは異なり，自分自身と社会が変容するのを実感し，持続可能な社会がつくられていくプロセスを経験することである。このような経験を重ねることで，持続可能な社会づくりの変化の

担い手として育っていくのである。

　ここで，変化の意味をもつ2つの言葉，「変容（transformation）」と「変化（change）」について確認しておく。まず，「自分自身と社会を変容させるための学び」にある「変容（transformation）」の意味について語源から検討したい。その派生のもとにある動詞の「変容させる（transform）」は，"transformare"というラテン語の「変形させる」という語源をもち，「別の状態へ」という意味の接頭語 "trans" と，「形作る」の "form" が合わさった語である。そこから「変形させる・変質させる・変容させる」という意味をもつ。一方で，「変化」を意味する "change" は，ラテン語 "cambire"「交換する」という語源をもち，「取り替える」という意味を含んでいる（McKean, 2005：284, 1789）。

　両者は同じ意味をもってはいるが，それぞれが含意している変化の状態は大きく異なる。"change" には，変化のプロセスが見出せなく，誰かによって変えられる行為が含まれる。私たちは，社会や自分自身を変えることができると信じているが，取り替えることはできないということを知っている。つまり，トップダウンに社会システムの変革を行い，世界を変えていくのではなく，一人ひとりの変容によって，一人ひとりが生きられる社会を創造しながら，社会システムを変容させていく内発的なプロセスであることが求められているのである。

　そこで，本研究では，「自分自身と社会を変容させるための学び」が生まれる教育とはどのような特性をもつのかについて，関係性を捉え直す思考様式であるシステム思考に着目して考察していく。システム思考は，地球規模の諸問題に取り組むための一つの思考様式である。それは事象を関係性のある全体として捉える考え方であり，持続可能な社会を形成するうえで必要とされている。先に挙げたグローバルな諸問題は，さまざまな原因が複雑に絡み合い，引き起こされている。一つひとつの原因に反応し解決策を見出すような対処療法的な思考ではなく，それらの関係性を捉え，問題に包括的な対応をしようとする思考様式が求められる（例えば，メドウズ他，1972, 1992；スターマン，2009；セン

ゲ，2011)。そのため，UNDESD においても，ESD を特徴づけるキーワード
としてシステム思考は強調されている (UNESCO, 2009b)。部分やパターンな
どの互いが有機的に関わり合う全体を認識しようとするシステム思考は，特に
UNDESD の中間年以降，ユネスコの文書・資料で重要視され，注目されてい
る (UNESCO, 2010, 2011a)。システム思考を用いることによって，その問題と
どのように自分自身の意識や行動が関わり，社会変容につなげることができる
のかについて検討することが可能となるだろう。本論では，事象の全体像を見
ようとするシステム思考に一人称の視点を加え，事象と自分自身との関係性を
問い直すシステム思考の重要性について考察する。それによって，UNDESD
で求められている，既存の価値観・行動・ライフスタイルの変容の過程を把握
することができると考えるからである。

　その際，より具体的に他者との関わりを通して既存の価値観を捉え直す知見
をケア論から得て，変容のプロセスを検討する。「ケア (care)」は，教育のみ
ならず保育や看護，福祉，倫理などさまざまな領域で論じられ，ケアする人と
される人という二者の関係性を捉え直す試みが学際的になされてきた。本研究
においても，人間と自然，自己と他者，教育者と学習者，大人と子どもといっ
たさまざまな二者の関係性を問い直しながら，当事者性に気づき，既存の価値
観からの変容を目指しているため，ケア論で展開されている指摘から示唆を得
ることが多いと考えられる。ゆえに持続可能な開発ならびに，ESD において
もケア論を用いることは有意義であるが，こうした試みは皆無に等しい[14]。
ESD の国際的な枠組みである IIS には，価値観の一つとしてケアがあげられ
るが (UNESCO, 2006)，その詳細の記述はない。グローバル，またローカルな
諸問題を扱う持続可能な開発および ESD において，自然や身近な他者，さら
にまだ見ず知らずの他者との関係を考えることは必至である。ケア論の知見は
こうした関係性を捉えるうえで不可欠であり，ESD の理論構築の一端を担う
と考えられる。ここに本研究の意義が見出せよう。

　ケア論といえば，『ケアの本質』で著名なメイヤロフを始め，女性の経験や

序章　研究のねらいと先行研究の検討　15

思考をもとに道徳性発達段階論を展開したギリガン，ケアする人とケアされる人との関係を「ケアリング」とし，ケアリングを中心とした学校教育のあり方を提示したノディングスが挙げられる。本研究では，繰り返しになるが，既存の価値観の変容のプロセスを捉えることが目的であるため，ケアする人を中心に論じ，他者を自己の延長として捉えたメイヤロフの知見をもとにする。上述したさまざまな二者の関係において，社会的に「弱者」とされる側が「ケアされる」傾向が多いことに鑑みて，「ケアする」側が「ケアされる」他者を通してどのように固定観念や当然視されている慣習といった既存の価値体系に気づき，価値および行動変容していくのかについて考察する。

　一方で，本論の研究対象は，ESD においても注目される「若者 (youth)」とする。若者は，人間である以上自然との関わりにおいて「ケアする」側にいるが，まだ「子ども」と見なされ「ケアされる」側にいることもあり，「ケアされる」ことと「ケアする」ことが混在している世代であると捉えられよう。また，若者は「神話」崩壊後の社会を生きており，既存の価値システムの不具合を経験している世代でもある。

　国連の定義によると，国や地域の文化による差異があるため若者を定義づけることは不可能であるが，統計上 15 歳から 24 歳までの年齢層にいる青年期の人々を示すとして，国際的な基準が提示された (United Nations, 1981)。しかしながら，本研究では，その年齢幅を広め，15 歳から 30 歳前後の人々を「若者」とする。それは，広井良典 (2006) の言う「後期子ども」に相当する。

　「後期子ども」と呼ばれる世代は，現代社会において，世界的に「生きづらさ」の中にいる。先述したように，安定した経済システムや安全な社会システムが保たれるという時代の終焉は，未来が予測できない不確実性を高めた。経済成長によって成り立っていた安全神話が崩壊した時代に生きている若者は，不安定な経済・社会システムの中で育ち，将来の安定が約束される就職先を見つけることも困難である。このような状況は，2007 年に起きたアメリカのサブプライムローン問題に端を発した世界同時不況の影響を受けて，失業者数と

失業率が増加したことからも明らかである。また，ILO (International Labour Organization：国際労働機関) が2013年の報告書で，よりよい政策が経済成長と雇用の機会を押し上げ，消費と投資，雇用を促進し，自信回復につながるという見解とともに，国の政策と経済それぞれの不確実性と失業率には相関があるとの報告が公表された。

　世界の動向と同じように，国内においても若者を取り巻く状況は深刻である。世界の失業率の推移と同じように，2007年以降の金融危機によって，国内の失業率は増加している。また，失業率の推移と並行して，若者の自殺率も徐々に高くなっている (内閣府，2012)。国内においても，若者が「生きづらさ」の中にいることをうかがい知ることができる。

　このような若者を取り巻く状況は，先進国に限られたことではない。市場原理に基づく社会の変化は，途上国の若者にも影響を及ぼし，抑うつなどの症状を引き起こしている。地方と都市部での比較では，地方の若者に孤独や抑うつの症状がより現れており，都市部の生活に憧れ，発展が遅れている地方を非難している若者の姿が読み取れる (Simpson, et al., 1996)。グローバル化する社会の変化が若者に及ぼす影響は，経済面や文化面にとどまらず，心理面にも大きく与えていることがわかる。さらに，すでにグローバル化が進んでいる途上国の都市部においては，大学生の抑うつの原因が孤独と関係することを示す研究も報告されている (Nordin, et al., 2009)。また，近年，就職のために習得したスキルと実際の労働市場で求められているスキルとの間に生じている乖離が世界的に問題視されているように (ILO, 2013；UNESCO, 2012)，若者を取り巻く不確実性は，国家による政策や労働市場の雇用状態のみならず，スキルを習得する学校で扱われる教育内容との不釣り合いにもあると予想されている[15]。

　経済成長路線に乗れば恩恵を受けられるという「神話」が失われた時代において，若者の生存のための物質的基盤および，生きることの意味を問う精神的基盤は不安定化し，若者は社会的に脆弱な立場に置かれている。血縁や地縁などによって固く結ばれた共同体社会においては，若者は共同体の一員であり，

職業も結婚も親や共同体によって決められていたため，アイデンティティが確立される過程でモラトリアムを経験する必要がなかった。近代社会になり，就職や結婚に関して，自分で選べる自由が増えた分，自分が何者であるのかを問うアイデンティティに関わる問題が生まれる。これによって，若者は社会的な基盤が緩み，不安定な状態にさらされることになる。ただし，右肩上がりに経済成長が成し遂げられている安定期においては，若者のアイデンティティ確立過程で生じる危機は学校卒業後の就職と結婚によって収束した。ところが，個人化やグローバル化が進んだ現代社会は，安定した近代社会とは異なる様相を呈し，若者を取り巻く経済的・社会的状況は一変した。就職や結婚によって確立されるはずのアイデンティティは，不安定な就労形態や失業率の高さ，未婚・離婚率の高まりとともに危機に何度も直面し，その形成と崩壊を繰り返すことになる（本田，2007：13-22；乾，2010；浅野，2012；山田，2012）。

　学校から仕事，家庭というライフコースが不安定になり，社会の再生産が困難になりつつある中で（浅野，2012：13），現代社会に生きる若者は，安定した近代社会に顕著だった「安定したライフコースを送ることができる青年」と，不安定な現代社会の煽りを受けて，学校から仕事へというコースから「はみ出された青年」に分断されていると，山田昌弘（2012：7）は指摘する[16]。しかし，不安定な経済的・社会的状況が，前者に分類される若者を後者にする可能性は否定できない。このような若者のアイデンティティの流動性は，若者一人ひとりが経済的・社会的な苦境に立たされていることを示す一方で，本田由紀（2007）は若者がその生の最初から，すでに変わってしまった社会を生きており，彼らは新しい前提に基づいて，この社会を作り変えてゆく存在であることを述べる。

　脆弱性と可能性をあわせもつ若者に関わる諸問題は，教育と社会との間に齟齬があることを示しており，そのような課題に取り組むためにも，教育の役割について改めて考え直さなければならないことを想起させる。教育が社会に適応するための知識やスキル等を提供するという目的にのみ，その必要性を見出

すのであれば，教育と社会の状況との乖離はますます広がるだろう。人々に，特に若者に社会を変容させるプロセスに関わらせ，「社会を作り変えてゆく存在」であるというアイデンティティを確立させていくには，ESD の特徴とされる「自分自身と社会を変容させる」教育が必要となってくると筆者は考える。環境破壊や経済格差などの諸問題を手がかりに，自らの価値観や習慣，社会の仕組みなどを問い直し，自己変容と社会変容をもたらす教育のあり方を検討していかなければならない。地球の持続可能性に関わる問題が「教材」となり，問題解決に焦点化される ESD にとどまれば，それは社会に適応するための教育に矮小化される可能性を含んでいる。ゆえに，本論では，社会適応を超えて，社会変容をもたらすための教育のあり方を自己変容との関係から考えていく。なお，自己変容を社会変容につなげるためのアプローチとして，先述したシステム思考とケア論を取り上げる。両者は工学や経営学，教育学といったそれぞれの既存の学問領域では議論が十分になされているが，領域横断的な ESD においての統合的な検討はまだ途上にあると言える。問題解決に向けた事象の捉え方としてのシステム思考，および他者との関係を通して価値観を問い直すケア論から，教育システムの変容のための概念的枠組みとして自己変容と社会変容の関わりを論じていく。

　また，本論で扱うコミュニティとは，自治体組織として公的な性格を強くもつ集団や，家族などのような私的な性格を強くもつ集団を表すのではなく，広井が指摘するように「人間が，それに対して何らかの帰属意識を持ち，かつその構成メンバーの間に一定の連帯ないし相互扶助（支え合い）の意識が働いているような集団」（広井，2009：11）を表す。時に，持続可能な開発や ESD で文化の重要性が強調されるあまり，伝統的な村落共同体への回帰，つまり，個が失われた全体の最大幸福が主張されることがあるが（今村・五十嵐他，2010；鈴木，2013），持続可能な開発ないし ESD が伝統的な社会への回帰を望んでいないことは，IIS から読み取れる。哲学者である内山節は，「歴史改革の方向性が『大きな転換』から『小さな積み上げ』へと変わってきている」と指摘す

る（内山, 2010：165）。それは, トップダウンで社会を改革する封建的な変革ではなく, それぞれが生きられる世界を創造しながら社会システムが変わっていくことを意味している。そこで重要となるのが, 個人が所属する「コミュニティ」である。しかし, 一つのものにすべての人が結合されている伝統的な共同体とは異なる。一人ひとりが生きられる小さな「コミュニティ」を多元的に積み上げ, それらの連携を形成していくことに, 社会変容の鍵はあると筆者は考える。ゆえに, 本論では, 先述した小栗の主張にあるように, 持続可能な開発論を一人ひとりが当事者意識をもちながら日々の暮らしを問い直す理論として捉えつつ, 各々が, 特に若者が生きられるコミュニティづくりの視点から改めて検討する。

第4節 本論の構成

　本論は機械論的な世界観に基づいた要素還元的な思考様式を問い直すとともに, 成長神話が崩壊し, 不透明な未来を目の前にしている現代社会におけるESDの可能性と課題について考察することを狙いとしている。

　持続可能な社会をつくっていく過程で, 科学技術の進歩は必要不可欠である。しかしながら, 経済成長と近代社会の発展に寄与した西洋近代科学技術によって, 安全が保障されないことは, 現代社会が直面する環境破壊や経済格差, 自然災害などから明らかである。このことを踏まえ, 技術至上主義の根底にある従来の二元論的な思考様式の問題点を捉え, 全体論的な思考様式の一つであるシステム思考について検討しようとするのが, 第1章である。第1章では, UNDESDのビジョンにある価値観・行動・ライフスタイルの変容の前提条件となる, 私たちの思考様式の捉え直しについて論じ, 全体論的な世界観に支えられた知識体系について考察する。

　続く第2章では, 前章の考察をもとに, 全体論的な世界観に基づいたコミュ

ニティとは，どのような価値観に根ざし，つくられていくのかについて論じていく。持続可能な開発に関する捉え直しとなる本章において，持続可能な開発に関する先行研究を用いながら，環境保全か経済成長かという二項対立的な議論ではなく，私たち人間存在のあり方と社会の形成との関係について捉えていく。その際，環境倫理学と開発学とでは使われる意味合いが異なる「人間中心主義」に着目する。自然と人間の関係性から改めて人間存在の可能性を見出すことを試み，〈人間中心〉的な持続可能な開発のあり方について検討する。最後に，〈人間中心〉的な持続可能な開発を通して，人間がどのように変容していくのかについて，変容の過程を捉えながら考察し，持続可能な開発の必要性について論じる。

　第1章と第2章から得られた見解を土台にして，ESDについて論じるのが第3章である。ESDは環境保全と社会的公正を実現するために必要とされているが，そのような内容を扱ってきた開発教育や国際理解教育，環境教育などの既存の教育の中で検討されることが多いため，その特色が見出されないまま，ESDに関する議論が展開されている。そのため，始めにUNDESD採択までの国際的な動向を捉え，その特徴を歴史的経緯から確認する。次に，UN-DESD開始以降の動向を踏まえ，特に「自分自身と社会を変容させるための学び」として特徴づけられた背景を検討し，ESDの意義を明らかにしていく。ESDに自己変容と社会変容をもたらす学びがあると特徴づけるならば，変容をもたらす学びについて検討する必要がある。それがどのような学びで，どのような教育システムのもとで実現されるのかについて，先行研究を用いながら論じていく。そのうえで，「自分自身と社会を変容させるための学び」をもたらす教育とは，どのような教育であるのかについて考察する。最後に，以上の見解を用いて，現在のESDの課題を提示する。

　第4章では，ESDにおいて自己変容と社会変容の重要性が強調されつつも，その実践が紹介されたり，研究されたりすることは皆無に等しかったことを鑑みて，社会変容を目指している既存の取り組みを紹介する。東京都東久留米市

にある自由学園は，創立当初より「社会をより良くすることのできる人間を育てる」（自由学園総合企画室，2010：56）ために生活に根ざした教育を続けてきた。同学園は ESD を標榜して ESD の実践をしている学校ではないが，近年，ESD の実践校としての認識も共有されつつある（永田，2009b；高橋・小林，2012）。社会を変容させることを目指してきた同学園の教育から「自分自身と社会を変容させるための学び」を考察するうえで示唆を得ることができると筆者は考える。始めに，変容を目指した同学園の教育の根底に流れている理念について，創立者である羽仁もと子の思想から検討する。次に，自由学園で学んできた学生への聞き取り調査で得られたデータをもとに，変容を目指した教育には，どのような特徴があるのかについて分析し，考察する。

　最後に，本研究のまとめとして，第 4 章までの考察を振り返り，「ESD のエッセンス」にある ESD の特徴について考察する。「自分自身と社会を変容させるための学び」をもたらす教育とはどのような教育であり，「形容詞付きの教育」とどこが異なるのかについて言及する。これによって，ESD の根本的な課題を乗り越えるための見解と，教育が持続可能な社会形成に寄与できるという可能性を示すことができるだろう。ESD のさらなる発展に向けて，自己変容か社会変容かという二項対立に捉えるのではなく，両者を統合的に捉える視点を提示し，「既存の教育プログラムの再方向づけ」につながる見解を述べる。また本論を通して浮かび上がってきた課題から，今後の研究の展望を記す。

注：
　1　例えば，深井（2005：17-59），Fien and Tilbury（2002：1-12），Orr（1992：23-40）を参照されたい。深井（2005：58）は，Peter Christoff の言葉を用いて「弱いエコ近代化論」であると指摘し，また Orr（1992：24-28）は，「技術的な持続可能性」であると述べる。これらに対して求められるのは，「強いエコ近代化論」（深井，2005）であり，「エコロジカルな持続可能性」（Orr, op. cit.：28-38）である。
　2　例えば，倫理的価値観に配慮した環境教育の実践を唱えた「トビリシ宣言」（1977 年）や，科学の不確実性を指摘した「リオ宣言」（1992 年）などがある。これら国際的な宣言

文については，後述する章で扱う。

3　他に「持続発展教育」と呼ばれることもあるが，本論では議論の展開上，ESD，もしくは，「持続可能な開発のための教育」を用いる。

4　地球サミットと呼ばれることもあるが，本論では，他の会議名と同様に，地名を使う通称で統一させるため，リオ・サミットを用いる。

5　例えば，2012 年に施行された「環境教育等による環境保全の取組の促進に関する法律（環境教育等促進法）」，「消費者教育の推進に関する法律」などがある。それぞれの法律に関しての詳細は，環境省「環境教育・環境学習，環境保全活動」〈http://www.env.go.jp/policy/suishin_ho/kaisei_2011.html〉(2013 年 7 月 16 日最終閲覧)，消費者庁「消費生活情報」〈http://www.caa.go.jp/information/index12.html〉(2013 年 7 月 16 日最終閲覧)を参照されたい。

6　1953 年，ASPnet (Associated Schools Project Network) として，ユネスコ憲章に示された理念を学校現場で実践するため，国際理解教育の実験的な試みを比較研究し，その調整をはかる共同体として発足した。国内では ASPnet への加盟が承認された学校をユネスコスクールとしている。世界 181 ヵ国で約 10,000 校が ASPnet に加盟し，国内では 2015 年 6 月の時点で幼稚園から教員養成系大学までの 939 校が加盟している。ユネスコスクールについては，公式ウェブサイト「ユネスコスクールとは」〈http://www.unesco-school.mext.go.jp/aspnet/〉(2015 年 9 月 16 日最終閲覧) を参照されたい。

7　「持続可能な開発のための教育の 10 年」推進会議の略称で，ESD を推進する民間ネットワーク団体である。ESD-J については，当団体のホームページ〈http://www.esd-j.org/〉(2015 年 9 月 19 日最終閲覧) を参照されたい。なお，2015 年以降も「NPO 法人持続可能な開発のための教育推進会議」と名称を改めて，活動を継続している。

8　ユネスコのホームページには，「生物多様性，気候変動教育，防災 (DRR)，文化的多様性，貧困削減，ジェンダーの平等，健康の促進，持続可能なライフスタイル，平和と人間の安全保障，水，持続可能な都市化」の項目が挙げられている。詳しくは，ユネスコのホームページを参照されたい。UNESCO Education for Sustainable Development (ESD)〈http://www.unesco.org/new/en/education/themes/leading-the-international-agenda/education-for-sustainable-development/〉(2015 年 9 月 16 日最終閲覧)

9　ほかに，「質の高い基礎教育へのアクセスを向上させること」，「人々の理解と認識を高めること」，「トレーニングを提供すること」とある。それぞれの詳細は，UNESCO (2005b：28-30) を参照されたい。

10　「新しい環境教育」については，今村 (2009) のほかに，今村・井上 (2012) を参照されたい。

11　小栗による ESD に関連する論考は，小栗 (2005a, 2005b, 2008, 2012) を参照されたい。

12　ジクリングの論文 (Jickling, 1992) に関する詳細については，今村・石川他 (2003) を

参照されたい。

13 永田 (2013a) は，日本で取り組まれている ESD がその国際的な動向と乖離していることを懸念し，国内の ESD を「ガラパゴス化」していると指摘した。

14 フリースペースの一事例を用いて，ケアの視点を用いて考察した論文として，永田 (2007) がある。

15 教育と雇用の齟齬については，2012 年の EFA（Education For All: 万人のための教育）グローバルモニタリングレポートでも報告されている。途上国では未就学によって，読み書き・計算能力を含む最低限必要なスキルを身につけていないことや高校卒業資格がないこと，教育を受けても就職できる雇用機会がないことなどが若者の失業率の増加につながっている。先進国においては，問題解決能力や情報伝達能力，リーダーシップなどの汎用性の高いスキルや専門的な知識の習得，都市部貧困層の若者や学校中退者への再教育の機会の提供などが課題として挙げられている（UNESCO, 2012）。

16 小谷 (2013：2-7) は『希望難民ご一行様―ピースボートと「承認の共同体」幻想』にある古市憲寿の見解に対する違和感を述べながら，望みうる自己実現と承認のすべてを手にした若者を「世界を舞台に活躍するグローバルエリート予備軍」と称し，もう一方を「『地元』の小さな世界の中で生きることを宿命づけられた人たち」として，若者の世界の二極化を指摘した。

第1章

持続可能性に向けて求められる
思考様式

第1節
近代科学技術の進歩と二元論的世界観

1. 近代科学技術の進歩

　20世紀後半から徐々に拡大している環境破壊や経済格差は国内だけにとどまらず，国境を越えた問題となり，地球の持続可能性が問われている。さまざまな危機に直面している私たちは，これまでの開発のあり方を改めて考え直さなければならないときに来ていると言える。機械論的な見方による断片化された諸問題に対して，同じように二項対立の図式の中で解決しようとするのではなく，問題の原因を捉えるためにも異なる思考様式を身につける必要がある。

　西洋科学技術の進歩とその発展は，機械論的な自然観によって支えられた。自然は対象物として人間から分断され，「オートマトン（自動機械），つまりロボット」として操作され，利用されてきた (Prigogine and Stengers, 1984＝1987)。その功罪は現代社会に顕著にみることができる。私たちの生活は物質的に豊かになり，また便利になった。国境を越えて他国の人とのコミュニケーションや交流も可能になった。その反面，上述した地球規模の諸問題が起きている。精神と物質，自然と人間が切り離されることで，世界も「オートマトン」と考えられ (*Ibid.*)，そこでは人間はさしずめオートマトンを動かす部品と言ったところであろう。この思考様式によって生まれる弊害は，工業化，核家族化，地方から都市への人口移動による過疎化と過密化，経済格差，自殺率の増加など自

25

然環境面以外にも現れている。つながりや関わりの喪失，あるいは希薄化の源流は，科学技術の発展の礎が築かれた近代に見ることができる。大澤真幸は，「知の覇権」を握った自然科学の歴史を追いかけることで，近代を捉えることができると述べる（大澤，2010：4）。

> 近代を特徴づけるメルクマールは，真理システムとして自然科学が採用されたことにある。真理システムは，（自然）科学だけではなく，かつては，たとえば宗教や呪縛等も，その機能を果たしていた。固有の意味での（自然）科学が誕生し，それが真理システムの中で圧倒的に優越的な地位を占めるに至ること，それこそ，近代への変容を示すきわめて明確な道標である。
>
> （大澤，2010：3）

　科学技術の発展をみる以前のアリストテレスの自然学のもとでは，知識体系は自然の中に内属していた。しかし近代における科学革命がこの構造を変え，科学は自然に対して「外在的・超越的」な位置に置かれることになる（Prigogine and Stengers, *op. cit.*；大澤，2010）。近代科学技術の進歩によって，16〜17世紀までの「神−人間−自然」という三項関係から，神が省かれ「人間−自然」という新しい二項関係へと転換した（村上，2002a：33）。近代における西欧科学技術の発展は，科学から宗教を引き離し，科学が独立して知を扱う学問となった。自然界にある真理は，神との関係から解き明かそうとされていた近代前期とは異なる文脈で追究されることとなった。このことから，哲学者である村上陽一郎は科学革命を「聖俗革命」と呼び，その理由を以下のように説明した。

> 近代＝現代が最初から一枚岩として，科学的真理なるものを前提とし追究してきているという神話を破壊し，近代＝現代という歴史は，自然科学にとっても，多くの選択と可能性を孕んだ多様性の時代としての近代初期から，ある一価値的なものへと凝縮した一様性の時代へ移行していく過程だ

ということを明らかにするところにある。　　　　　　　　（村上，2002a：20）

　宗教と科学とが調和し，秩序が保たれていた神話的な時代から，自然科学を真理と見なす世俗的な時代へと移行してきたのが近代である。村上（同上書：21-22）は，その過程を「『全知の存在者の心の中に』ある真理，という考え方から，『人間の心の中に』ある真理という考え方への転換であり，『信仰』から『理性』へ，『教会』から『実験室』への転換である」と描写する。つまり，聖俗革命において，科学と宗教は分離し，人間の知性と精神性は分け隔てられたということである。それは，科学の内容にとどまらず，その担い手の移行をも意味していた。知識は，近代以前のように神に認められた担い手に限られたものではなく，一般の人々が平等にアプローチできるものとなったのである。聖俗革命は，神の真理を明かすことが一部の人々，すなわち，聖職者や貴族にのみ許されていた時代から，すべての人間にその機会が開かれた時代への移行をもたらしたのである（Prigogine and Stengers, *op. cit.*：94-95；大澤，2010：53-56；村上，2002a：23-36）。

　デカルトやベーコン，ニュートン，ガリレオ，カント，フロイトなどは，知識の平等の機会を得た科学者である。科学と宗教を分け隔てることになった聖俗革命において，彼らは自然界の現象を細密に分析・考察することで得られる真理の追究に尽力した。彼らが成し遂げた数多くの成果は，自然と神を分け隔て，精神と物質とを分離する思考様式と人間中心的な科学を確立するための礎を築くことにつながっていく。二元論的世界観の源流として取り上げられる科学者らの中には，デカルトやカントなどのように，機械論的自然観を唱え，人間を主体，自然を客体として捉える一方で，自然の中に意味や目的を見出すアリストテレスから引き継がれる目的論的自然観を同時に主張する者もいた（河野，2001；田中，2010）。近代科学を牽引した科学者は，両方の自然観をあわせもっていたが[1]，彼らは法則が発見されるプロセスから事象を切り離し分析する要素還元的な手法によって，真理を追究しようとしたのである。このような

近代科学の知識は技術と結びついて,「成長」のための道具となり,自然を客体として捉える世界観が広がることになる。

　二元論的世界観をもとにした機械論的自然観から得られる知識体系は,自然の人為的支配のために利用され,近代以降,技術が進歩した。技術は,近代以前から科学とともに生活の中に位置づいていた。それは農耕や医療などで発達し,社会の要請に応えてきた。つまり,その成果を求めて買いに来る客が存在していたということである(村上,2010：17)。そのため,客の目的に適うように技術の改良がなされ,その発展につながっていったと考えられよう。技術は「一面において,ある目標を照準したとき,その照準されている目標を,最も経済的に達成するために,筋道を選ばない,という性格を帯びている」(村上,2002b：285)ことから,自然破壊を省みることなく,その進歩のために自然の人為的支配による近代科学の発展がなされたのである。利便性や効率を求めた人間の欲求の増大と,物質的な豊かさを目指した成長志向が,技術革新とその発展の後ろ盾となったことは否定できない。このような状況に歯止めをかけるためにも,行動規範となる倫理観が必要となるはずであるが,自然の品位が落とされた西洋近代社会においては,そのような倫理観が生まれることは期待できなかった。進歩の過程で極めて蔑ろにされてきたのは,自然であり,また「成長神話」を信じて働いてきた労働者たちであろう。

　デカルトやベーコンなどのような近代哲学者らの功績は,現代の私たちの生活を支える土台を築いたと言ってよい。しかしながら,彼らによって得られた知識は,経済成長を実現させるための道具とされたのである。その過程には見落とされ,あるいは見過ごされてしまった部分がある。そのしわ寄せとして現れているのが,現代社会のさまざまな諸問題である。

2. 二元論的世界観に基づく思考様式の問い直し

　さまざまな自然破壊の問題が「地球環境問題」として取り扱われるようになったのは,1989年とされている。この地球環境問題という新しい枠組みが登

表1-1 環境倫理学で扱われる問題

Ⅰ. 自然の生存権の問題	人間だけでなく，生物の種，生態系，景観などにも生存の権利があるので，勝手にそれを否定してはならない。
Ⅱ. 世代間倫理の問題	現在世代は，未来世代の生存可能性に対して責任がある。
Ⅲ. 地球全体主義	地球の生態系は開いた宇宙ではなくて閉じた世界である。

(出所) 加藤 (1991：1-12) をもとに筆者作成。

場して，それに関する哲学・思想的分野として環境倫理学 (Environmental Ethics) が注目されるようになる。環境問題を解決するためには，従来の生活スタイルを変えることが求められ，人々の行動規範として全人類に普遍的な倫理観が必要とされるようになった (鬼頭，2009)。環境倫理学では，**表1-1** のように3つの視点が一般的に掲げられている。

　上記の3点には，人間と自然とを分離する二元論的世界観に基づいた考え方をみることができる。

　Ⅰの「自然の生存権の問題」は，人間中心的な考え方を否定する主張である。人間を主体と捉える機械論的な自然観は，人間だけに生存権を認めているため，その生存を守るという理由があれば，結局は自然破壊が正当化されてしまうことを含意している。そのため，生存の権利という概念を，自然物を含めた権利として深く問い直す必要を促している (加藤，1991：1-4)。

　Ⅱの「世代間倫理の問題」では，民主主義と自由主義の問題点が示されている。資源の枯渇や自然環境の破壊は，現在世代による未来世代への侵害である。近代化によって獲得した民主主義は，構造的に共時的な，世代内の決定システムであるため，「異なる世代間にまたがるエゴイズムをチェックするシステムとしては機能しない」(同上書：5)。一方，環境問題は通時的な，世代間の決定システムを要求しているため，決定方式を考え直さなければならない。また，

第1章 持続可能性に向けて求められる思考様式　29

他者への危害を含まない限りにおいて，すべての決定を自己決定に還元すると
いう，他者決定を排除して自己決定する原理が自由主義にはあるが，現在世代
の決定が未来世代に利害を及ぼす環境問題では，自己決定の原理は認められな
い。ゆえに，Ⅱにおいては自由主義にも課題があると，加藤は述べるのである
（同上書：4-7）。

　20世紀を象徴しているこれらのイデオロギーは，「単一の—あるいは少なく
とも有機的な統一性を有する—意志を帰属させうる人民なるものの存在が前提
にされている」ため，排除される他者が残されるのである（大澤，2010：
249）。フランス革命で提唱された3つのスローガン「自由・平等・博愛」に支
えられる民主主義や自由主義などのイデオロギーも，二元論的世界観に立って
いる。資本主義下における階級社会は，人々の間に不平等や差別，排除などの
問題を生み出した。そのような問題は，近代から現代にいたるまで解決されず
に，社会の中に置き去りにされているという指摘もある（今村，1994a）。

　Ⅲの「地球全体主義」は，有限な資源をいかに分配するかという正義の問題
に関わる。地球の利用可能な物質とエネルギーは無限ではない。Ⅲは世代内・
世代間倫理に関わる問題であり，Ⅱと重複する部分もあるが，Ⅱは意思決定シ
ステムに関連し，Ⅲは資源の有限性を強調している。地球全体主義は，閉ざさ
れた世界の中にある選択可能なものの中から，最善のものを選択する倫理に関
わっている（加藤，1991：8-12）。世代内・世代間公正を含意しているこの問題
は，これまでの発展が現在の私たちの欲を満たすために行われていたことへの
警告と受け止めることができる。地球にある資源は有限であり，それをどのよ
うに現在世代と未来世代の人々が利用することができるのかを考えていかなけ
ればならない。

　Ⅲについては，近代以降の時間意識に関わっていると筆者は考える。近代以
前，農業を中心とした生活を営んでいた人々は，時計を用いて時間を計ること
をせず，太陽の動きや季節の循環などの自然の運動に依った時間意識をもって
いた。それは，円環的な時間観と呼ばれ，過去中心的な意識である。過去と現

在で成り立つ時間観は,「伝統に従って生きることの中に価値規範を置く生活様式」を現していた。そこには,未来の意識が入り込む余地はなかった。「まだない」ことを予測するという考え方は,中世以降に高利貸しの発展とともに生まれる[2]。中世においては,円環的な時間意識と,「知性によって計算できる非自然的できわめて人工的な対象としての時間意識」とが,同時進行的に内在していた時期があったとされる。しかし,14世紀に,都市に時計が置かれるようになると,生産や労働のリズムを正確に計るために,人々は一秒,一分を計れる時間意識,つまり過去にも未来にも開かれた直線的な時間意識をもつようになったと言われている(今村,1994a:62-69)。

　直線的な時間観によって,意志が働くようになり,未来を予測して計画を立て,現在の状態を変革していく思考様式と行動様式が生み出される。同時に,日常の忙しさから解放されて,「世界を非実践的な態度でじっと眺める」という思考様式,つまり,過去の価値基準や価値規範を省みるという思考様式は,未来に向けられた思考様式に吸収されたのである。危険があるかもしれないという未来の不確実性を最小限に抑えるためにも,計画を立てて進むことが必要とされていった(同上書:70-86)。それは,未来といういまだ知りえない他者との関係の始まりでもあった(大澤,1991:316-322)。

　このようにⅢの問題は,世代内・世代間公正に関わる問題であるが,時間意識にも関わってくる問題である。私たちは「成長」した未来を描き,そこから現在をみることを止めなかった。予測することで,未来を掌握することはできるかもしれないが,すべてを予測することはできない。計画通りに時間を支配することはできないという予測不可能性の現れの一つとして,環境問題が挙げられるだろう。直線的な時間意識をもって,「成長」ではないオルタナティブな未来を描くこと,そこに行き着く過程を再考する必要があることを示している。同時に,環境問題を「現在」と「未来」という近代的な時間意識で捉えることに問題があることを投げかけているように読み取れる。過去－現在－未来という3つの関係を包括的に捉える必要がある。

以上の 3 点は，近代以降，私たちの思想の土台となっていた世界観への問い直しを求めている。機械論的な自然観，民主主義，自由主義，直線的な時間意識といった思想体系では，現在世代だけではなく未来世代にも関わる地球規模の環境問題に取り組むことは難しい。近代の思想体系を用いることで問題の新たな一面を垣間見ることができるため，二項対立的な考え方を見直し，全体的かつ包括的に問題を捉えて，対応していかなければならない。

　このような二元論的世界観の限界を受け止めず，GDP（Gross Domestic Product：国内総生産）を豊かさの指標とする経済成長が現代においても期待されている。経済成長が幸福をもたらすと信じられている限り，機械論的な自然観に基づいた近代科学技術の進歩は続き，人間対自然という対立構造は崩されないまま，人間中心的な発展が進められるだろう。自由主義，民主主義，経済成長など，これまでの発展の必要条件を保持したまま，これからのグローバル社会を生き抜いていくことができるのかどうかを考えなければならないときに来ていることは確かである（加藤，2005）。私たちは，今一度現状に目を向け，西欧近代科学技術の発展過程を否定したり，それが達成し得た成果を絶対視したりすることなく，これまで歩んできた過程を踏まえながら，どのように，そしてどのような道を切り開いていくことができるのかを考えていかなければならない。また，私たちはその分岐点に立っていることを意識しなければならない（村上，2002b：288）。これまで語られてきた人間と自然環境との関係は，二項対立の図式の中で捉えられてきた。現代の地球規模の環境問題を解決するうえでその図式を用いて対応することは難しいため，複雑に絡み合うさまざまな事象の関係性を見ていくことが求められている。

第 2 節
全体論的世界観に基づいたシステム思考

　二元論的世界観を包括する全体論的世界観は，さまざまな事象の関係性を捉

えようとするため，持続可能性を考えるうえで注目されている見方である。関係性を捉える見方は，これまでにも環境倫理学の分野においてみることができた。例えば，土地倫理を提唱したＡ・レオポルド（1997）は，原生自然が多種多様であり，それをもとにできあがった人工物も変化に富み，さまざまな形で最終的にできあがったものが「文化」であると，自然と文化との関わりについて指摘し，自然と人間との関係を二者択一的に考えるのではなく，文化という自然と人間とが関わり合う総合的な系に着目した。同様に，環境倫理学において社会的リンク論を提起した鬼頭秀一（1996）も，自然を母体として人間の営為によって生み出された文化があり，そこには社会的経済的側面と宗教的文化的側面が不可分に存在すると主張する。社会的，経済的，宗教的な特徴をもつ文化は，人間と自然との関わりの中でつくり出された統合性あるシステムとして認識され，自然を守ることは文化の継承にもつながると指摘する。さらに鬼頭（2008, 2009）は，環境（environment）という言葉が，もともと人間を取り囲むものという意味をもつことから，環境が自然的環境のみを示すのではなく，社会的環境，精神的環境を含めるより全体的なものであると説き，二項対立図式にある問題について，人間が自然とどう関わるのかという関係性から捉えていこうとする「環境倫理学」を展開する。さらに，「自然生態系のなかで人間社会を維持し，再生産していく仕組み」であるサブシステンス（subsistence）に着目する戸崎純・横山正樹（2002）は，自然本来がもつ「潜在的実現性（the potential）」を高めていこうとする仕組みへの転換を主張する。潜在的にもっている実現可能性を阻む「暴力」によって生まれる「苦」を減らし，理想と現実との格差を生み出す構造を変えていこうとする。

　上記のように関係性を捉える試みは，経営学における組織論の分野で長く取り組まれてきた。そこでは，関係性を捉えるシステム思考（systems thinking）が重視されている。それは，組織やプロジェクトを管理する手法として注目されてきた。組織のシステム全体を捉え，プロジェクトなどの流れがどこで滞っているのかという「レバレッジ・ポイント（leverage point）」を探し，流れを取り

戻すために用いられる（スターマン，2009；センゲ，2011；小森谷，2012）。

　システム思考は，「パターンの全体を明らかにして，それを効果的に変える方法を見つけるための概念的枠組み」（センゲ，2011：39）であり，「静態的な『スナップショット』ではなく変化のパターンを見る」（同上書：123）能力である。それは，「生きているシステムに固有の性質を与える，捉えにくい相互関連性を捉えるための知覚能力である」（同上書：124）とも言える。つまり，私たちが近代以降分断し，二項対立図式で捉えてきたさまざまな事象を，相互関連する関係性から捉える見方であり，目前にある問題の原因を部分的ではなく，全体的な視野から見ようとする考え方である。『成長の限界』を記したドネラ・M・メドウズらは『限界を超えて』の中で，複雑な諸問題を説くために求められるのはシステム論的な視野であると指摘し，それは「世界を，成長，衰退，振動，行き過ぎなど，展開する一連の動的行動パターンとして捉える」（1992：4）見方であると説明する。そこでは，成長によって虐げられてきた，あるいは見落とされてきた事象も注目される。

　20世紀に成し遂げられた成長は，右肩上がりの線型の図式が描かれると思われる傾向にあるが，幾何級数的な図式を描いていることが，人口増加や消費・生産量などの統計からわかる。例えば，世界人口の推移と今後の予測を表したのが図1-1である。17世紀以降の急速な人口増加を読み取ることができる。

　先進国と呼ばれる産業化した国々では，物質的な豊かさを得ることができたが，その成長度は線型ではなかったため，急激に変化を遂げて「オーバーシュート（行き過ぎ）」を起こしてしまった（メドウズ他，1972, 1992）。幾何級数的な成長の変化に対して，その兆候が現れるのが遅いため，遅れた現象の中には事実の歪曲，無視，否定などが起きていた（メドウズ他，1992）。このような状況を留意せず，急速にすすめられた成長のプロセスにおいて生み出されたのが，排除や差別，格差などによる多くの過ちや障害であった。「アウトプットが何らかの形でインプットよりも時間的に遅れて生じるプロセスである」遅れには，ストックと呼ばれる原料やエネルギー，情報などの蓄積が生まれる（スターマン，

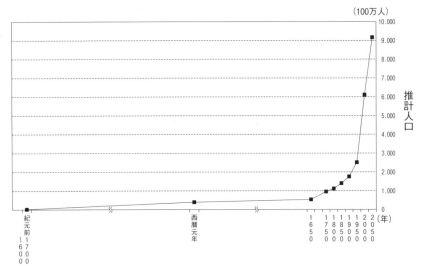

資料：国立社会保障・人口問題研究所「人口統計資料集（2010）」より環境省作成

図1-1　世界人口の推移と推計（紀元前〜2050年）
（出所）環境省（2010）より抜粋。

2009：378）。それによって，それぞれの事象間をつなげていた流れが滞るのである（メドウズ他，1992；スターマン，同上書）。滞りを無視したり，見落としたりすることによって，そのシステムは崩壊していく。

　複雑化する問題に対して，システム思考は，ますます事細かで複雑な解決方法を考えること，つまり「複雑性をもって複雑性と格闘すること」と捉えられる傾向にあるが，これはシステム思考とは真逆である。システム思考は，繰り返しになるが，相互関係に注目し，行動と結果との間にある遅れに目を向ける。「レバレッジ」と呼ばれる「小さな，的を絞った行動を正しい場所で行えば，持続的で大きな改善を生み出すこと」を，システム思考は示すのである。さりとて，レバレッジのあるところを見つけて，変化を生み出すことは難題である。なぜなら，それはシステム内において極めて見えにくいところに存在するからである。そのため，出来事や事象ではなく，「根底にある構造を見る」ことと，

変化のプロセスから考えることを学ぶことがレバレッジを見つける第一歩であるとされる。私たちは普段，事象間にある関係を原因Aと結果Bというように直線的に考えてしまうが，実際は環状になっていることに注意しなければならない（センゲ，2011）。

　システムとは，さまざまな部分が有機的に関わり合う全体性であり，それは私たちが問題を解決するために取った方策に反応される。飯尾要によれば，システムとは環境から受ける「投入（input）」と環境に与える「産出（output）」の2つの影響から成り，いくつかのシステムが結合してまとまりをなしているという（飯尾，1986：13）。それは，どこか特別に存在するのではなく，社会的，経済的，政治的，物理的な領域など，どこにでも見ることができるため，「私たちは，人形遣いのように，『どこか離れた場所』からシステムに影響を及ぼすことはできない。私たちもそのシステムのなかに生きている」（スターマン，2009：10）ことを念頭に置かなければならない。つまり，昨日取った策が今日に影響を及ぼすということである。それは，これまでの経済成長のプロセスにおいて取ってきた決断が今日のさまざまな問題を引き起こす原因になっていることを示している。近代以降急速に変化を遂げてきた背後には，さまざまな歪曲や無視，否定などの行為が行われてきたことがわかる。それが，自然や社会的弱者，また自己とのつき合い方に顕著に出てきており，環境問題や人権問題，精神疾患の増加など，現代人を取り巻く数多くの問題として現れているのである。前節で挙げた環境問題の3つの視点が抱える課題，すなわち現代社会を支えているイデオロギーによって起きているさまざまな「遅れ」を解消するために，システム思考がもっている上記の特徴は役立つと言えよう。それは，問題の全体像をつかむことから始まる。それによって，自分自身と社会との関わり，現在と過去・未来とのつながりについて考え，システムの中で，個人がどのように位置づけられ，どのように関わるのかを認識することが可能となるのである。

　次に，自分自身と社会との関係を捉えるシステム思考に関する2つの理論を

取り上げる。一つは，ピーター・センゲの「学習する組織 (Learning Organization)」論であり，もう一つはオットー・C・シャーマーの「U 理論 (Theory U)」である。センゲの「学習する組織」論は，組織経営学のみならず，教育学においても教育行政や開発教育，生涯学習などの分野で用いられ，国内においてもコミュニケーション能力やリーダーシップ育成，組織づくりなどで評価を得ている (例えば，織田，2013；石川，2012；中村，2004, 2005, 2011)。また，シャーマーの U 理論も，リーダーシップ能力の開発や社会変容の領域で注目を集めており，コミュニティ開発や福祉などの領域で取り入れられている (竹端，2010, 2011)。センゲもシャーマーもマサチューセッツ工科大学の研究者であり，センゲは自らが代表となっている Society for Organizational Learning (SoL) という非営利な学習コミュニティを中心にして，「学習する組織」論の実践に基づいた研究を積み重ねている[3]。シャーマーは，The Presencing Institute (PI) を創設し，世界各国で行われる PI による能力開発や組織づくりなどのプロジェクトにおけるアクション・リサーチを通して U 理論の実践と研究を進めている[4]。これらの理論からは，個人と社会との関わり／つながり，現在と過去・未来との関わり／つながりについて検討しながら，持続可能性に求められるシステム思考の可能性について考察する。

　センゲ (2011：34) は，断片化された「独立した，互いに関連のない力で世界が創られている」という思い込みから思考を解放するために，互いが機能し合って世界をつくりあげることが可能であることを主張した。彼の考えは，「学習する組織」論として展開する。学習する組織とは，「未来を創り出す能力を持続的に伸ばしている組織」(同上書：50) であり，自分たちの行動がどのように現実につながり，またそれをどのように変えられるかを継続的に発見し続ける場であるとセンゲは説明する。そこでは，個人と集団との相互関係が説かれている。すべての根幹となる個人が明確なビジョンをもち，それを深めることが，集団のビジョンを強化する。個人のビジョンは集団に共有される。そこでは，対話 (dialogue)，つまり他者のビジョンに耳を傾けることが求められる。

第 1 章　持続可能性に向けて求められる思考様式　　37

共有されたビジョンは，全体のイメージとして掌握され，集団のビジョンとして設定され，集団が目指すべき方向性が示されるのである。ここに，システム思考が必要とされる。ビジョンが組織体系を方向づけていることで，組織全体のあり方がイメージとして構成メンバー一人ひとりに共有されるため，組織内の個人や小集団間の関連性が見出しやすくなるのである。「学習する組織」論におけるシステム思考は，個人と集団との関係を捉え，組織全体の動きを確認することができる考え方である。

　次に，現在と過去・未来とのつながり，および個人と社会の関係性について，センゲの「学習する組織」論に時間軸を加えてシステム思考に関する理論を展開したシャーマーのU理論を用いて捉えてみたい。U理論は，マサチューセッツ工科大学のC・オットー・シャーマーによって提唱されたシステム思考の概念的な枠組みである。シャーマーは，図1-2にあるように，個人や集団が

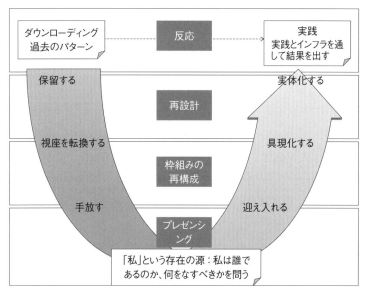

図1-2　Uプロセスと変化の4段階，およびその変曲点

（出所）シャーマー（2010：73）をもとに筆者作成。

事象を把握する際にどのように捉え，受け止め，そして，どのように行動するのかについてUの字を用いて解説した。U理論は，個人や集団の変容のプロセスを示したことに特徴をもつ。シャーマーはそのプロセスを，意識の向け方，行動の起点，時間，空間，知識，自己，社会のメカニズムなどから説明している。

　シャーマー (2010) によれば，U理論において，変容のプロセスは「観察」・「内省」・「行動」という3つの動きで表されるという。しかしながら，彼は，普段の生活や仕事で，問題が生じた際にその状況に「反応 (reaction)」しても，旧態依然とした「ダウンローディング (棚卸し)」の方法，つまり，日常の習慣的な対応策を取っていることに疑問を抱き，上の3つの動きで，変容を捉えることは不十分であると指摘した。そこで，3つの動きに修正を加えたのが，**図1-2** の「Uプロセスと変化の4段階，およびその変曲点」である。

　このプロセスは変化に対応する4つの段階—「反応」・「再設計 (redesigning)」・「枠組みの再構成 (reforming)」・「プレゼンシング (presencing)」—と6つの変曲点—「保留する (suspending)」・「転換する (redirecting)」・「手放す (letting go)」・「迎え入れる (letting come)」・「具現化する (crystallizing)」・「実体化する (embodying)」—から成る。

　まず，変化の4つの段階は，個人の「意識の領域構造 (field structure of attention)」に対応し，意識と行動の変容過程を表している。最初の「反応」は先述したように，過去の習慣や繰り返している方法で対処することである。このときの個人の意識の層は自閉的な「私の中の私 (I in me)」の状態であり，自身の考えを言わず，あたりさわりのない発言をして状況を取りもつことを示す。2段階目の「再設計」は，これまで取ってきた方法の仕組みやプロセスを変えることである。つまり，個人は自閉的なシステムから開かれて，自身の意見を主張し，状況に適応していく「それの中の私 (I in it)」の状態となる。3段階目の「枠組みの再構成」は，根底にある私たちの思考のパターン，前提そのものを見直し再考することである。それは，他者との対話によって，自分自身の考

え方の枠を外し，システムの一部としての自身に気づき，異なる意見を受け入れていく内省的な段階，「あなたの中の私（I in you）」の状態となる。3段階目までは過去の経験知から判断し，課題を分析して解決しようとする対応である。最後の4段階目の「プレゼンシング」は，現在自分たちが置かれている状況に目を向け，何をすべきかを自身に問いかけ，次のステップを創造する生成的な段階であり，「今の中の私（I in now）」の状態にある。

　Uのプロセスを下降・上昇するときの各段階間にあるのが，上記の変曲点である。その始めにくるのが「保留する」である。それは，目の前の状況や問題に対して，過去のパターンである習慣に従うのではなく，現状を認識する時間を取ることである。「保留する」によって過去のパターンとは異なる新しい見方で観ることができるようになる。これが「視座の転換」であり，視野が開かれていくことを感じ取る。次に，習慣として当たり前になっている枠組みを「手放す」。一度，私とは何者であるのか，何をなすべきか等を問い，内なる声に耳を傾け，「今の中の私」という自分自身の存在の「源（source）」につながる。シャーマーはこの段階を，現在を意味する名詞「プレゼンス（presence）」と感じ取るを表す動詞「センス（sense）」を組み合わせた造語であるプレゼンシングと呼ぶ。つまり，プレゼンシングの段階では，〈いま，ここに在る私〉を感じ取るということであり，自分自身にその存在意義や次の行動などについて問いかけることで，自身の内面から現れる未来のイメージにつながることができるということである。プレゼンシングを通して「いま，ここ，わたし」を問い，出現しようとしている未来の自分を「迎え入れ」，それにつながることが重要である。プレゼンシングで現れた未来のイメージをより具体的なビジョンにしていき，「具現化」させ，実際にそれを実践しながらプロトタイプを構築し，日常的な行動として「実体化」させていく。

　同じ変化の段階にある変曲点は，変化をもたらすインプットとその表れであるアウトプットを示す。「保留する」と「実体化する」が習慣の変化，「視座の転換」と「具現化する」が行動の変化，「手放す」と「迎え入れる」が意識の

変化の段階である。この一連のプロセスは，崩壊と創造のプロセスと捉えられよう。Uの左側を降りていくことは，古い枠組みを手放し，崩していくプロセスであり，もう一方のUの右側を上っていくことは，失敗を経験しながら，新たな習慣や価値観などがつくられていく再創造のプロセスと言い換えることができる。2つのプロセスの接点は存在の「源」という根源的な部分である。それは，時間と空間と自己が関連し合っている「いま，ここ，わたし」[5]という源を意味している。

シャーマー（2010：468）によると，U理論は「自分自身や他の人々が未来の最高の可能性とつながり，それを実現する助けになる原則と実践」であると言う。つまり，それは自分と他者が理想を共有し，その理想を実現するために現状を変えていこうとする思考様式であり，バックキャストの考え方に位置づけられるだろう[6]。またU理論では，協同的な学習を通して，システム行動の起点となっている意識を転換させ，抜本的な変革を導くことを狙いとしている。意識の転換とは，個人が持っている2つの自己（Self），つまり，過去の経路を経て現在に至った自己と，今後を通してそうなり得る可能性のある未来の自己との対話を通して，古い自己への固執から抜け出し，出現しようとしている未来の自分の姿を迎え入れ，つながることを意味している。すなわち，それは，U曲線の左側の下降線と右側の上昇線との接点である，「プレゼンシング」の段階を示す。そこでは，瞑想や沈黙の時間などの静寂な時間を設け，2つの自己間の対話を通して，「古い仕組みが崩壊し，新しい仕組みがいまだ現れていない状況下で，何もない『無』から行動する能力を育み，次のステップを見分けて進んでいく能力」（同上書：507）を身につけていくことが求められる。このことが，個人についても集団についても同様に行われることで，過去と現在と未来とのつながりを確認する起点となる。

シャーマーの視点には時間軸があるため，これまでの時間意識を捉え直す必要があることをU理論は示している。前節で述べたように，近代的な時間観は成長志向の右肩上がりのライフサイクルを含意しており，現在という点を境

に左右に過去と未来とが開かれているものの，過去は振り返らず，予測可能な未来と現在によって成り立つ直線的な時間観であった。しかし，U理論で扱われている時間は，「過去＜現在＜未来」という未来が強調される直線的な意識ではない。そこでは，「いま，ここ，わたし」[7]という時間意識を深め，過去－現在－未来の対等な関係から三者が統合される意識を読み取ることができる。

　数学者であり哲学者でもあるアルフレッド・ノース・ホワイトヘッドは，「いま，ここ」で経験している「出来事 (event)」が生まれては消滅してしまうという繰り返しを時間と捉えた（ホワイトヘッド，1981：160-175, 1982：57-111）。ホワイトヘッドにとって，時間とは，そのつどの経験が次々と継起して，「エポック (epoch)」という塊によって切断されながらも，そのつど生まれる「エポック」によって連続していくプロセスを意味した。それは，線上に異なる出来事が点のように並んでいるのではなく，「いま，ここ」で，「わたし」が経験して知覚できる一瞬一瞬によって構成されたまとまりの連続なのである。その「いま」は，先に消滅した一瞬一瞬の「過去化」した出来事によって成り立つと考えられた。つまり，「いま」という「エポック」は非連続であるが，「ここ」に「わたし」が存在している「場所 (place)」は連続しているため，「いま，ここ，わたし」こそ変わることなく存在し続け，時間に流れをつくるのである。このことは，ホワイトヘッド哲学で言われるところの「非連続の連続 (discontinuous continuity)」にあたり，「いま，ここ」が「わたし」という活動する存在によって連続していくプロセスと言えよう[8]。

　過去の出来事に対する内省やフィードバック等から，レバレッジの高いポイントを見出し，どのように行動すべきかをイメージし，それを実践していく，という一連の流れを繰り返しながら，現在の状態を改善していこうとするのが，U理論で言われる協同作業である。過去からの応答に耳を傾け，現在の「いま，ここ，わたし」に向き合い，未来のビジョンを描き，そのビジョンを共有し，現実を理想に近づけていく創造のプロセスをともに経験するのがU理論で説かれている変容のプロセスである。この点において，単なるバックキャスト型

の思考様式ではないことがわかるだろう。理想に向かって現実を近づけていくためには，過去を振り返ることが求められる。「いま，ここ，わたし」という現在において，過去の自分となりたい未来の自分との自己対話をすることで，過去の記憶を書き換えなければならないこともあり得る。他者との対話，さらに自己対話において，過去－現在－未来がつながり，関わり合う関係性が生まれる。「いま，ここ，わたし」という時間は，直線的な時間観に基づいて時計で計ることができない質的な意識である。センゲとシャーマーの理論を実現させるためには，「いま，ここ，わたし」を感じ取れることが重要であり，そのためには，感じ取る感性を疎かにせず磨いていく必要がある。また，一人ひとりが内面や理想をわかち合うことができる物理的な環境の整備も求められる。何よりも，個人がビジョンを話すことができる，一人ひとりが互いに意識を高め，深め合うことができるコミュニティとしての有機的な場づくりが不可欠である。

　システム思考に関わるこの2つの理論は，個人と社会とが関わっており，自己変容が社会変容につながること，また，「いま，ここ，わたし」が過去と未来の自分と関わり，両者をつなげる接点であることを提示していると言える。さらに，「いま，ここ，わたし」での自己対話の重要性を示しているのである。「いま，ここ」の個人の行動が明日の社会の変容につながり，個人と社会と時間との関係を捉えることができる。「いま，ここ，わたし」を通ることで，自分自身と関連する世界を広げていくことが可能になる。それには，従来のシステム思考では十分ではない。なぜなら，従来のシステム思考は，事象と自己との関わりを考える視点が欠けているためである。それは，問題を引き起こしているさまざまな要因を捉え，全体像を把握しようとするが，自分自身が問題とどのように関わっているかを捉えないため，自己変容と社会変容とのつながりを見出すことができないのである。ゆえに，センゲやシャーマーの言うシステム思考に見られるように，「いま，ここ，わたし」という視点をともなう〈システム思考〉[9]が重要となる。それによって，今を生きている私たちが直面し

ている喫緊の諸課題に対応することが，現代社会を変容させることにつながり，未来世代にも関係してくるというシステムの全体図を描くことができるだろう。

このように，「いま，ここ，わたし」は，現代社会が抱えている諸問題に対する解決策の糸口を提供していると考えられる。「いま」は時間を，「ここ」は空間（近距離）を，「わたし」は自己を表しており，前節で取り上げた環境倫理学の３つの視点の限界を超えることができる視座となりえよう。人間中心的な自然観，直線的な時間意識，市場経済，民主主義と自由主義という，近代科学を支えてきた思想体系では，未来が強調され，都市や先進国などに見られる物質的な豊かさに方向性を合わせた成長に重きが置かれた。個人に至っては成長志向の風潮が，周囲からの要請や期待に応えようとする自我と自己との間に溝をつくり，内部にある自己への抑圧が起きている。一つひとつの経験によって成り立っている「いま」という質的な時間，個人に関わりの深い「ここ」という地に根づいた小さな社会，そして「わたし」という個人の内面にあり，他者や生き物などの生命に開かれていく〈いのち〉とつながっている自己，この３つの視点をもつことが持続可能性に関わる諸問題の解決には重要となってくると考える。

さらに，センゲやシャーマーらの〈システム思考〉に見られた時間と人間の意識の関係について，広井が示した図をもとにしながら捉えていきたい。広井は死生観について論じながら，「人生のどのような喜びや悲しみも，快や苦も，最終的には常に『現在』に帰ってくる。あらゆる価値の源泉が究極的には『いま，ここ』にある」（広井，2001：193）と述べた。彼は，本来，人間が多層的な時間の中に生きる存在であることを説き，その関係を**図1-3**「意識／世界の構造と時間」のように表した。

個人は「カレンダー的な時間」の中で生活する。その個人が属しているコミュニティでは子どもから老人までが生活し，一つの円環的なライフサイクルを形成する。そのコミュニティでの人間の生活は自然界の中で営まれているため，「円環的な時間」に根ざしていた。自然界には，食物連鎖を繰り返しながら生

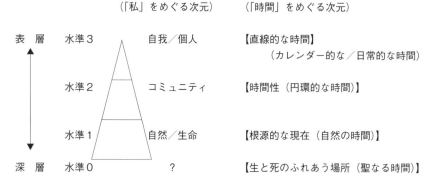

図1-3　意識／世界の構造と時間

(出所) 広井 (2001：25) より抜粋。

態系を維持している「自然の時間」がある。さらに，死生観や生の尊厳などの宗教性に関わる「聖なる時間」が根底に流れている。私たちの意識の深部にある時間の層と，生命の全体に貫く深い時間の層とは，根源的な現在という「〈原・現在性〉」でつながっているため，人間が自然の中に入ると，癒されるのだろうと広井は推察している。しかし，このような時間の次元の層が離れたり，深層部への通路を失ったりすると，「私たちの心は何か閉ざされたものとなり，いわば『根』を失った，束縛されたような状態」になると指摘する。その原因として，広井は，工業化社会の到来を挙げている (広井，同上書)。

広井が説明するように，近代化によって，人間の意識の層は徐々に薄くなった。それは，聖俗革命による「聖なる時間」層の剝離，科学技術の進歩による「自然的な時間」層との乖離，経済成長による「円環的な時間」層との別離とも表現することができるだろう。

近代以前の神話的で多様性のある時代においては，人間は神や仏，聖霊などの超越的な存在を信じ，自然の中で地縁や血縁で結ばれた共同体をつくっていた。土地に根ざした生業と暮らしは，季節や天候などの自然の状態に左右されたり，人間本来に備わっている本能や感性などを働かせたりしながら成り立っ

ていた。近代以前の人間の営みには，共同体独自の円環的な時間が流れていたのである。近代化は，多層性ある生活を，一層の一様化した生活へと変容させた。直線的な時間は生産と労働のリズムを支配し，自然や超越的な存在とのつながりを希薄化させた。根源的な「〈原・現在性〉」とつながる術を失った人間は，自然的・社会的・精神的環境の持続可能性に関わる諸問題の発生を契機にして，改めてつながりや関わりの見直しが迫られている。

　広井の図を踏まえれば，センゲやシャーマーの言う〈システム思考〉は，事象の関係性を捉える空間的な視野だけではなく，**図1-3** のピラミッドを「降りていく」[10] 方法を示しているとも考えられよう。二元論的な世界観のうえに成り立つ社会，換言すれば，カレンダー的な時間の中で社会の表層で生きてきた私たちは，深層にある「〈原・現在性〉」へ「降りていく」通路や方法を忘れてしまったと言える。その方法を取り戻す術の一つが，〈システム思考〉であろう。それは，一つひとつの事象を捉えて対処療法を行うのとは異なり，関係性を捉え，相互作用の中から解決策を見出そうとする考え方であった。また，世界や他者とのつながりのみならず，自己とのつながりの重要性を説いている点に，持続不可能性や危機的な諸問題を抱える時代に生きるヒントを提供していると言える。センゲの言葉を借りれば，〈システム思考〉は「自分自身が世界から切り離されているとする見方から，つながっているとする見方へ，問題は『外側の』誰かが何かが引き起こすものだと考えることから，いかに私たち自身の行動が自分の直面する問題を生み出しているのかに目を向けることへの変容」（センゲ，2011：48）をもたらすのである。

第3節
科学と持続可能性

　センゲとシャーマーの理論で扱われているシステム思考は，事象の全体性を捉えることだけでなく，私たち個人の全体性も調和される必要があることを示

唆している。微細な部分の専門性を身につけ，知性のみを磨くことが強調されるのではなく，事象の全体性を捉えるための想像性，苦楽を共感する感性，それらを感じ取る身体性といった一個人の全体性を統合し直すことが求められる。

センゲ（2011）は，私たち個人が「システム思考家」としての潜在性を持ち合わせていることに言及する。そのため，事象間のつながりを見出し，環状的な関係の中での負のサイクルや遅れ，滞りなどのレバレッジの高いところを抑え，危機的な状況を回避する力を養う必要があると指摘する。同時に，事象と自分自身とのつながりを見出し，その過程において他者や社会とのつながり，過去－現在－未来とのつながり，自己とのつながりに気づき，意識することが求められるのである。ここでは，センゲやシャーマーが述べるように，知性だけではなく，感じ取る力，イメージする力などの感性を磨くことが重要となってくるだろう。システム思考家としての潜在性を引きのばすためにも，教育が扱う知識体系を問い直す必要がある。センゲ（同上書：130）は，システム思考の技能は未発達のまま，「線形の思考にどっぷりと浸った学校教育によって抑圧されているようだ」と述べる[11]。学生と教師との関係，時間割による区切られた教科授業，階層的な学校組織の編成，知識偏重の教育内容など，二元論的な世界観に基づいた学校教育の問題の源流は，自然科学が唯一の真理システムとなった近代に見ることができるだろう。

1節でみたように，「真理システム」はもともと，宗教や呪術，自然科学などが多様に機能し合いながら成り立っていたが，自然法則に関する数々の発見によって，自然科学が「真理システム」の大部分を占めるようになり，「知の覇権」をとったのである。科学による知の体系によってつくられる「一価値的な」社会では，「線形の思考」で予測し，計測できることにのみ価値が置かれたのである。そこには，〈システム思考〉に必要な想像性や感性，倫理観などは含まれなかった。

科学とは，本来，哲学と同じ原点をもち，ものを考えることであり，ラテン語 *scientia* を語源とする科学（science）という用語は，「知識」の総体を表して

いたとされる（村上，2010：187）。しかし，近代科学以降，科学は自然科学という限られた領域を示す言葉となった。存在するものしか解明できない自然科学によって，蓄積されたデータは分析や実験を通して検証された。微細な世界を捉えようとした自然科学が相手にしてきた自然界は，有機的につながるシステムであり，分断したり隔離したりすることは自然の法則に反することである。流れや動きのある自然界の現象の時をとめて，法則を捉えようとした近代科学を超えるためには，私たちは今一度有機的な生態系を扱うということを心に留めなければならない。物質と精神とを分離する思考様式ではなく，相互に補完し合い，相互に依存し合い，相互に関連し合っている関係として捉えるところから出発しなければならない。

　知識を使うかどうかを判断するのは，検証されるデータだけでないことをローマ・クラブによる『成長の限界』は示している。危機的な問題に直面する現代社会に対して，ローマ・クラブは3点指摘している。ひとつは，物質およびエネルギーも流れを削減しない限り，1人当たりの食糧生産量，およびエネルギー消費量，工業生産量は何年後かに減少すること，2つ目は，物質の消費と人口増加を促進する政策や慣行を変更し，資源やエネルギーの利用効率を改善すること，3つ目は，持続可能な社会へ移行するために，長期目標と短期目標のバランスをとり，量よりも質を重視することが挙げられた。なかでも，3つ目に関しては，「われわれが必要とする，最後の，最もつかみどころのない，そして最も重要な情報は，人間の価値観に関するものである」と述べ，「生産性や技術以上のもの，つまり，成熟，憐みの心，知慧といった要素が要求されるだろう」と説明を加えている（メドウズ他，1972,1992）。

　同様に，価値観に関する問題を指摘しているのは，哲学者である花崎皋平である。花崎は，東日本大震災後の日本社会に関する地方紙のインタビューに答え，倫理観の欠如に言及した。これまでの行動規範は経済による欲望の充足であり，「欲望のまま，科学技術で何をやってもいいと国策で突き進み，足尾鉱毒事件や福島原発事故を引き起こした」と批判した（中日新聞，2011）。成長を

遂げた背後にある犠牲は，公害問題や環境破壊，経済格差などのように，社会
関係資本や自然資本に現れた（センゲ，2011：27）。私たちには，この欲望の暴
走を止めるために，集団的な共有ビジョンから得られる，自らを制御するよう
な規範，倫理観が必要である（村上，2006）。私たちが直面している諸問題は，
人間が下した決断の結果として生まれていることを認識すべきである（スター
マン，2009；センゲ，2010）。その決断をするために求められる価値基準は，科
学技術や経済成長への絶対的な信頼ではない。それは，規範や倫理観，直感，
想像力，リテラシーなど人間のもつ全体的な知によるのである。

　アインシュタイン（1950：31）が，「宗教なき科学は不完全であり，科学なき
宗教は盲目である」[12] と述べたように，宗教と科学は目的と手段，目標とプロ
セスという相互補完関係にある。科学は真理を探求し，そのプロセスにおいて
事実や構造，秩序などを理性的に解明し認識しようとしてきた。一方，宗教は
真理を追究し，その起源や意味を説き，目標を示してきた（ポーキングホーン，
2000）。両者の補完関係は現在見直され，科学と宗教の対話の機会がもたれて
いる。地球環境の保全のためには，人間の意思決定とその基になる価値基準が
重要である（タッカー，2007）。理性を抜きに科学を語ることはできなく（湯川，
1976；村上，1986），本来備わっていた，総体としての科学の知を探究するこ
とが，環境的・社会的・精神的な持続可能性を高めることにつながるだろう。

　持続可能性には，全体論的な世界観に根ざした思考様式が求められる。それ
は，問題が起きたときと同じような考え方では，その問題を解決することがで
きないというアインシュタインの名言に顕著である。人類の生存に関わる地球
規模の諸問題を解決するためには，それを生み出した二元論的な世界観に基づ
いた思考様式ではなく，全体論的な世界観に立脚した思考様式が求められる。
「知の覇権」を手にしてきた実証できる近代科学の知のみならず，不確実な時
代において求められるのは，想像性，感性，価値観や信条，直感，経験知，伝
統知などを含めた全体的な知である。未来学者であるアーヴィン・ラズロ
（2010）は，前者を「歴史的知識」として，時を経ても有用性が変わらない知

識体系であり，学校教育において教えられて身につける知識であると説明し，一方，後者を「タイムリー・ウィズダム（いまこそ必要な知恵）」と言う。「タイムリー・ウィズダムとは教えられるものではなく，自ら学ぶものである。学習者は適切な判断力と，洞察を行動に変えていく創造力を働かせ，考え抜いた独自の結論に到達することによって，これを学ぶことができるのである」と説き，タイムリー・ウィズダムを育むことの必要性を強調した。なぜなら，歴史的に先例のない状況に求められるのは，問題にどう対処するかという対応の仕方であるからである。そのためには，十分な情報に裏付けられた判断力と，その判断に基づいた創造力を身につけていくことが求められる。

　近代科学の知を否定しているのではない。それによって得られたさまざまな恩恵の上に今の生活があることを認め，その知識体系は今後も伝えられていく必要がある。しかしながら，地球規模の諸問題に対応するためには，それだけではなく，他者への思いやり，共感，畏敬の念などの精神的な側面に関わる価値観も重要であることに気づかなければならない。けれども従来の伝統社会のように，こうした価値観がある集団や組織内で道徳的な善として一方的に伝えられると，絶対的な規律や規範の伝達となり得よう。そこに戻るのではなく，現代的な文脈の中で捉え直すためにも，なぜ上述した価値観が求められるのかという問いに向き合い，応えていく必要がある。「専門家」に任せていた科学の知を，一人ひとりが自身に引きつけ，自らが考える，本来の「科学の知」へと深めていくときにある。このような再帰的なプロセスを通して，序章の冒頭で挙げた，さまざまな「生」に関わる諸問題に対応する意味が見出されるとともに，一人ひとりの「生」の見直しが図られよう。

　現代社会において今求められることは，全体的な知をもって，不安定で持続不可能とも見えうる状況に対応し，持続可能な社会を創造していくことである。自分自身との関わりを含めて，物事の全体を把握する〈システム思考〉は，そのための一つの思考様式であり，持続可能な社会づくりに有用となるであろう。

注：

1　吉田（1999：35）は，「近代の科学的合理性の祖といわれる彼らは，実は合理的にはさしあたり説明のつかない予感や直観（「暗黙の知」）に導かれ，だからこそ問いを立てることができ，予感されていた答えを，（その後で合理的分析的に）見出したのである」と述べ，知の発見されたプロセスの重要性を指摘する。詳しくは，吉田（1999）を参照されたい。

2　今村（1994：65-69）によれば，直線的な時間観の浸透には，商業の発展が深く関わっていると言う。高利貸しは時間を利用して利益を生み，金儲けをする商売であるため，時間を計測する必要があった。西洋中世において，時間は神のものであり，「膨らんだり減ったりせず，永遠に同じものとして反復するような自然の時間として円環時間のこと」を示していた。それを金儲けのために利用することは，神への冒涜とされたため，高利貸しへの批判が相次いだ。この批判は後に，時間をめぐる神学論争へと発展していった。都市に時計がつくられたことで，この争いは教会側の敗北に終わり，時間意識は直線的な時間観へと変わっていったとされる。

3　SoL についての詳細は，同ホームページ〈http://www.solonline.org〉（2014 年 1 月 13 日最終閲覧）から確認されたい。また，国内における SoL については，SoL ジャパンのホームページ〈http://www.soljapan.org〉（2014 年 1 月 13 日最終閲覧）を参照されたい。

4　PI の活動については，〈http://www.presencing.com〉（2013 年 1 月 13 日最終閲覧）を参照されたい。また，世界中の PI コミュニティの一つとして，グローバルな活動と日本をつなげ，国内での情報提供や学びの場の企画・運営等に携わっているのが，PI Community Japan（PICJ）である。詳細は，〈http://www.presencingcomjapan.org〉（2013 年 1 月 13 日最終閲覧）を参照されたい。

5　システム思考は，時に〈過去・現在・未来〉という直線的な時間観に基づいた考え方になりえるため，それを越えた理論として U 理論を用いて，空間と時間と自分自身とがどのように関わっているのかを検討する必要がある。詳しくは，曽我（2012）を参照されたい。

6　バックキャストについては，例えば枝廣（2010：131-132）を参照されたい。

7　「いま，ここ，わたし」という時間意識は，哲学においてカントやベルクソン，ホワイトヘッドらによって議論されてきた概念である。本論では，時間を過去−現在−未来の関係性で捉えようとしたホワイトヘッドの考えに依っている。

8　ホワイトヘッドの時間論や空間論については，田中（1998），中村（2007）を参照されたい。

9　「いま，ここ，わたし」という視点をともなうシステム思考を〈システム思考〉として表記し，自己と事象との関わりを捉えていない従来のシステム思考と区別する。

10　ソーシャルワーカーである向谷地生良は，経済発展に見られるような右肩上がりの成長とは異なり，個人が抱える苦に向き合い，老いや死を意識した生き方のことを「降り

ていく生き方」と呼ぶ。本論では，この「降りていく」概念を参考に，個人の内面，深層部に向き合う過程を「降りていく」と捉えた。「降りていく」概念に関連する文献は，向谷地（2006），横川（2003），斉藤（2002, 2010）を参照されたい。

11　システム思考を教育課程にいかにして取り入れるかについては，近年研究が進められている。具体的な実践例としては，奈良教育大学附属中学校の ESD の取り組みを参照されたい。詳しくは同校の研究集録に記されている。例えば，奈良教育大学附属中学校（2007），竹村・曽我（2012）を参照されたい。

12　文献内で使われている日本語訳を参考にしたが，差別用語が含まれていたため，使用は避けた。文中で使っている訳は，原文 "Science without religion is lame, religion without science is blind." をインターネットで検索し，それをもとに筆者自身が行った日本語訳である。

第2章

持続可能な開発と自己変容

　現代社会は，多くの要因が絡み合った複雑な諸問題を解決できるのかという難題に答えるべく，各国政府や学者，NGO等が国際会議等で議論を積み重ねてきているが，気候変動による異常気象，環境破壊，戦争，テロ，貧困の格差拡大，経済危機などの問題は解決されることなく深刻化しており，人類の持続不可能性を高めている。

　上記のような地球規模で起きている危機的状況の源は，私たち一人ひとりの行動や考え方であり，思考様式の転換が求められることを前章で扱った。本章では，全体論的な世界観に基づいた思考様式を用いたコミュニティの形成について検討することを目的とする。要素還元的な思考様式によって分断された関係をつなぎ直すための概念的な枠組みについて捉え，持続可能な開発のあり方について考察する。

第1節
不確実性の時代の到来と価値観の多様化

　前章で捉えたように，近代科学を築いてきた科学者らは自然界におけるさまざまな法則を発見してきた。それによる技術の進歩と革新が人間の生活を豊かで便利にしてきたことは想像に難くない。また，今後も，一人でも多くの人が平和で安心できる生活が送れるように，その進歩への期待は増すだろう。しかし，ここで注意しなければならないのは，それを使う側の人間の判断基準であ

る。どのような科学技術が必要であるのかを決めるのは人間であることから，そこでの判断を支える価値観の変容が求められている。

　人間中心的な自然観や自由主義，直線的な時間観などによって，近代化は進展したが，自然や他者，未来を客体化し，掌握できるという考え方による弊害は，環境破壊などの地球規模で起きている諸問題だけにとどまらず，人間関係，アイデンティティの形成，就職，失業などに関わる個人の問題としても起きている。安定や安全が保障されるという確実性が低くなり，近代化を支えてきた価値システムが揺らいでいることは，現代社会で取り沙汰されているさまざまな状況から推察できよう。不確実性の高まりは，私たちに絶えることのない問いを示している。

　不確実性を確実性に変えるためには，未来を支配し，操作しなければならず，前章で見てきたように，直線的な時間観でもって，未来を予測し，不確定要素を消去していくことが求められた。それはあたかも，現在が次に起こる未来によって判断され，意味づけされることを示していた。現在という時間は単独では価値を持たず，後続するさらに高い価値の前触れと見なされたのである。それぞれの瞬間，すなわち「いま」は，いまだ存在しない目標までの距離を縮め，それが達成された瞬間，その重要性と価値を失うという考え方であった。ゆえに，「まだだ」，「もっとしなけば」などという欲求が目標に向けての努力に拍車をかけ，成長や効率などに価値が置かれる社会を生み出したという示唆もある（例えば，今村，1994a；バウマン，2001）。

　また，近代における未来に重きが置かれる時間観は，中世都市における商業の発展と関わっていることは前章で述べた通りである。近代以前の農業社会では，円環的な時間とともに自給自足の生活が営まれていたが，農業社会に直線的な時間が持ち込まれるようになった背景として，西欧近代社会で繰り返し起きていた内紛や戦争があると内山節（1999a：221-222）は指摘している。戦争を遂行するための国力として経済力が求められるようになり，国内を市場経済化し，税収を増やし，国に貨幣が集まる合理的なシステムをつくったと説明する。

それが，市場経済の発展であると述べる。確かに，農村共同体が安定し，共同体内で日々の営みが完結しているときは，共同体の慣習に基づいた贈与経済による現物交換が行われており，共同体の外との交流は必要ではなかった（内山，1997：211）。贈与経済における交換財には人々の感謝や返礼などの想いも含まれており，贈答贈与による経済活動は，円環的な時間の中で自然や文化，精神性などと深く関わっていた。

今村仁司（1994b：12-32）は，それを死の観念との関係から捉えている。人間の特有性は，死者を埋葬したり，回想したりするなどの死の観念をもっていることに見出され，葬送儀礼が生きている者の生活にリズムをつけてきたと説明する。贈与行為は，社会関係を「元のままに維持すること」という広義の法的理念の上で行われていたとして，「贈与財は，宗教，経済，政治，法のあらゆる領域と重なりつつ，同時にそれらのすべてでもある」と今村は指摘する。

社会の関係を保っていたとされる贈与経済は，外部の共同体との交通が盛んになると，徐々に衰退していく。農村社会が外部と交流することで交換財として貨幣を用いる機会が増加し（内山，1997），貨幣を媒介にした商品交換が行われるようになった。交換経済が定着した近代の都市部において，上記のような死の観念は経済からも政治からも追放され，制度化した宗教に任されたという見解もある。しかし，その宗教も，信仰や死の観念を商品経済に組み込み，貨幣による価値評価の対象としたとも考えられる（今村，1994b）。

物質と精神を分離して考えるデカルトに代表される二元論的世界観の上に成り立つ近代システムは，原子論に基づく均質性を特徴としている。そのため，「市場経済における等価交換の考え方の根底には，すべてのものが，同質のものに還元でき，それゆえ交換可能であり，この世界は，均質なものの集積の上に成り立っている」（鬼頭，1999a：27-28）と考えられた。このことが市場経済における貨幣による等価交換を含めた，交換可能性を支えた。貨幣は時間の経過による質の低下もなく安定していて，持ち運びができるなど，人々にとって便利な交換財となりえた。今村（1994b：47-56）は，貨幣を人間関係の結晶化

と捉えたゲオルク・ジンメルの貨幣論を用いて，人間関係および物との関係の客観性を説く。近代思想に見られる二項対立的な主客の関係によって，人と人，人と物との情緒的合一がなくなり，主客の間に距離ができ，客観性が成立したと指摘する。今村はこの「距離化」が，新たな橋渡しとなる制度を形成させると説明を続け，「貨幣は交換の媒介者として，人間関係の客観性，そして合理的制度化を推進してきた」と述べる。

　この客観性と合理性をもった貨幣は，単なる交換財以上の役割を担うようになる。交換価値で計られる商品だけでなく，労働力や土地，技能などを使ってその有用性が決まる使用価値も，貨幣によって価値評価されるという不条理な現象が起きている。使用価値は，客観的で合理的な価値基準をもたず，関係の中に成立する有用性を特徴とするため，「関係的世界とともに変容するという非合理性を捨て去ることはできない」（内山，1997：217）。人間の営みの中で生まれる有用性は，質的で使用価値による豊かさである一方で，所有している量で計られる貨幣は，交換価値による豊かさである。商品経済の歴史は，消費生活や生産に対する考え方を変え，人間の精神や文化といった人間的価値が育まれる土台を蝕みながら，経済的合理性の中に人々を巻きこんでいった。貨幣自体が「権力」と化し，国家にとっての有用性を重視した貨幣価値が生み出され，個人の存在意義もこの構造の中に組み込まれていくこととなる（内山，1999b：211-238；ポランニー，2003：31-47）。

　貨幣で表現される価値観は，客観性と合理性をもった市場経済の発展を促した。近代以前に見られた共同体の一部の機能を担い，関係性の中で成り立っていた経済活動は，地域社会や自然，産業，文化を内包し，それらを操作する構造へと変わった（内山，1999b：24；Orr, 2004）。そこでは，いまだ見ない未来への欲求を満たすことが人生の究極の目的となっていったのである（バウマン，2001）。

　二元論的世界観の上に成り立った近代システムは，人と人，人と物などの関係に距離をつくり，主客関係において対象を客観視すること，そして，それら

を合理的に使用できるように技術革新を推進してきた。距離化，客観化，合理化の過程で，関係性の中で成り立っていた目に見えない精神性や地域言語，文化などがはぎ落されてしまった。

　経済の力が環境や社会の領域を内包し圧迫している近代以降の体制に対して，鬼頭（1996, 2008, 2009）は社会的リンク論を展開し，文化的・宗教的リンクと社会的・経済的リンクからなる人間と自然との関係について論じている。前者は，自然を宗教的・文化的な対象として捉え，宗教儀礼をともなうような精神的な側面での関わりであり，後者は，資源として捉える自然から糧を得て，社会的活動を行う経済的側面の関わりである。鬼頭は，2つのリンクが統合性のある連関した状態であることが望ましく，2つの関係を再構築することが求められていると説く。

　人間と自然との関係について，鬼頭（1996）は〈生身〉と〈切り身〉という2つの関係性を示した。前者は，「人間が，社会的・経済的リンクと文化的・宗教的リンクのネットワークの中で，総体としての自然とかかわりつつ，その両者が不可分な人間−自然系の中で，生業を営み，生活を行っている一種の理念型の状態を『かかわりの全体性』と呼び，『生身』の自然との関係のあり方」を指す。対して，後者は，2つのリンクによるネットワークが分断され，「自然から一見独立的に想定される人間が，人間から切り離されて認識された『自然』との間で部分的な関係を取り結ぶあり方を，『かかわりの部分性』と称し，『切り身』の自然との関係のあり方」を表す。2つの関係は，次頁の**図 2-1** と**図 2-2** に表される。〈切り身〉として関わりある事象を部分的に扱ったことで，自然も機械のように見なされ，人間の営みとは別の領域で行われている産業において加工された。そこでは自然がもつ価値は見出されず，交換価値として見なされた。近代化の影響は，人間による自然破壊と自然保護という概念を生み出したことにも見えるのである。

　一方，鬼頭は，**図 2-2** にあるように，文化的・宗教的リンクと社会的・経済的リンクが不可分にネットワークを形成していることが，関わりの本質であ

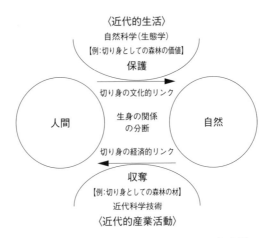

図 2-1 〈切り身〉の関係＝かかわりの部分性

(出所) 鬼頭 (1996：130) より抜粋。

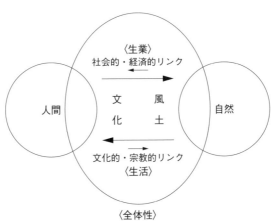

図 2-2 〈生身〉の関係＝かかわりの全体性

(出所) 図 2-1 に同じ。

ると説く。〈切り身〉の関わりの中にいる私たちが**図2-2**のようなあり方をいかに実現すべきかについて，次のように述べている。

> ローカルな社会的・経済的状況，文化的・宗教的な状況の中で，木を伐ったり動物を殺したりするという行為が，どのように，その社会的・経済的リンクと文化的・宗教的リンクのネットワークの全体性を損なうことなく，また別のネットワークの形成によって代替的な全体性が形成されるのか否かということが，重要である。　　　　　　　　　　　　　　　　（鬼頭，1996：140）

　鬼頭（1996, 2008）は，伝統的な村落共同体に見られる〈生身〉の関係を単純に取り戻すことを求めてはいない。2つのリンクの全体的な関わりを改めて築き，伝統社会に暮らす人々や先住民の生活とつながっていくことが必要であると主張する。

　さらに，鬼頭（1999a）は，近代システムで捨象された「かけがえのなさ」は，他の存在と交換することができない「時間の一回性」と「存在の唯一性」をもっていると述べる。この2つの視点は前章で述べた「いま，ここ，わたし」に関わってこよう。「時間の一回性」は「いま，ここ，わたし」という瞬間を尊重することであり，「存在の唯一性」とは他との関わりの中での自分自身の存在が問われ，価値が置かれることを示している。「わたし」の身の周りにある対象物が商品化される経済活動において，さまざまな関係性がわからなくなっている。個々が散在し，国や地域の社会システムのもとで統合される現在，「死の観念」や「かけがえのなさ」といった「生命の結び合い」(内山，2009：190)が感じられる〈生身〉の社会をつくることが求められている。

　貨幣経済による影響は避けられず，私たちは貨幣を用いて消費生活を送っている[1]。このことはこれからも変わらないだろう。しかしながら，貨幣を使う私たちの考え方次第で，「生命の結び合い」が感じられる経済を実践することは可能となるだろう。地域社会において地産地消，一次産業の活性化など土地

に根ざした労働が行われることで，顔の見える経済，血の通った貨幣の交換が行われる。商品経済のもとで使用される貨幣は交換価値があるのみで，それ以上でも以下でもない。これを内山（2009）は「冷たい貨幣」とし，お金以上のものを含んだ貨幣を「温かい貨幣」と呼んだ。「温かい貨幣」には今村が示した「死の観念」に通じる他者への配慮や感謝などの気持ちが含まれ，「自分の存在を包む関係がみえているローカルな世界にしか生まれない」貨幣形式である。現在求められる貨幣とは，交換価値に異なる価値観を付与した「温かい貨幣」であり，それが創造される社会をつくっていくことが必要である。貨幣が商品の売買をする交換財に過ぎないのではなく，それに加えて他者の存在が感じられる関係を築く媒介者として捉えていかなければならない。そのとき，さまざまな関係の中で生きる「いま，ここ，わたし」の存在が認められ，国や企業にとっての有用性が中心とされる社会から一個人がもつ「かけがえのなさ」によってつながる社会へと転換する端緒となろう。

　貨幣やそれを媒介にして得られた商品を所有することに価値が置かれる経済優先の社会では，量，合理性，効率性などが重視され，直線的な時間観に立った右肩上がりの成長が目指された。目先にある目標に向かう努力が促進され，その過程で多くの「かけがえのなさ」が捨象された。現在，私たちの身の周りで起きている現象は，二元論的世界観に基づく近代システムにおいて断絶されたところで起きている。橋渡しとして制度化された多くの関わりを見直すときに来ていると言えよう。

第2節
持続可能な開発とその必要性

1．持続可能な開発の概念

　18世紀から19世紀にかけて起こった産業革命以降，人間の生産活動はますます拡大し，自然環境は徐々に破壊されてきた。水質汚濁や大気汚染，土壌浸

食などによって顕著になった自然がもつ浄化能力の限界も，地域的な公害問題
や地球規模的な環境問題として露呈された。例えば，先進諸国を中心にその被
害は報告され始める。ヨーロッパにおけるバルト海の水質汚染，酸性雨の被害，
水俣病，イタイイタイ病，新潟水俣病，四日市ぜんそくという日本での四大公
害病に表されるように，産業化による被害が世界各地で発生していた。環境汚
染の原因となる化学物質の使用の危険性を訴えたレイチェル・カーソンの『沈
黙の春』が1962年に出版された。その10年後の1972年には，民間シンクタ
ンクであるローマ・クラブが『成長の限界』を発表し，人口増加や地球温暖化
の視点から，産業化に基づく経済成長を優先させた開発の続行に警鐘を鳴らし，
資源の有限性とその有効活用および，質のある開発への転換を呼びかけた（メ
ドウズ他，1972）。

　また，20世紀は科学技術を駆使した争いも多発し，「戦争の世紀」と呼ばれ
るが，今も止まず繰り返される地域紛争や戦争が自然にかける負担も計り知れ
ない。人間の欲を満たすために自然への影響を顧みず推し進めてきた経済成長
や争いの代償は大きく，現代に生きる私たちは次世代のためにも，また環境破
壊によって絶滅の危機にさらされている生態系のためにも，これまでの開発の
あり方を見直し，新たな開発のあり方を探求しなければならなくなった。

　戦後，「環境教育」という言葉が1948年のIUCN (International Union for
Conservation of Nature and Natural Resources：国際自然保護連合) の設立総会で初
めて用いられ，その後生物多様性や気候変動枠組みなどに代表されるような環
境と開発に関する国際会議が世界中で開かれている。その中でも注目される会
議は，1972年の国連人間環境会議（ストックホルム会議）[2]，1992年の国連環境
開発会議（リオ・サミット）[3]，2002年の持続可能な開発に関する世界首脳会議（ヨ
ハネスブルグ・サミット）[4]，2012年の国連持続可能な開発会議（リオ＋20）[5] であ
る。

　1972年の国連人間環境会議以降，先進国では，問題視された公害の被害や
環境破壊の影響から開発のあり方が問われるようになる一方で，途上国では貧

困による経済格差の緩和には開発が必要であると，両者の議論が対立する。1980年代に，経済開発と環境保全の調和を図る概念である「持続可能な開発 (Sustainable Development)」[6] が用いられるようになるが，現在もまだその対立関係は続いている。持続可能な開発という言葉が世界的に認識されるに至ったのは，1984年に国連に設置されたブルントラント委員会[7] による報告書『地球の未来を守るために ("Our Common Future")』を1987年に公表してからのことである。そこで定義づけられた持続可能な開発とは，「将来世代のニーズを損なうことなく，現在世代のニーズを満たす開発」(WCED, 1987：8) である。それは，これまで経済と環境とのバランスを探求してきた開発に，世代間の公平性の意味を加えた開発の概念であった (森田・川島，1993)。

2004年に発表された IIS の草案で持続可能な開発に関する概念が改めて説明された[8]。これによって，経済開発と環境保護という対立関係を改めて捉え直すことができた。持続可能な開発とは，環境・社会・経済という相互関連する3領域から成り，継続する長期的な変化のプロセスであると説かれている。その目指されるところは，人々の間に平和的共存がなされること，また自然環境の再生能力を回復することにある。また，それは現状の維持を表すのではなく，変化の方向性と影響を表すとされ，相互関連した3領域の基底となるのは文化であると，その重要性が説かれている (UNESCO, 2004：12)。このことから，持続可能な開発とは，環境的・社会的・経済的側面が関連し合い均衡の取れた開発であり，人間と自然の両者への尊重を基盤におく開発のあり方であると言える。それはこれまで対立関係にあった要素，例えば環境と経済，先進国と途上国を結びつける開発のあり方である。また，文化という社会や自然に内包され，人間の価値観を形成する基盤であり，かつ時代を超えて継承されてきた時間的・空間的な触媒をもって相互の関係を捉え直すことができる開発のあり方であると言える。

IIS には，ESD で育まれるべき価値観として以下の4つが示されている。

全世界の人々の尊厳と人権への尊重とあらゆるものへの社会的・経済的公
正への責任

未来世代の人権への尊重と世代間の責任への関与

地球のエコシステムの保護と回復を含む，そのあらゆる多様性の中に生き
るいのちのより大きなコミュニティへの尊重とケア

文化的多様性への尊重とローカルにグローバルに寛容で非暴力の，平和な
文化を築く責任　　　　　　　　　　　　　　　　　　(UNESCO, 2004 : 14)

　これら4つの価値観からは，持続可能な開発が目指すべきビジョンを読み取
ることができる。自然，社会，経済など，いのちあるものを取り巻く環境が危
機に面している時代において，持続可能な開発の必要性は高まってきていると
言えよう。持続可能な開発は目指されるべき到達点ではなくプロセスであり，
このプロセスにおいて従来の世界観や経済成長のあり方を変容させていくこと
が求められる。物質的な豊かさを求め，量的な成長を目指す経済，人間の欲の
ために支配・統治される自然，弱者が虐げられる社会，このような開発を進め
てきた近代以降の世界観を転換することが求められている。

2. 持続可能な開発の必要性

　持続可能な開発の概念は，IIS の定義によって，環境保護と経済開発の対立
構造，つまり先進国と途上国との間にある世代内の不公正に対応できる包括性
をもち，その適用範囲を世代間・世代内に拡大した。しかしながら，それが究
極的には経済成長を目標としているのではないかという批判もある[9]。それは，
誰にとっての持続可能な開発であるのかについて，政策立案やその施行過程に
おけるパワーバランスが依然として不公平であり，弱者を支配する構造が温存
されていることを指摘するのである（石山，2008 : 81-83）。IIS による定義が公
表される前の持続可能な開発の概念は，定義づけが曖昧で，その解釈も多様で
あったため，IUCN はそれらを2つのグループに分けることができると説明

した。一つは，「持続可能な経済成長」であり，もう一つは「持続可能な人間開発」である。前者は，現在の社会的・経済的構造を変えることはせず，政策として自然環境を保護しなければならないと考える。経済成長の持続可能性に個人や産業活動をシフトするためには，技術や経済の役割があると強調する。後者は，社会的公正や生態系の限界という問題に焦点を置き，無限な経済成長を前提とする世界観と開発モデルを疑問視し，現在の構造からの急速な逸脱を求めている (Fien and Tilbury, 2002：3)。両者の違いは持続可能性がどこに向けられているかにあり，デイビッド・W・オーの言葉を借りれば，前者は「技術的な持続可能性」であり，後者は「生態的な持続可能性」である (Orr, 1992)。IUCN は，ブルントラント委員会の定義づけは前者に当たるとしている (Fien and Tilbury, *op. cit.*)[10]。

　序章の冒頭で述べたように，環境保護と経済開発に関する議論は，根底にあるシステムが変わらなければ，同じ議論を繰り返すことになる。つまり，持続可能な開発が，現在支配的な経済制度であるグローバル経済の影響下に置かれる危険性をもっているということである。すでに企業によるグローバリゼーションは，経済成長のための「共有地の囲い込み」[11]を行い，貧困，飢え，渇きの増大をもたらしている (シヴァ，2007：34-37)。地球規模の問題に対処するための持続可能な開発が経済活動に吸収されて，新たな被害を生み出したり，状況を悪化させたりしている。

　物理学者であり環境運動家であるシヴァはこの問題に対して，2 つの理由を挙げる。一つは，経済が市場と資本によって支配されていること，もう一つは，経済成長という名のもとで企業の利益追求が優先され，実在の人間の権利が犠牲にされることが多くなっていることである (同上書：35-36)。いわば，グローバル経済によって，私たちは負の連鎖の中に組み込まれたと言えるのかもしれない。新自由主義に基づく市場経済は，企業によって多額な資本が投入され，上述したように「共有地の囲い込み」が行われ，地元の人々から土地や資源を奪う。企業は地域にある文化や生態系の多様性よりも，利益追求のために合理

的手法を選択し，モノカルチャーをもたらす。林業や農業などの第一次産業において それは顕著である。モノカルチャー化された土地は，自然破壊や資源の枯渇を招く。それによって，人々は仕事を失い，生活することができなくなり，移住を余儀なくされる。自然とともに暮らしてきた人々は飢えと貧困に苦しみ，自ら命を絶つこともある。シヴァは企業による植民地的な行為であり，自然を含め，土地の人々を排除する行為であると，企業によるグローバリゼーションを批判する。

　持続可能な開発が，新自由主義の影響を受け，企業や先進国，新興国などの利益が優先されたとき，世代間の不公正および社会システムの再生産の構造は今よりも強固なものとなるだろう。菊地栄治（2006：190-191）によれば，それは「浅い持続可能性」と称され，持続可能性が国益の維持・増進と自己責任の理念に結びつく。未来世代に問題を先送りにしたり，弱者を虐げたりすることで，人々は自らのあり様を問わなくなり，現実に向き合うことをしなくなると菊地は述べ，「ほんとうに価値のある姿」であるのかどうかを批判的に見直すことの必要性を説く。それは，「持続可能な（sustain-able）」という言葉が示す「支持するに値する」という意味をもつ「深い持続可能性」であり，支配－被支配の構造を育んでいる人間社会の「いま」を問うことを求めるのである。

　機械論的な世界観に基づいた社会システムのもとで生まれた世代内・世代間の不公正に対応するためには，全体論的な世界観に立った社会システムへの変容が求められる。2005 年に公布された IIS と翌年に出された IIS をより詳細に説明した枠組みで示された持続可能な開発に関する定義は，変化のプロセスであること，また，文化が基底となっていることを明示していることから，地域性や参加型の手法を取り入れた，従来とは異なる開発が期待されたのである。それは，国や企業らによって資金が投入され，トップダウンで誰かに進められるのではなく，その地に住む人々が計画立案や意思決定などのプロセスに参加し，自律的に関わるプロセスである。環境的・社会的・経済的な側面が関連し合う概念であるが，そのプロセスは極めて政治的であろう。近代化によって，

さまざまなものと「距離化」した関係を見直し，老若男女問わず住民が住民たちの手で制度を編み直し，新しい制度を創造していくことが可能となる。ここに，弱者への支配と搾取の構造を問い直す可能性があるだろう。

　資本主義体制のもとでの経済成長によって支えられていた価値システムが崩壊しつつある今，私たちは人間の生というものを再考するときにきている。自然か人間か，他者か自己かという二項対立的な考えは，主体－客体の関係を前提とし，どちらが優位で，客体を支配できるのかを確認しようとする。そうではなく，自然・他者・自己という三者の関係を捉え直し，自然と他者と自己がどのように関わり，共生していくべきかについて考えていかなければならない。企業によるグローバリゼーションは，自然を要素還元的に捉え，商品価値を見出せる種類のみを囲い込んで，モノカルチャーを生む。価値を置かれなかった種類は囲い込みから外され，使い捨てにされる。世代を超えて信仰や文化などによってつくられてきた倫理観や伝統知などは，商品価値とは異なる価値観であるため売買できなく，グローバル経済のシステムでは「遅れ」とされ，社会システムから少しずつ消滅しているのである。現在の経済活動が，自然，人間，特に社会的弱者と呼ばれる人々を含めるあらゆる生命を尊重しているとは言い難い。言葉を奪われてしまった者が再び声を取り戻せるように，すなわち，社会的弱者や自然に配慮した，地域からの，土地からのボトムアップ型の開発のあり方を検討していく必要がある。政府や企業などから排除されてきたものに耳を傾け，場と役割を与え，それらとの相互関係から新しい関係性を築いていくことが求められている。

第3節
関係性を捉え直すケアと〈人間中心〉主義

　本節では，資本主義体制下での開発を変えるために求められる自然観とは，どのような価値観であるのか，IIS で説かれている内容から読み解いていく[12]。

なお，本論で用いる「人間中心」の語句については，3通りの方法で区別する。二元論的な世界観に基づき，人間と自然とを二項対立の図式で捉える自然観については，人間中心的な自然観と括弧なしで表記する。一般的には人間中心的な自然観を表す語とされる傾向にあるスチュワードシップであるが，第1項においてその捉え直しを行い，スチュワードシップに表される自然観，つまり人間存在の捉え直しを含意する自然観については「人間」中心的な自然観とする。最後に，ケアの概念を用い，スチュワードとしての人間が自然とどのように関わるのかという関係性を表す自然観を〈人間中心〉的な自然観と記す。

1. スチュワードシップの「人間」中心的な自然観

IISにおいて，自然環境を守るための態度・価値観を表している用語は，「スチュワードシップ (stewardship)」と「ケア (care)」がある[13]。一つ目の「スチュワードシップ」の記述には，ESDが「コミュニティを基盤とした意思決定や社会的寛容，環境管理，適切な労働力，生活の質の向上に求められる市民性を育成する」とある (UNESCO, 2005b : 31，傍点は筆者)。また，IISをより詳細に説明した枠組みには，資源の使用に関する記述の中で，持続可能な開発が求める対応の一つとして「あらゆる種類の資源の先を見越した管理」と記されている (UNESCO, 2006 : 11，傍点は筆者)。

上記の記述からは，スチュワードシップが数量的かつ計画的に行う環境管理を示しているように見受けられる。スチュワードシップとは，どのような意味合いをもっているのかについて語源から紐解いてみると，「地球の番人」という意味合いを含んでいることがわかる。オックスフォード辞典によると，その意味は「スチュワードの職」と「管理，経営，責任」とあり，「スチュワード (steward)」の派生語であることが示されている。名詞の「スチュワード」の意味は，「給仕，幹事」，「支配人，執事，管財人」，動詞だと「給仕を務める」，「(財産を) 管理する」である。その語源は，12世紀以前の古英語 "stī-weard" であり，「家，ホール」を表す "Stī" と「被保護者，管理人」を意味する "Weard (ward)"の複合語である（McKean, 2005：1662）。すなわち，「家の番人」という語源をもっている。ここから推察できることは，スチュワードシップが自然環境に関連して使われる際の「家」が，地球を指しているということである。それは，しばしば「環境に優しい」を表すときに使われる「Eco（エコ）」という言葉から考えることができよう。生態系や自然環境を意味する"ecology"や経済を表す"economy"などに共通する「Eco（エコ）」という語は，「home（家）」，住む場所を表すギリシア語"OIKOS"（オイコス）を語源にもつ（Ibid：536）。ゆえに，スチュワードシップとは，人間が住んでいる「地球の番人」として管理する責任があることを示す言葉である。

　「地球の番人」としての人間が自然環境を管理する役目を担っているという考え方は，一見，人間が自然を支配し操作する人間中心的な自然観に依っていると思われる。しかしながら，上で述べたように，スチュワードシップが意味する「地球の番人」からは，そのような自然観は読み取れない。ここで確認しなければならないのは，「地球の番人」としての人間の役割についてである。そのため，この点について，スチュワードの責任を説くキリスト教の見解から検討する。

　人間と自然との関係を切り分け，両者を主体－客体との関係で捉えようとする見方は，機械論的な世界観に基づいた自然観であり，それによって経済成長や環境破壊が引き起こされていると，批判されることが少なくない。このような考え方は，リン・ホワイト・ジュニアによる論考をはじめとして，キリスト教にその源流を見ることができると言われてきた（例えば，今村，1998；尾関，2007：231-234；村上，2002b）。それは，旧約聖書の創世記1章28節の「産めよ，ふえよ，地に満ちて地を従わせよ。海の魚と，空の鳥と，地の上を這う生き物をすべて支配せよ。」（日本聖書協会，1992：2）という記述が，人間が自然に対する自由な「従属権」，「支配権」を行使できると解釈されるためである[14]。

　しかしながら，ユダヤ・キリスト教的自然観において，人間中心的な自然観

を再考する点として注目されるべきは，その人間観である。神の似姿として「土の塵」[15] から創造された人間は，神の代理者として，全創造物に対する「支配権」を委ねられた。このことは「神の歴史世界への直接的介入による支配ではなく，人間を通して間接的に神の主権が及ぶ」（守屋，1998：123）ことを意味する。つまり，人間は土地を耕し，その土地を細心の注意を払って守ることを神から託された信託者であることが示されており（例えば，森本，1998：39；守屋，1998；教皇庁正義と平和評議会，2009：360-385；教皇ベネディクト16世，2010），人間中心というよりも神中心であると言える。さらに，人間が「土を耕す」ことに着目して，間瀬啓允（1996：22）は文化の創造を人間に信託されたのは「ひとつのすぐれたメタファー」であると述べる。また，守屋（1998）は「耕す」の本来の意味を強調し，人間中心的な自然観の新たな見方を提示している。「耕す」を意味するヘブライ語の「アーバド」は，神を目的語とするときには「奉仕する」の意味になることから，人間が「土に仕える」者であることを説く。「どんなに科学技術が発展しても，根本的に人間は『土に仕える』存在なのであり，最後は『土に返る』（創世記3章19節）存在」なのである。それゆえ，人間中心的な自然観の源流を聖書から捉えようとすることはできないとしている。

　以上のことから，ユダヤ・キリスト教的自然観において，神の似姿として造られた人間はその権限を委託され，万物の管理を信託された存在であり，自然環境を守ることが神への応答，つまり人間の責任であることが確認された。人間は「土の塵」から形づくられ，「土に仕える」存在であるというキリスト教の人間観によれば，人間が自然の一部であることがわかる。スチュワードシップに現れている自然観は，経済成長を最優先にして資本主義体制を強化する経済活動が中心に置かれる自然観ではなく，「仕える者」として神から信託された被造物の保護に従事し，謙遜的な態度で応答する人間の存在を捉え直す自然観であると言える。

　一方で，神から人間に委託された「支配権」が間違って行使され，「管理的支配」ないし「暴力的支配」がなされてきた（守屋，同上書）。そこでは，人間

の「制約なき発展」を認め，自然は文化の一部であると見なす考えが，他の文化を無視してきた。無視された文化の中では彼らの科学技術による開発が脅威となるのである（ブラボー，2007：245-246）。「制約なき発展」による支配と搾取の構造は，グローバリゼーションによって強化され，情報や所得などの格差を広げ，世代内の不公正な状況を悪化させている。

　この世代内に存在する不公正を改善するために，私たちは今一度，スチュワードシップに表される「信託者」としての責任を再考すべきであろう。地球の番人として神から地球の管理を委託された者，つまり「土に仕える存在」である人間は，文化の創造と自然の保護を二項対立的な関係ではなく，両者を統合的に捉え，「仕える者」としての視点から自然との関わり方を改める必要があるのである。

2. スチュワードシップにおけるケア

　スチュワードシップの意味を通して，自然に対して私たち人間がどのような存在であるのかを確認することができたが，その関わり方については，その言葉通り，信託されていると言える。つまり，スチュワードシップからは，自然との関わり方を捉えることができないということである。そのため，「制約なき発展」を認めることなく，「仕える者」としての責任を果たすためには，どのように自然と関わることが求められているのかについて検討する必要がある。IIS においてスチュワードシップに加えて記述されていたケアの語に着目して，その関わり方について捉えていく。

　IIS において「ケア」に関する記述は，2ヵ所ある（UNESCO, 2005b）。一つ目の ESD で重視される価値観に関する項目では，持続可能な開発が，人間の尊厳や人権，公正，「環境のケア（care for the environment）」（傍点は筆者）といった多くの価値観のさらなる一歩を踏み出せるようにし，世代間をつなぐ価値観としてその適用範囲を拡張させるという文脈で示された。それは，国連が上記の価値観を支持してきた歴史的経緯に関連する。また，2つ目の質の高い教育

に関する項目の中では、「質の高い教育を通して、個人が世代間公正に貢献するために環境をケアし、公正かつ公平で、平和を志向する世界、つまり持続可能な世界の理想が支持され、伝えられること」（傍点は筆者）とある。さらに、先述した IIS の枠組みに記されている 4 つの価値観の一つに、「地球のエコシステムの保護と再生に関わる、その多様性の中で生きるいのちのより大きなコミュニティへの尊重とケア」（UNESCO, 2006：15, 傍点は筆者）があり、地球上のいのちあるものに注意を払い、気遣うことの重要性を読み取ることができる。IIS において「ケア」は、世代内だけではなく、世代間公正に関わる価値観として挙げられていることがわかる。

　しかし、ケアの概念は、通常対人間との関係に使われる。IIS に記されているように、対自然にも適用範囲を拡大させることの意義は、スチュワードシップとしての人間に課された神への応答として見出すことができる。では「自然をケアする」ことが環境保全と何が違うのかについて、ケアの語源、起源、そしてその概念から検討する。

　始めに、スチュワードシップと同様、「ケア（care）」の意味から検討していく。オックスフォード辞典（McKean, *op. cit.*：258）によるとその意味は、大きく 3 つ、「世話、介護、保護、管理」、「注意、用心、配慮、努力」、「心配、気苦労、不安、懸念、悲しみ」に分類することができる。その語源を辿るとラテン語 "cura" に由来し、2 つの意味で使われていたとされる。一つは「心配、苦労、不安」などの意味で、もう一つが「注意、配慮、世話、保護」などの意味である。しかし、元来の意味には、深い悲しみ・悲嘆・心配・苦労を意味する "grief" や、悲しみ・悲嘆・嘆きを意味する "lament" が含まれていた。江藤裕之（2007）は、それ以前の印欧祖語 "*gǎr-" にその語源を見出すことができると指摘した[16]。その意味は「叫ぶ、悲しみ叫ぶ」である。その後、ゲルマン祖語の "*karo-"、古英語の "caru"、"cearu" と悲しみの意味をもつ語へと変遷していく。ケアは、「心配（anxiety）」・「悲しみ（sorrow）」・「叫ぶ（cry, shout）」の意味を語源的にもっており、その根本には「何か悲しくなるものを見たときに声をあげんばかり

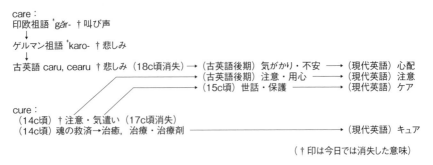

図 2-3　care と cure の意味の変遷と関連
（出所）江藤（2007：2）より抜粋。

に心から心配している（自分の気持ちがその方向に向いている）こと」（同上書：2）という意味合いが含まれていた。

　一方，同じラテン語の語源"cura"をもつとされる「キュア（cure，治療する）」の最初の意味は，「注意，気遣い」である。後に中世教会用語として「魂の救済」，「信仰の監督」という意味をもち，14世紀末に「治療」の意味で使われるようになった。キュアとケアは語源的に似ており，同じ語源をもつ言葉として紹介されることが多いが，その根拠はいまだない。図 2-3 のように，両者の意味分化の過程で「注意，気遣い」の意味がケアに統合され，キュアには「魂の救済，治癒，治療」の意味が残り，ケアとは区別された語として，キュアの意味は確立していったと考えられる。

　さらに，ケアは原始医術にまで遡り，ギリシアにおけるディアイタ（diaita，養生法）にその起源を見ることができる。古代ギリシアにおけるディアイタには，宗教的医療，合理的・経験的医療の2つの流れがある。両者とも病気になる前の心身の健康状態に対する配慮であって，私たち人間を超えた次元の自然の秩序に由来した。中世におけるケアもディアイタの意味を継承し，人間は自然のものによって形作られ，病気は自然に逆らうものとして捉えられた。自然に逆らった状態を実践的な生活の変更，「習慣の転換」によって，人間の健全な状

態へと向かわせた養生法であった（池川，2005）。

　看護学者である池川清子は，中世におけるケアほど「人間の実存的問題と強く結びついた時代はなかった」と指摘し，「病の中においても，人々はその意味を人間の救済の必要性として経験し，ケアによる癒しの中に救いをみていた」と述べる（池川，2005：142）。この指摘は，先に扱ったケアの語源からも明らかであろう。中世で使われる「治療（cure）」には「魂の救済」という意味があり，その後，注意や気遣いの意味がケアに統合されていく過程を踏まえれば，ケアは人間の身体性や精神性などの全体性に関わっている語であることがわかる。ゆえに，当時の状況から，「自然と人間，自然と心，生と死といった一見対極的緊張をはらむ概念が，一個の全体として解釈されている」（同上書）ことが読み取れ，ケアが一生に関わる行為であり，また心理的・精神的部分をも含み，人間の全体性を調和させる行為であると捉えられる。さらに，人間が自然との関わりの中で生き，その関わりを通して人間の中にもある自然がもつ調整力や浄化力などを取り戻す関係づくりの場をケアが提供しているとも考えられる。

　ケアという行為は，ケアの提供者と受け手の相互関係によって成り立ち，ケアされる側に影響があることは想像に難くない[17]。けれども，実際，ケアを通してつくられる関係性の中での変容は，ケアする側においてもみることができる。このことについて，メイヤロフは「他の人々をケアすることをとおして，他の人々に役立つことによって，その人は自身の生の真の意味を生きている」（Mayeroff, 1971＝1987：15）と述べる。ケアされる側がもっている苦しみや悲しみ，いたみにケアする側の意識を向けることで，ケアする側の意識に変化がもたらされる。メイヤロフは，その著書『ケアの本質──生きることの意味』の冒頭で「一人の人格をケアするとは，最も深い意味で，その人が成長すること，自己実現することをたすけること」（同上書：13）とケアの本質について言及する。

　「ケアにおいては，相手とともにいるということは，とりもなおさず相手の

ためにいるということ」(同上書：95，傍点は原文ママ) を強調し，他者のケアを中心にしてケアする側自身もケアされることを説く。自身とは異なる存在である他者からの呼びかけに対する応答，つまり責任 (responsibility) を通して，自身の存在意義を見出すのである。メイヤロフはこのことを「差異の中の同一性 (identity-in-difference)」(同上書：186) と呼ぶ。それは，先述したケアの起源にある実存的問題への応答と捉えることができ，ケアを通して自己の存在意義が新たに発見されることを可能にしている。他者との関わりの中で生きている〈わたし〉は，それぞれが異なるけれども，他者と自己との関わりが〈わたしたち〉という一体をつくり出すことを示唆していると考えられる。「"自らを見いだす人"はまた，"自らをつくりあげる"人でなくてはならない」(同上書：212) とメイヤロフが指摘しているように，ケアは，異なる両者，つまり他者と自己の存在意義を認め，新たな関わりとしての〈わたしたち〉という場を創造する。それは彼の言葉を借りれば，「自分の落ち着き場所にいる (be-in-place)」(同上書：15) ということであり，ここに，ケアの核を見出すことができる。

この「場の中にいる (in-place)」[18] とき，「私と補充関係にある対象によって必要とされている，という事実からくる帰属感を深く身に感じとると，その経験は私を根底から支え」(同上書：143-144，傍点は原文ママ)，自身の自己と自我が統合された状態になる。これをメイヤロフは「基本的確実性 (basic certainty)」(同上書：141) と呼ぶ。自己と自我との間に格差が生じると，自分の存在意義や為すべきことがわからなくなるという「不確実性」が現れる。けれども，「場の中にいる」ことには，その「不確実性」とは正反対の安定性をもつ「基本的確実性」があり，ケアを通した関係性には，自己の生を再創造する可能性があることをメイヤロフは述べているのである。「自己の生の意味を生きる」という〈わたしたち〉の実存に関わるところに，ケアの重要性がある。

最後に，ケアを通した「差異の中の同一性」において，他者と自己をつなぎ，〈わたしたち〉となりえる接点について検討する。森村修 (2000) は，メイヤロフのケア論を用いながら，その語源にある "grief（悲嘆）" に着目する。彼は，

人間が傷つきやすさ（vulnerability）をもつ存在であることを前提にして，自分自身や他者の病や老い，他者の死，そして人生で経験するさまざまな辛苦に対して悲嘆することが許されていることを確認する。しかし，現代社会において，私たちは他者を傷つけないように，他者に傷つけられないように他者との距離を取ってきたために，他者の死や，つらさやいたみに共感する場，その過程に寄り添うことが少なくなっていること，また，悲嘆に対応する術が教育においても扱われなかったことを森村は問題視する。そして彼は，人間が〈良く生きる＝良くある（well-being）〉ためには，悲嘆の感情に対応する方法を身につけていかなければならないと「死への準備教育（Death Education）」を提案する。その一つの手立てとしてケアの重要性が論じられた。彼は，人間が身体的・精神的にも弱く，「傷つきやすさ＝脆弱性（vulnerability）」をもっているということへのまなざしこそが，ケアなのであると述べる。

このまなざしは，ケアの起源にあった「習慣の転換」による人間の健全な状態を取り戻すことができる鍵であると言えよう。メイヤロフは，「ケアする対象が，それが持つ存在の権利ゆえに，かけがえのない価値をもっている」（Mayeroff, 1971＝1987：20）と述べる。私たちは他者のケアを通して，自身の「傷つきやすさ」に気づき，いたみやつらさの読みかえをして自身のケアにあたっている。この意味において，「かけがえのない価値」とは，人間誰しもがもっている「傷つきやすさ」，つまり脆弱性（vulnerability）であると考えられる。

ケアにおいて，〈わたし〉という主体性[19]，主体性をもつ他者との関係から生まれる社会性，そして他者と自己との関係性から気づく「基本的確実性」という普遍性の 3 要素が複雑に織りなしていることがわかる[20]。その過程で，他者のいたみや苦しみ，悲しみを互いに共有し，自己対話を重ねることにケアの要を見ることができよう。

楽しさや嬉しさなど感情が高ぶること，強さや速さといった他者を打ち負かすことが評価され，苦悩や悲嘆，弱さ，遅さのような消極性を取りあげることが遠ざけられている今日，生老病死を含む人間のライフサイクルの全体性を見

直し，それに向き合うときにきている。未来を予測し，被害をできる限り取り除くことで，私たち人間は文明を発展させてきた。しかし，私たちはすべての苦しみやつらさを取り除くことなど不可能であり，そのような感情をもち，人々と共感しながら，つながりある社会を形成してきたのである（小路口，2010）。今一度，「傷つきやすさ」に目を向け，他者の声，自身の声に耳を傾ける必要がある。

　IIS において「環境をケアする」という文言が記述されていること，それは，単に自然環境の保護を強調しているだけにとどまらない。自然環境を介することで，そこに暮らす遠く離れた他者の存在を認め，彼ら／彼女らと自身とが何らかのかたちで関わっていることを想起させると考えられる。また，「環境をケアする」ことで，資源の有限性や自然破壊，種の絶滅といった消極性の中にある，自然の「傷つきやすさ」に気づくことができる。このようなまなざしをもつこと，また，それを通して自己対話を重ね，自らの生を問い直すことで，自己と他者，そして自然という三者が関わり合う関係性を生み出すことができる[21]。

　ケアは，「仕える者」としての人間に，「傷つきやすい」存在である自然を通して，自己の生を振り返ることを可能にさせる。つまり，スチュワードシップでは見出し得ない，自己との対話や内省の過程を含んでいることに，ケアの重要性がある。自然環境をケアすることが，地球や人類の存続のために環境を守るということだけを意味するのでなく，自らのライフスタイルおよびライフサイクルを見直し，自然や他者との関わり方を考える機会となっているのである。ここに，「信託者」として，いかに自然と関わるのかをみることができる。また，スチュワードシップとケアが補完的に示されることで，世代内・世代間公正を実現させる基盤となり得るのである。

3. 〈人間中心〉的な自然観に根ざしたケアの重要性

　最後に，これまで捉えてきたケアの起源，メイヤロフの見解から「人間」中

心的な自然観を改めて考察し，機械論的な世界観に基づいた人間中心的な自然観とは異なる〈人間中心〉的な自然観について検討する。

「土を耕す」ことで文化を創造し，神が被造された万物の調和を侵すことなく，私たち人間は自然環境を守らなければならない。それは，神に対して人間がなすべき応答であり，スチュワードシップとしての責任（responsibility）ある務めなのである。注意すべきは「仕える者」である人間が「土を耕す」方法である。それが，人間に任されているために，それぞれの文化間に違いが生まれるのだろう。文化によって異なることを認め，他の文化を脅かすことないように，現在行われている「制約なき発展」を見直すべきである。前章で述べたように，聖俗革命によって宗教性を失った近代社会において，人間は自然とどのように向きあい，関わるべきかを判断することができなくなっていった。しかし，ケアは，近代化の過程で「距離化」した人間の生死，心身，人間と自然との関係をつなぐことができる。

前章2節で扱った広井良典による**図1-3**「意識／世界の構造と時間」で，人間が多元的な時間の層の中で生きている存在であることを確認したように，私たちの意識の深部にある時間の層は，生命全体に貫く時間の層とつながっている。「自然の時間」は，下層に位置づけられているため，自然をケアすることによって，意識が深められていく。換言すれば，直線的な時間の中で生活している私たちは自然をケアすることで，時間の層を「降りていく」ことができ，かつ，その方法を取り戻すことができるのである。さらに，それは，あらゆる価値の源泉である「いま，ここ，わたし」，広井の言葉を借りれば，「根源的な現在」でつながる〈いのち〉に向き合うことを可能にさせる。自然をケアすることを通して，人間は自然という有限な〈いのち〉の集合体と自分自身との関係を問い直すとともに，自然を介して出会う他者との関係を捉え直すのである。自然をケアし，自然の「傷つきやすさ」に意識を向けることで，自分自身や他者の存在意義，すなわち，〈いのち〉の尊さに気づくことができる。

このことは，IISに記されている価値観にも通じよう。地球という「多様性

の中で生きるいのちのより大きなコミュニティへの尊重とケア」とは，生命全体に貫く時間の層に「降りていく」ことによって培われる価値観とも言える。ケアは，時間の層を「降りていく」ことを助けるシステムであり，自分自身の意識を深めるとともに，人間と自然との関係，自己と他者という距離化した関係をつなげる。自然をケアすることとは，システム思考によって自然の状態を捉えることでもあり，未来世代や地球の存続を考えることにつながる。しかし，それだけにとどまらず，自然に働きかけている自分という人間の存在を問う自然との関わりでもある。それゆえ，自然をケアすることには，「いま，ここ，わたし」という視点をともなう〈システム思考〉が含まれているのである。つまり，自然をケアするとは，自然を通して人間の意識を深めさせ，人間存在を問い直させる内省的なプロセスでもある。人間の内側に意識を向けるという意味において，それは，〈人間中心〉的な自然観であるとも言えよう。

　経済成長か環境保全かという議論は，人間が自然よりも優位とされる人間中心的な自然観と，自然にも生存の権利を認める自然中心的な自然観に立脚して，敵対する両者の主義・主張を述べているように聞こえる。機械論的世界観に基づいた二項対立的な関係とは異なる関係性を築くことが求められている今，捨象されてきた「傷つきやすさ」や「死」，「悲嘆」といった消極性に意識を向ける方法を取り戻し，自然との共生への手立てを探究する必要がある。

　ケアには，二項対立している両者をつなぐ可能性がある。それは，生老病死という営みに関わる概念であるからだろう。地球上の生物は，有限ある「いのち」をもっている。私たちは他者や自然を無限ではない資源，「いのち」あるものとして見なし，自然環境の中で無関係な存在がないことを認識しながら生活することができるのかについて，ケアを通して問いかけなければならない。人間のあり方を問い，人間存在を深める〈人間中心〉的な自然観は，従来の人間中心的な自然観とは異なり，ケアされる側のいたみや苦しみ，悲しみを通して自らの価値観を問い，他者や自然との関わり方を捉え直す。人間が「いのち」を軽んじることなく，一人ひとりの生がケアされる開発が求められる。

第4節
自己変容を通した持続可能な開発

IIS (2006) によれば，持続可能な開発とは継続する長期的な，変化のプロセスである。しかしながら，この「変化のプロセス」とは，どのような変化の過程をたどるのかについての詳述はない。筆者は，序章で説明を加えたように，IIS で説かれている持続可能な開発は，「変化」のプロセスではなく，「変容」のプロセスであると考える。そこで，第1節で述べたように，根底にある世界観が変わっていない持続可能な開発，IUCN の言葉を借りれば「持続可能な経済成長」やウォーによる「技術的な持続可能性」と区別するために，変容のプロセスを表す持続可能な開発を〈持続可能な開発〉と括弧書きで表す。

本節では，これまで分断された事象を再構築する理論として前章でも取り上げたU理論と前節で捉えたケア論を用いて〈持続可能な開発〉について検討し，その必要性を改めて考察する。

1. U理論における変容のプロセス

システム思考は第1章で確認したように，有機的につながっている部分の全体像を捉える考え方であった。また，持続可能性に求められる〈システム思考〉は，これまでもっていた習慣や考え方を問い，自分自身と身の周りの事象との関係に気づき，次にどのような行動をとるのかを感じ取り，考え，実践に移し，新たな習慣や考え方を身につけていくことであり，「いま，ここ，わたし」という視点をともなう思考様式である。また，それは，事象を多角的に捉え，その全体性を見ようとすることで，私たちが当然視していたことを一度手放し，見落としたり，切り離したりしてきた部分にも目を向け，それらを受け入れるということを示している。何か別のものを外から与えられて，取り換えられる枠組みではなく，従来あったもの，つまり，捨象してきたものを含めて，組み立て直し，新たなものを創り出すという変容のプロセスと見なすことができる。

特に，地球規模で起きている問題に対応するために求められている〈システム思考〉とは，例えば，気候変動による貧困の悪化と先進国に住む人の生活のように，一見関わりのないように見受けられる事象同士の関連を捉える思考様式である。複雑に絡み合った地球規模の諸問題や，自分自身とは直接関係のないような社会との関連性を見出すことを通して，個人と社会の変容を促す考え方である。
　そこで本論で扱ったのが，シャーマーによるU理論である。過去・現在・未来という時間意識をセンゲの「学習する組織」論に導入して，個人と集団の変容のプロセスを示したことに特徴をもつ。シャーマーは，個人や集団がどのように問題を捉え，それを受け止めながら，次の行動に移しているのかという思考のプロセスについて，意識の向け方，時間，空間，自己，社会のメカニズムなどから解説する。そのプロセスでは，地球規模の諸問題を自分自身と照ら

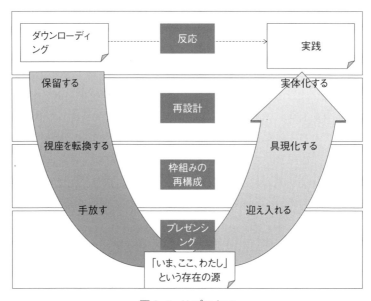

図2-4　Uプロセス
（出所）シャーマー（2010：73）をもとに筆者作成。

80

し合わせて，共通する「生きづらさ」を見出し，自分自身と社会の問題の関連を考えさせることができると筆者は考える。

シャーマー (2010) によれば，変容のプロセスは前章で詳述したように，4つの変化の段階と，その変曲点からなる（図2-4 参照）。U字を「降りていく」プロセスでは，個人や集団に身についている習慣や固定観念などによって狭められている思考の枠組みが開かれていく。もう一方では，思考する際の前提条件から解放された視野のもとで，何をすべきかを自身に問いかけながら，考え方や行動が新たに生み出され，具体化されていく。

プレゼンシングの段階におけるこの2つのプロセスの転換は，第1章で説明した2つの自己の転換である。個人においても集団においても，過去の経路を経て現在に至った自分である「習慣的な自己 (self)」と，今後そうなり得る可能性のある未来の自分である「大いなる自己 (Self)」の2つの自己の存在が互いに対話することが必要となる（シャーマー，同上書：541-544）。この2つの自己の関係は，ユング心理学やトランスパーソナル心理学で言われる自我 (ego)と自己 (Self) との関係に見ることができる。私たちは成長するにつれ，社会に適応するために現実社会との接点として社会的自我を発達させていき，本来区別のなかった自我と自己の関係に距離をつくっていく。それは，自己をコントロールしながら，社会に適応していくために必要な発達過程である。しかしながら，外的社会からの要請や課題等が過剰になると，両者の距離がかけ離れ，「本当はこうしたい，ああなりたい」という自己からの応答に応えきれなくなり，コンプレックスとしてむかつきや生きづらさなどの否定的な感情が沸き起こってくる（吉田，1999：45-47）。立ち止まって過去からの現在に至る自己である「自我」を振り返り，コンプレックスを抱えた「いま，ここに在る私」を認めることで，未来に向かう自己の受容を可能にしていると考えられる。

さらに，Uプロセスでは，目の前にある何らかの問題，例えば，先述した地球規模の諸問題や，自分自身や集団が抱えている課題などに取り組みながら，その問題との距離を縮めていき，自分自身との関わりを考えていくことが可能

である。それは，自分自身と社会の変容を手助けする思考様式とも言えよう。さまざまな問題の渦中に存在する他者や自然が傷ついているという状況と，自分自身の中にある苛立ちやむかつき，つらさや苦しさなどの「いたみ」として記憶されている否定的な感情を照らし合わせて，共通する「生きづらさ」を感じ取ること，そして，自分自身が本当にすべきことや欲していることを問いかけ，内から湧き上がる気持ちや考えに従うことで，直面している状況に対応するのである。それは，既存の習慣の繰り返しではなく，他者や自然などと自己が「生きづらさ」を共有して生み出された新たな対応の仕方である。これにより，問題が引き起こされる原因に対応できる道がつくられるのである。

　この「生きづらさ」にこそ，「いま，ここ，わたし」という存在の源に通じる普遍性を見出すことができる。しかしながらここでの普遍性は，右肩上がりの成長志向の社会に通底していた価値観とは異なる。大澤真幸（2011）によれば，成長志向の社会で共有されていた価値観と照らし合わせたとき，また，それらが語られる文脈の中に収まりきらないとき，どこか違和感や葛藤を覚えることがあるという。例えば，それは，近代社会において暗黙的に信じられてきた「がんばれば報われる」という価値観から外れる考え方や，意味づけできない経験に見られ，このような文脈化できないときに抱く「否定性の経験」（同上書：255）に普遍性が貫かれていると大澤は説く。そこには，一人ひとりが感じる違和感がそれぞれ異なるという個別性と，違和感を抱くということ自体に普遍性を見るのである。現代社会に生きている人々が感じている生きづらさは，個別性かつ普遍性をもつ「否定性の経験」にあると言えよう。こうしたアンビバレントな経験を通して，他者の生きづらさと共鳴し，個人の生きづらさは「外へと開かれる可能性」（同上書：282）をもち，個人と社会の変容へと導かれると考えられる。このことは，後に扱うケアとも深く関わってこよう。

　最後に，集団や組織が変容していく過程を捉えておく。U理論は，他者がいることが前提で展開される。つまり，Uプロセスは，自分自身と他者との関係性が変わっていく様を示すのである。それは，〈わたし〉のみならず，他者を

含めた〈わたしたち〉の変容が，その集団にも影響をもたらすという一連のプロセスを表している。

　集団や組織の変容とは，中央集権化している組織をリ・デザインし，改革する過程である。それは，一極に集中している権力を一度「保留」して見直すことから始まる。中央集権化している構造を分権化させ，組織内のコミュニケーションを促進させるために，ネットワークをつくる。これにより，他者と意見交換する場が形成され，習慣化している見方を意識化できるようになる。これが「視座の転換」である。次に，同じ組織内で行われる取り組みを相対化するために，さまざまな組織と出会い，対話することが求められる。これにより，組織内にある前提や思い込みを問い直すことができ，それらを「手放す」ことで，改めて社会全体における自分たちの組織のプレゼンスを問うのである。現在の社会状況に鑑みながら，必要なことは何か，なぜそれが求められているのか，どのように展開していくのかという「プレゼンシング」における問いかけを通して現れるイメージを「迎え入れる」。それを起案して，社会との関わりから「具現化」していく。この時，迎え入れられるのは，集団や組織がそれまで固執していた習慣で排除されたり，見落とされたりしてきた部分であり，それらを受け入れた新たな体制を整えて，新たな習慣として，集団や組織内で定着させ，「実体化」させていくのである。

2. ケアを通した変容のプロセス

　ケアを通した変容のプロセスについて，前章と前節でも扱った広井の「意識／世界の構造と時間」モデルとU理論を用いて，さらに検討を加えてみたい。

　前章で取り上げたシステム思考について，筆者は広井の「意識／世界の構造と時間」モデルを用いながら，世界や他者とのつながりだけではなく，自己とのつながりを取り戻す思考様式であると述べた。このことは，ケアすることにも通じる。ケアには，他者や自然，身の周りの社会との関わりを通した自らの生，また自己への気づきがある。換言すれば，ケアすることで，他者や自然を

通した〈わたし〉という主体性が認識されるのである。また同時に，ケアを通してさまざまないたみや悲しみ，苦しみをもっている他者と出会い，〈わたし〉とは異なる主体性に気づき，共有された「傷つきやすさ」によるつながりを認識するのである。主体性とそれぞれが集まったところに生まれる社会性，両者の関係は持ちつ持たれつの相互補完にある。両者が関わりながら「降りていく」過程と同時進行で，量的で直線的な時間から「いま，ここ」という非連続な時間へと深められていく。それは，U 理論での「存在の『源』」であり，メイヤロフのいう「基本的確実性」，広井のいう「〈原・現在性〉」である。「わたし」という「かけがえのない (irreplaceable)」存在になるとき，自己変容のポイントをくぐることになる。

　自らも悲しみや苦痛などを抱える主体であり，主体性をもっていた自己を苦悩や悲痛などをもつ「傷つきやすい」当事者として客観視することができる。その当事者として見える新たな世界とともに，未来に向けた次の一歩を踏むことができ，他者との関係を再創造することができる。ケアとは，センゲやシャーマーの言う〈システム思考〉を用いて，他者との関係性を変容させていく有機的なつながりであり，他者を通した自己変容のプロセスであるとも言えよう。

　家庭の中で扱われていた生老病死は，今では企業による市場経済の中に組み込められている。生老病死と「わたし」との間にできた「距離化」は，つながりの中でケアされてきたさまざまな生のあり方を「切り身」のように分断した。第 1 節でみてきた死の観念と同じように，私たちは自らの苦悩や悲痛などを取り戻し，それらを受け止める必要がある。ケアという行為は医療や看護，介護，福祉の分野にとどまるものではない。農業，教育，倫理，育児など，さまざまな領域で実践され，また根底にある概念でもある。ケアの視点を取り入れた関係を見直し，人々のいたみや悲しみが遠ざけられるのではなく，それらに向き合い，受け止められるシステムを築いていくことが求められる。苦悩や悲痛が受容されるシステムでは，いたみやつらさなどがケアの過程で優しさや思いやりといった他者を包みこむ温もりの感情へと変わっていく。優しさや思いやり

は，それとは逆の感情，つまり，いたみや悲しみ，つらさなどを知って初めて手に入れることができるのである（小路口，2010）。市場や行政に預けてきた私たちの生のあり方を一つひとつ取り戻し，私たちの生活の中に編み直していく作業が必要である。それは，伝統的な共同体の中で受け継がれていた慣習などに見出すことができ，現在多くの地域社会で見直され，実現されている（例えば，内山，1997, 2010；鬼頭，1996）。ここで注視すべきは，こうした営みが伝統的な共同体であるから継承されるべきという認識の枠を越えて，なぜ今見直されるべきなのかを問わなければならないことである。なぜなら，問うことによって当たり前になされてきたことが一人ひとりに関わる日常に引きつけられ，個々の暮らしの中に息づいていくからである。いわば，ケアは「切り身」のように分離されたさまざまな営みを暮らしの中に結びなおしていく再帰的な技法である。

3. 持続可能な開発に求められる自己変容

〈持続可能な開発〉は，自然や他者とのつながりから自分自身を引き離して，支配－被支配の構造が強化されてきた社会からの転換を目指すとともに，このような社会システムを支えた近代以降の機械論的な思考様式を問い直すことを求めている。この概念の前提にあるのは，一人ひとりの行いの積み重ねが，地球規模の諸問題を引き起こしているという考え方である。ゆえに，〈持続可能な開発〉は，人々にこれまでの習慣や生活スタイル，考え方を変えるように促しているのである。ケアは，これを可能にする。他者や自然をケアすることで知る世界と自分自身が見てきた世界との違いを受け止め，従来の思考や習慣，行動を変えていくことは，自分にとっての〈当たり前〉を問い，新たな価値観や行動をつくり出していくということである。

広井（1997：8）は，ケアとは他者に「時間をあげる」こと，つまり，「時間をともに過ごす」ことであるという。それは，他者や自然とともに時間を過ごし，お互いの「生きづらさ」を共有することによって，分断された関係がつな

がれていくプロセスである。また，自分自身ではどうすることもできない〈いのち〉の限界性に向き合いながら，既存の価値観や考え方が問われていくプロセスでもある。

　成長志向の経済活動が優先される持続可能な開発とは異なり，〈持続可能な開発〉には，関係を編み直すケアとそれによってもたらされる自己変容が不可欠である。ケアは，自分自身と切り離されていた対象とをつなぎ，当事者性を高めるとともに，人間存在を深める自己変容のプロセスである。これによって，当然視され，確かであると思われていた知の体系が変わり始め，従来の社会システムを変容させる端緒が開かれるのである。ゆえに，自分自身を変容させることが持続可能な開発の必須条件であり，そうでなければ，開発のあり方がトップダウンによる社会の再生産ないし，改革ということになる。

　ここで，これまでの議論を整理するために，一つの図を提示する。図2-5は，社会システムを4つに分けて説明する。

　第1象限の「変容」には，〈持続可能な開発〉のプロセスをコミュニティ全体で共有しており，変化に対して開かれ，かつ当事者性の高い社会システムが

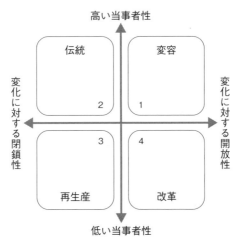

図 2-5　社会システムの見取り図

位置づけられる。ここでは，自己変容が鍵となり，他者や自然との関係を編み直すシステムをもつコミュニティが形成されている。第2象限の「伝統」は，昔ながらの規律や規範を守り，後世に伝えていく共同体のあり方である。ここでは，他者や自然とのつながりがあり，共同体における当事者性が高い半面，伝統を守るということにおいて，変化に対して閉ざされている特徴をもつ[22]。次の第3象限にあるのが，「再生産」であり，ここには，本論で批判的な検討を加えてきた経済成長志向型の開発が位置づけられる。変化に対して閉鎖的で，トップダウン型の組織構造のもとで行われる当事者性の低い社会である。最後に，第4象限の「改革」は，変化に対する閉鎖性は高くないが，当事者性が低く，トップダウン型の開発であるため，弱者への支配と搾取の構造は温存している状態である。

　現在議論されている持続可能な開発は，第2節で述べたように二分されている。一つは資本主義体制下での経済成長を促進させるための「技術的な持続可能性」であり，もう一つは開発について根底から見直しを図る「生態的な持続可能性」である。前者は第3象限ないし第4象限に，後者は第1象限に当たり，IISに書かれている〈持続可能な開発〉の概念は後者に位置づけられる。しかしながら，序章で記した通り，持続可能な開発に関する国際的な議論は，資本主義体制下での技術革新によるグリーン・エコノミーの促進についてである。それは，第4象限の「改革」でもある一方で，資本主義体制が維持され，弱者が虐げられる社会システムが繰り返される「再生産」でもあるため，第3象限と第4象限の間に位置づけられよう。IISに記されている〈持続可能な開発〉を実現させるためには，自己変容と，それによる高い当事者性が求められる。

　これまで，一人ひとりの変容の重要性を述べてきたが，〈持続可能な開発〉を進めるためには，それを推進している国際機関や国，自治体，企業などが，まず自分たち自身が変容のプロセスを経験し，旧来の組織構造を再編していく必要があるだろう。そうでなければ，〈持続可能な開発〉は理想止まりの崇高な概念と化して，次にくる新しい概念に吸収される危険性をもっている。つま

り，トップダウンで行われる対処療法的な政策を見直すことが求められているのである。苦しみやいたみなどを覚えている他者の足元まで下ることをしなければ，変容をもたらすことはできないだろう。IISで定義づけされた〈持続可能な開発〉が文化を基底としていることの重要性を改めて問う必要がある。

　自然よりも人間が強者とされる社会は人間による単一な社会であり，さまざまな「いのち」が生きる現実社会において，それは生きづらい環境を生み出している。強者だけが利益を得る社会ではなく，異なるものが生きる多様な社会の実現が求められる。そこでは弱い存在がもつ価値が尊重され，それを共有し，ともに生きる道を追究しようとする社会の構築が必要となる（島薗，2007）。そのような尊重しケアする価値観は，互いのいたみを共有し受難を乗り越えようとする未来志向の価値観である。持続可能な社会が形成されるうえで，「人間と自然」という二項対立的な関係や分断された個々の領域でのあり方を問うのではなく，関わりの中で互いに時間・空間をともにし，いたみや喜びなどの感情を共有するケアの視点から，コミュニティのあり方を捉え直すことが必要とされるだろう。

注：
　1　持続可能な経済活動の一つとして，地域経済を発展させるために地域通貨を使う取り組みが広がっている。例えば，関上（2008）を参照されたい。
　2　スウェーデンのストックホルムで開催された環境問題についての最初の政府間会合であり，「人間環境宣言」を採択した。環境権の存在を宣言し，国際社会が環境保全のために行動する責任を表明した。〔参考，日本科学者会議編（2008：382）〕
　3　ブラジルのリオ・デ・ジャネイロで開催され，「環境と開発に関するリオ・デ・ジャネイロ宣言」が採択された首脳レベルの国際会議である。地球サミットと呼ばれることもあり，持続可能な開発の実現と地球環境の保全の調和を図ることの重要性が強調された。〔参考，日本科学者会議編（同上書：678-680）〕
　4　南アフリカのヨハネスブルグで開催された首脳会議であり，人類が抱える課題の解決に向けて世界的な行動を促すことが目指され，具体的な行動計画や首脳の政治的意志を示す「ヨハネスブルグ宣言」が採択された。〔参考，日本科学者会議編（同上書：1005）〕
　5　1992年のリオ・サミットから20周年を迎える機会に，ブラジルのリオ・デ・ジャネ

イロで開催された首脳レベルの国際会議であるが，国際機関や民間企業，市民社会から約4万人が参加したとも言われている。持続可能な開発のための制度的な枠組みづくりやグリーン・エコノミーへの移行，持続可能な開発目標（Sustainable Development Goals：SDGs）への移行などについて議論された。同会議の成果文書として「私たちが望む未来（The Future We Want）」がまとめられた。〔参考，外務省（2012）〕

6 Sustainable Development の邦訳は「持続可能な発展」とされることもあるが，本論では Sustainable Development が公表されてからの邦訳である「持続可能な開発」を用いる。

7 「環境と開発に関する世界委員会（World Commission on Environment and Development：WCED）」のことで，委員長が後にノルウェーの首相となったブルントラント女史であったことから，この名前をとりブルントラント委員会と呼ばれた。

8 残念ながら，2005年に刊行された IIS ではこの説明箇所が省かれたが，草案の中身は2006年に出された IIS のための枠組みに反映された。詳しくは，UNESCO（2006）を参照されたい。

9 物理学者であり環境活動家であるヴァンダナ・シヴァや哲学者サティシュ・クマールは持続可能な開発に対して，経済開発との違いが定かでないこと，また，誰にとっての持続可能であるのかが不明確であり，結局は企業の経済成長に利用されているという批判を述べる。このような主張は，筆者が参加したナヴダーニャのコース（2010年11月24日から12月4日まで）で度々繰り返された。ナヴダーニャについては，曽我（2011a）を参照されたい。

10 他にも，深井（2005：17-59）は，Peter Christoff の言葉を用いて，前者を「弱いエコ近代化論」，後者を「強いエコ近代化論」であると述べた。

11 地球を一つの共有地として考え，知識，文化，水，生物多様性，健康や教育といった公共サービスなどもこれに含まれる。しかし，企業はこれらを囲い込み，私的所有物と見なし，統制し独占することを追求しようとする。アメリカ合衆国前大統領のジョージ・W・ブッシュが第二期就任演説で使用した「所有権を尊重する社会」というレトリックによって，あらゆるものが所有物にされ，時には特許が与えられた。〔参考，シヴァ（2007：14-15, 47-57）〕

12 ESD の基盤構築に向けて，人間中心的な自然観を再考し，持続可能な開発に求められる人間観を捉えた論文として，曽我（2013a）を参考されたい。

13 IIS で自然環境を守るための行動を表している用語は，「保護（protection）」，「保全（conservation）」，「管理（management）」が使われている。〔参考，UNESCO（2005b：6）〕

14 キリスト教的自然観が，自然を対象化する思想として定着したのは，ギリシア・キリスト教の流れを汲むストア派の影響があり，その理性的な自然観が，近代科学や近代哲学の機械論的な世界観と結びついたとされる。〔参考，間瀬（1996：23-29），村上（2002b：28-41）〕人間中心的な自然観とキリスト教的自然観との関係について検討した

論考として，曽我（2010a）を参照されたい。

15 旧約聖書創世記2章7節には「主なる神は土の塵で人を形づくり，その鼻に命の息を吹きいれられた。人はこうして生きる者となった」，3章23節には「主なる神は，彼をエデンの園から追い出し，彼に，自分がそこから取られた土を耕させることにされた」と「土の塵」ないし「土」から造られたことが記されている。〔参照，日本聖書協会（1992：2,5）〕

16 ＊印は，「文献上確認不可であるも，音韻法則的に推測可能な語形」を示す（江藤，2007：2）。

17 ケア論において，ケアする側とされる側の2人の相互の関係性をケアリング（caring）と呼ぶことがある。例えば，ノディングス（1984＝1997），日本ホリスティック教育協会（2009）を参照されたい。

18 「場の中にいる」ことに関する説明は，メイヤロフ（1971＝1987：115-123）を参照されたい。

19 マクフェイグ（1997）は，あらゆるものが主体性 subject（元々は，［sub-］「〜の下に」と［-ject］「投げられた」が合わさり，「〜の支配下にある」という意味をもつ。）ある存在，つまり，神の被造物であるということに着目して，他者・自然との関係を「sub-ject-subjects model」として示し，愛をもって（the loving eye）接するケアの倫理を説いた。逆にいえば，どんな存在であれ，誰かに横柄な態度で（the arrogant eye）客体化されることはなく，主体−客体とみる二元論的な思考に基づいたこの構造自体を問題視した。

20 この3つの関わりについて道徳性の発達の視点から，発達心理学者ギリガン（1982＝1986）が『もう一つの声——男女の道徳観の違いと女性のアイデンティティ』内で3段階による移行として考察している。

21 ESD においても，自然や地球へのケアなどという文言を用いて，自然との関わりについて言及している国際的なネットワークをもつ教育実践や国の教育政策の枠組みがある。例えば，Department for Children, School and Family（2008, 2009）を参照されたい。国や地域，市民団体のレベルでは自然への「ケア」の視点が受け入れられており，そのような草の根レベルからケアの視点を重要視した自然観が発信され広まりつつある。

22 例えば，小田（2011：65-72）が取り上げる事例として，アメリカにあるアーミッシュ村がある。そこでの生活はこの象限に位置づけられる。

第3章

自己変容をもたらす教育

　2002年に「持続可能な開発」に関する世界首脳会議（ヨハネスブルグ・サミット）で日本の政府と市民によって提案された「国連持続可能な開発のための教育の10年（UNDESD）」は，同年12月の国連総会で採択された。2005年から2014年までのUNDESDの主導機関となったのは，ユネスコである。ユネスコは，ESDがどのような特徴をもち，どのように取り組まれるのかについての枠組みをIISに示した。各国政府は，それをもとにそれぞれの状況に合わせた実施計画を作成し，ESDの普及を進めた。

　日本国内においても，2005年12月に関係省庁による「国連持続可能な開発のための教育の10年」関係省庁連絡会議が内閣に置かれ[1]，翌年「わが国における『国連持続可能な開発のための教育の10年』実施計画」が策定された。同年12月には戦後制定されてから約60年を経て，教育基本法が改正された。それにともない，2008年7月に公布された「教育振興基本計画」において地球規模の問題に対応する学びとしてESDが位置づけられた（文部科学省，2008）。2008年と2009年の学習指導要領改訂では，「持続可能な社会」や「持続可能な開発」に関連する内容が記され，ESDの位置づけが明確化した。また，環境問題や南北問題等に長年関わってきたNPO/NGOによる分野横断的な実践の充実，学校との連携などから，ESDに取り組む環境が学校内外において整備されている。関連省庁によって地域におけるESDの実践も進められ，老若男女が関わる生涯学習の場の形成にもつながっている。

　ESDが国内外で教育政策として扱われるようになり，優良実践とされる取

り組みも報告されている現在，ESD がどのような特徴をもち，どのような教育観を示しているのかを今一度捉える必要がある。そこで本章では，ESD に関わる歴史的な動向や前章までに検討してきた〈システム思考〉との関連などから，改めて ESD の特徴と課題について考察する。

第 1 節
「国連 ESD の 10 年」採択までの国際的動向

1. ユネスコの設立

　戦争の世紀とも呼ばれる 20 世紀において，人類は数々の戦争を経験した。二度にわたる世界大戦の後，国際連合の設立準備と並行して，1945 年 8 月にユネスコ憲章の原案が連合国文部大臣会議で発表された。同憲章は，同年 11 月に採択され，翌 1946 年 11 月に発効された。「戦争は人の心の中で生まれるものであるから，人の心の中に平和の砦を築かなければならない。」で始まるユネスコ憲章前文では，「無知と偏見を通じて」引き起こされる戦争を二度と繰り返すことなく，「国際平和と人類の共通の福祉という目的を促進するために」，「人類の知的及び精神的連帯」の必要性が強調された。それは，政治的および経済的な取り決めのみによってもたらされる平和は，世界の人々に共有され，「永続する誠実な支持を確保できる平和ではない」と考えるからであり，それゆえに教育の重要性が確認されたのである（国際教育法研究会，1987）。

　1948 年には世界人権宣言が採択され，「人類社会のすべての構成員の固有の尊厳と平等で譲ることのない権利」が承認された。第 26 条において，教育を受ける権利が保障され，「教育が人格の完全な発展並びに人権及び基本的自由の尊重の強化を目的としなければならない」ことが確認された（同上書）。これによって，人権として教育を受けることが認められた。また，教育の目的が人格の発展と，人権と基本的自由の尊重の強化であることが明示された。

　世界人権宣言が採択された後，世界では東西冷戦，アフリカでの植民地独

立，経済開発による南北の対立等が起き，ユネスコもこのような歴史的動向に左右された。しかし，ユネスコが貫く理念は変わらず，世界平和の実現と人類の共通の福祉を目指し，教育・科学・文化の面で国際社会に主張し続けた。特に，教育の分野においては，加盟国の政治や経済の状況に影響されながらも，いま，そしてこれからを生きる人を育てることに重点が置かれた。ゆえに，教育の量的な拡大だけではなく，質的改善・向上が図られるとともに，公教育ならびにノン・フォーマル教育にわたって，人間性の重視が訴えられてきた（千葉，2004；UNESCO, 1972, 1996, 2002, et al.）。

　ユネスコは同憲章の前文と第1条において，世界平和と安全保障に貢献するために，国際理解を推進すると主張した。初代事務局長であるジュリアン・ハックスレーは，「ユネスコの目的とその哲学」において，ユネスコのような機関は，その組織の目的だけでなく，人間の存在とその意義と目的に関わる生きた哲学が必要であるとし，それは，世界的，科学的および進化論的ヒューマニズムに基づかなければならないと強調した。世界的ヒューマニズム（world humanism）とは，すべての人々が世界市民として受け入れられ，人間の尊厳および相互の尊重，教育の機会において一人ひとりは平等に扱われるという意味である。科学的ヒューマニズム（scientific humanism）は，科学の利用が私たちの生活を豊かにするとともに，その実践と理解が私たちの人間の活動と調和していなければならないことを示す。けれども，それは，唯物的ではなく，存在の物質的側面と同じように精神的かつ心理的側面も含み，真に一元論的，統一的な哲学的基盤をもたなければならないとされる。最後に，進化論的ヒューマニズム（evolutionary humanism）は，自然科学と人間の歴史の結びつきを捉える上で不可欠であると説かれている[2]。それが，量的な達成や瞬間的な情勢を示す静的な意味よりもむしろ，速度や方向性を示す動的な意味において考えることをハックスレーは主張するのである。さらに，それが，私たち人間の価値の生物学的なルーツや起源だけでなく，自然現象に関して中立的な立場を取っているように見える多数の見解の中で基盤や外的な基準となるものを示すとして，

第3章　自己変容をもたらす教育　　93

その重要性が述べられている。したがって，ユネスコの全体的な哲学は，科学的世界ヒューマニズムであるべきで，グローバルに拡大し，進化論的な背景をもつとされる（Huxley, 1946）。

　人間存在の意義や目的を問うという哲学的基盤の上に立つことを要求されたユネスコは，人間一人ひとり，誰もがもっている普遍的な人権の尊重や全体論的な世界観に基づいた科学，文化の重要性を訴えてきた。それは，世界平和と安全保障，人類の福祉のために，無知と偏見を除くという目的のもとで主張されてきた国際理解教育を始めとする数々の教育からも明らかである。また，途上国における教育協力において，経済中心ではなく，文化的価値観を重視した人間中心の開発が推進されてきたことからも確認できる。60年代に提唱された生涯教育や70年代から強調されてきた環境教育，1985年第4回国際成人教育会議で採択された「学習権」，1996年にユネスコに提出された21世紀教育国際委員会報告書で示された「学習の4本柱」などのように，すべての人々が「教育を受ける権利」をもっていることを支えるさまざまな教育的概念がこれまでに示されてきた。一人の人間の人格形成から，集団への働きかけを通した社会変革まで，大きな流れで教育を捉えようとしているユネスコのダイナミズムが読み取れる。

　ユネスコは，国際理解教育の普及と促進とともに，基礎教育の向上に努めてきた。国際理解教育では，人格の全面的な発達と基本的人権の尊重を目的として，学習－理解－態度形成－行動－連帯と国際協力の一貫性が強調された。技術の習得のみならず，平和な社会を実現するための情報を提供したり，心理的態度を涵養したりすることが重要とされた。また，基礎教育は人々を無知から解放し，農村の社会，経済および文化水準の向上を図ること，また，平和志向の市民社会を建設することを狙いとした（千葉，2004）。この流れは，初等教育・義務教育の発展，識字教育やノンフォーマル教育の推進，1980年代のEFAへとつながっていく。

2. 「持続可能な開発」の概念の誕生と環境教育の動向

　戦後，ユネスコが関わってきた活動の背景にあるのは，世界中で起きている
さまざまな問題の複雑化や深刻化である。東西冷戦，南北格差，地域紛争やテ
ロ行為などによる暴力，貧困，公害，地球温暖化，資源の枯渇化など，国内に
限らず，国内外に渡る地域的（リージョナル），国際的，地球規模の問題に対応
するために，ユネスコは教育の重要性を訴え続けてきた。その動向は**表 3-1**
からも読み取ることができるだろう。**表 3-1** は，戦後ユネスコが関わってき
た活動を時系列にまとめた年表である。戦後，悪化する諸問題への対応として
誕生してきた数々の教育は，既存の教科教育とは異なる分野横断的なテーマを
扱う教育であり，「形容詞付きの教育」と称される（McKeown and Hopkins,
2007）。このような「形容詞付きの教育」の誕生からは，世界平和と安全保障
に貢献してきたユネスコの活動の足跡をたどることができる。

　戦後の経済成長による被害は，先進国を中心に報告され始めた。酸性雨の影
響といわれるイギリスのロンドンスモッグやバルト海の水質汚染，日本での四
大公害病に表されるように，環境破壊が世界中で始まっていた。

　環境汚染の原因となる化学物質の使用の危険性を訴えたレイチェル・カーソ
ンの『沈黙の春』が 1962 年に出版された。その 10 年後の 1972 年には，民間
シンクタンクであるローマ・クラブが『成長の限界』を発表し，人口増加や地
球温暖化の視点から，産業化に基づく経済成長を優先させた開発を続けること
に警鐘を鳴らした（メドウズ他，1972）。

　同年にはスウェーデンの首都ストックホルムで国連人間環境会議（以下，ス
トックホルム会議）が開催された。環境問題について話し合われた政府間会合
であり，全 26 原則からなる「人間環境宣言」と 109 の勧告からなる「国際環
境教育計画（International Environmental Education Programme：IEEP）」が採択さ
れた。原則 19 には，環境問題についての教育が，環境保護のためにも必須で
あることが明記され，勧告 96 では，学際的な手法で，学校の内外・年齢・教
育段階を問わず，都市や農村部に住む一般市民に向けて，環境の保護と管理に

表 3-1　ESD に関わるユネスコ等による国際会議等の経緯

<table>
<tr><td colspan="2">国際理解教育</td><td colspan="2">基礎教育
(fundamental Education)</td></tr>
<tr><td>1945</td><td>終戦</td><td></td><td></td></tr>
<tr><td>1945.8</td><td>ユネスコ憲章原案発表（同年11月採択）</td><td></td><td></td></tr>
<tr><td>1946.11</td><td>ユネスコ憲章発効</td><td></td><td></td></tr>
<tr><td>1948.7</td><td>国際教育局（IBE）による「第11回国際公教育会議」
第24国際勧告「青年の国際理解の高揚と国際機関の
　教育について」採択</td><td></td><td></td></tr>
<tr><td>1948.12</td><td>国連「世界人権宣言」採択</td><td colspan="2">成人教育</td></tr>
<tr><td></td><td></td><td colspan="2">1949　成人識字と教育</td></tr>
<tr><td>1950年代</td><td>1950　ユネスコ, 国際理解教育を「世
　　　界市民のための教育」に改称
東西冷戦</td><td colspan="2">　　　に関する地域セ
　　　ミナー（ブラジル）
　　　第1回国際成人会</td></tr>
<tr><td></td><td>　　　1952　（ユネスコ）「世界市民のため
　　　　　　の教育」を「世界共同社会に生
　　　　　　きるための教育」に改称
　　　1954　国際理解に関する8原則を発表</td><td colspan="2">　　　議（デンマーク）</td></tr>
<tr><td></td><td></td><td colspan="2">初等教育・義務教育の発展</td></tr>
<tr><td></td><td>　　　1956　東西文化価値相互理解重要事業計画</td><td></td><td>1956　ラテンアメリカ初
　　　等教育拡充重要
　　　計画</td></tr>
<tr><td>1960年代</td><td></td><td>1960　第2回国際成人
　　　教育会議（政府
　　　の責任が強調さ</td><td>1960　カラチ・プラン
　　　（アジアでの初等
　　　義務教育の拡充）</td></tr>
<tr><td></td><td>世界経済における
南北の対立構造の顕在化
『沈黙の春』（レイチェル・カーソン）</td><td>　　　れる）</td><td>1961　アディスアベバ・
　　　プラン（アフリカ</td></tr>
<tr><td></td><td></td><td>1965　第3回国際成人
　　　教育会議
　　　ポール・ロングラ
　　　ンによる生涯教
　　　育の提唱</td><td>　　　での初等中等教
　　　育の拡充）
　　　国連総会からの
　　　要求（1960年）：
　　　非識字者の根絶</td></tr>
<tr><td></td><td></td><td colspan="2">識字教育　1965　世界識字実験計画</td></tr>
<tr><td>1970年代</td><td>『成長の限界』（ローマ・クラブ）</td><td>ノン・フォーマル教育
（フィリップ・クーム）</td><td>基礎教育
(Basic Education)</td></tr>
<tr><td></td><td>　　　1972　国連人間環境会議（ストックホ
　　　　　　ルム会議）
　　　　　　「人間環境宣言」及び「国際環
　　　　　　　境教育計画（IEEP）」採択
　　　　　　国連環境計画（UNEP）発足</td><td colspan="2">1973　リカレント教育（OECD）</td></tr>
<tr><td></td><td colspan="3">　　　1974　国連世界人口会議　→　人口教育
　　　　　　国連, 新国際経済秩序宣言
　　　　　　「国際理解, 国際協力及び国際平和のための教育並び
　　　　　　　に人権および基本的自由についての教育に関する勧
　　　　　　　告」（1974年国際教育勧告）</td></tr>
<tr><td></td><td colspan="3">　　　1975　国際環境教育計画（IEEP）発足（1995年終焉）
　　　　　　ユネスコと国連環境計画（UNEP）の協力
　　　　　　国際環境教育ワークショップ（ベオグラード会議）開催　環境教育
　　　　　　「ベオグラード憲章」採択
　　　　　　国際婦人年, 国連婦人の10年　→女子教育の強化, 性的差別の排除など</td></tr>
</table>

	1977	環境教育政府間会議（トビリシ会議）「トビリシ宣言」採択	1977-1982 第一次中期事業計画

1977　環境教育政府間会議（トビリシ会議）
　　　「トビリシ宣言」採択　　　　　　　　　1977-1982　第一次中期事業計画
1980年代　1980　軍縮教育世界会議　　　　　　　　ユネスコ，内発的発展の主張
　　　　　　　批判的思考（クリティカル・シ　　　　　文化的価値観やアイデンティティに基
　　　　　　　ンキング・スキル）の強調　　　　　　づいた開発，人間の主体性を重視する
　　　　　IUCN/UNEPの委託によって世　　　　　開発概念の提示
　　　　　　　界自然保護基金（WWF）が
　　　　　　　報告書「世界保全戦略」提出，
　　　　　　　「持続可能な開発」の概念
　　　　　　　の初出
　　　　1984　国連「環境と開発に関する世界　　　1984-1989　第二次中期事業計画
　　　　　　　委員会（ブルントラント委員　　　　　　「万人のための教育（EFA）」
　　　　　　　会）」設置
　　　　　　　報告書『地球の未来を守る
　　　　　　　ために（Our CommonFu-
　　　　　　　ture）』で「持続可能な開
　　　　　　　発」の概念を規定
　　　　　　　　　　　　　　　　　　　　　　1985　第4回国際成人教育会議
　　　　　　　　　　　　　　　　　　　　　　　　　「学習権」
　　　　1986　チェルノブイリ原発事故
　　　　1987　モスクワ環境教育専門家会議（モスクワ会議）
　　　　1989　冷戦終結
1990年代　湾岸戦争　　　　　　　　　　　　　1990　国際識字年
　　　　ソ連崩壊　　　　　　　　　　　　　　　　　万人のための教育世界会議
　　　　　　　　　　　　　　　　　　　　　　　　　（ジョムティエン会議）
　　　　1991　IUCN（国際自然保護連合）・UNEP・WWFによる
　　　　　　　『新・世界環境保全戦略（Caring for the Earth）』の発表
　　　　1992　国連「平和のためのアジェンダ」の提唱（ブトロス・ガリ）
　　　　　　　ユネスコ，「平和の文化」策定
　　　　　　　国連環境開発会議（リオ・サミット，地球サミット）
　　　　　　　「リオ宣言」と行動計画「アジェンダ21」合意　→　 ESD
　　　　1993　国連人権世界会議　→　 人権教育
　　　　　　　　　　　　　　　1994　ユネスコ，第44回国際教育会議
　　　　　　　　　　　　　　　　　　「平和，人権，民主主義教育に関する総合的行動要綱」採択
　　　　1993　ユネスコ総会にて「人間開発のための環境・
　　　　　　　人口教育と情報（EPD）」採択
　　　　　　　　　　　　　　　　　　　　1996　『学習：秘められた宝』
　　　　　　　　　　　　　　　　　　　　　　　（21世紀教育国際委員会）
　　　　1997　環境と社会に関する国際会議（テサロニキ会議）
　　　　　　　「テサロニキ宣言」採択
2000年代　2000　平和の文化国際年　　　　　　　2000　世界教育フォーラム（ダカール）
　　　　　　　国連ミレニアム・サミット
　　　　　　　「国連ミレニアム宣言」採択，ミレニアム開発目標（MDGs）
2001　アメリカ同時多発テロ（9.11）
　　　　2001　文明間の対話国連年
　　　　　　　平和の文化と世界の子どもに対する非暴力の国際10年
　　　　　　　（2001-2010）
　　　　2002　持続可能な開発に関する世界首脳会議（ヨハネスブルグ
　　　　　　　・サミット）
　　　　　　　「ヨハネスブルグ宣言」採択
　　　　　　　国連総会，国連持続可能な開発のための教育の10年

第 3 章　自己変容をもたらす教育　　97

		(UNDESD) (2005-2014) 決議		
	2005	UNDESD開始		
	2007	アメリカ元副大統領アル・ゴアおよび気候変動に関する政府間パネル(IPCC), ノーベル平和賞受賞		
		UNESCO・UNEP・インド政府による「国際環境教育会議 (ICEE)」(アーメダバード会議)		
		「アーメダバード宣言」採択		
2008		リーマンショック		
	2009	ESD世界会合(UNDESD中間年会議)		
		「ボン宣言」採択		
		国連気候変動枠組条約第15回締約国会議(COP15)		
		「コペンハーゲン合意」採択		
2010年代	2010	生物多様性条約第10回締約国会議(COP10)		
		国連生物多様性の10年(2011-2020)決議		
2011		東日本大震災(3.11)		
	2011	国連生物多様性の10年開始		
	2012	国連持続可能な開発会議(リオ＋20)		
		成果文書「私たちが望む未来(The Future We Want)」採択		
		持続可能な開発のための環境教育政府間会議(トビリシ＋35)		
		「トビリシ宣言：持続可能な未来に向けた今日の教育」採択		
	2014	UNDESD最終年, ESDユネスコ世界会議開催,「あいち・なごや宣言」採択		
	2015	国連持続可能な開発サミット	2015	世界教育フォーラム (インチョン)
		持続可能な開発目標(SDGs)を含む「持続可能な開発のための2030アジェンダ」採択		「インチョン宣言」採択

(出所) 千葉 (2004：160-177)，佐藤・阿部・アッチア (2008)，永田 (2010：99)，日本環境教育学会 (2012：200-203)，ESD-J「ESD の経緯」〈http://www.esd-j.org/j/esd/esd.php?catid=86〉(2013 年 10 月 29 日) をもとに筆者作成。

表 3-2　IEEP の前半期の区分と活動

区分	年代	内容
第1期	1975-1977 年	環境教育の国際的な認識の拡大
第2期	1978-1980 年	環境教育の概念・方法の進展
第3期	1981-1985 年	環境教育の実践と訓練に関する内容と方法の構築，教材開発

(出所) 佐藤・阿部・アッチア (2008：3-6) をもとに筆者作成。

ついての簡単な手立てを教育することが目指された (UNEP, 1972)。

　表3-2 で示されるように，20 年間続いた IEEP の前半期において，環境教育が段階的に進展してきたことがわかる。

　IEEP の活動の第1期には，1975 年に開催された国際環境教育ワークショ

ップ（以下，ベオグラード会議）があり，採択されたベオグラード憲章では，環境に関する状況，環境活動の目標，環境教育の目標，その目的・対象，プログラムの指針について記され，環境教育のフレームワークが示された。60年代，先進国と途上国との経済格差から南北対立の構図が明らかになり，1974年に採択された「新国際経済秩序（New International Economic Order）」[3]体制のもとで開発のあり方が問われていた。このことが憲章内の「環境に関する状況」の項目に明記され，人間と環境間の均衡と調和のとれた開発の必要性が説かれた。環境教育の目標は，「環境とそれに関わる諸問題に気づき，関心をもつとともに，現在の問題解決や新しい問題の発生の未然防止に向けて，個人的および集団で活動するための知識，技能，態度，意欲，責任を身につけた人々を育てること」とされ，このために認識（awareness），知識（knowledge），態度（attitude），技能（skills），評価能力（evaluation ability），参加（participation）という6つの目的が挙げられている（UNESCO, 1975）。そこでは，環境，またそれに関連する問題についての知識や技能だけにとどまらず，気づきや感性，責任感，積極的に参加する意欲などを身につけさせること，環境に関するプログラム等を生態系や政治，経済，社会，美，教育の観点から評価できるようにすることなどが記されている。

その後，1977年に旧ソ連（グルジア，現在のジョージア）のトビリシでユネスコとUNEP（United Nations Environment Programme：国連環境計画）による環境教育政府間会議（以下，トビリシ会議）が開催され，トビリシ宣言が採択された。ベオグラード憲章の内容が反映された同宣言では，環境保護を環境的側面のみならず，社会・経済的側面から捉え，開発と関連させること，また環境教育が学際的かつ総合的な性格をもち，倫理的価値観に配慮した環境保護を行うのに必要な技能や態度を育成することが目指された。宣言内で明記された環境教育の目標，目的，指針となる原則は，**表3-3**の通りである。

続くIEEPの第2期には，IUCNとUNEP，WWF（World Wide Fund for Nature：世界自然保護基金）によって，「世界保全戦略（World Conservation Strate-

表 3-3 トビリシ宣言に明記された環境教育の目標・目的・指針となる原則

目標	- 都市や農村部における経済的・社会的・政治的・生態的相互関係についての明確な気づきと関心をもつように促進すること - 環境を保護し改善するために必要とされる知識・価値観・態度・責任・技能を身につける機会をすべての人に提供すること - 環境に向けた個人や集団，社会全体の行動の新しいモデルを創造すること
目的	- 認識：社会集団および個人が，環境全体とそれに関わる諸問題に意識を向け，それを感じ取る感性を身につけるようにすること - 知識：社会集団および個人が，環境とそれに関連する諸問題に関わり，さまざまな経験を積み，基本的な理解を身につけるようにすること - 態度：社会集団および個人が，環境に関心をもつような価値観や感情，そして環境の改善や保護に積極的に参加しようとする意欲を身につけるようにすること - 技能：社会集団および個人が，環境問題を見極め，解決するための技能を身につけるようにすること - 参加：社会集団および個人が，あらゆるレベルで環境問題の解決に向けた働きに積極的に関わる機会を提供すること
指針となる原則	- 環境をその全体性—自然と人工，科学技術と社会文化（経済，政治，科学技術，文化史，倫理，審美眼）—の中で考えること - 継続する生涯の過程であること，つまり，就学前教育に始まり，あらゆる公教育とノンフォーマル教育を通して続けられること - そのアプローチは学際的であること，つまり，それぞれの学問領域の特徴的な内容を生かし，可能なかぎりホリスティックでバランスの取れた総合的な見方をもつこと - 学生が地理的に異なる地域に見られる環境状況について洞察することができるように，地域的（ローカル），国内（ナショナル），広地域的（リージョナル），国際的な視点から主要な環境問題を調査すること - 歴史的な見方を考慮に入れながら，発展の可能性のある，その時々の環境状況を重点的に取り扱うこと - 環境問題の予防と解決に関する地域的，国内的および国際的な協力の必要性とその価値観を促進すること - 開発と成長のための計画に環境的側面を入れ，明確に検討すること - 学習者が自らの学びの経験を計画し，意思決定と自らが出した結果を受け入れる機会を提供できるようにすること - 環境的感受性，知識，問題解決力，価値観の明確化をあらゆる年齢に関連させること，特に幼少期においては，学習者が属するコミュニティから感じ取る環境的感受性を養うことが強調されること - 学習者が環境問題の兆候と真の原因を見つけられるようにすること - 環境問題の複雑性について強く説明することで，批判的思考と問題解決力の必要性が重要視されること - 実践的な活動と直接体験が十分重きを置かれた環境から／についての教授／学習のために，異なった学習環境と多様な教育学的アプローチを活用すること

（出所）UNESCO（1978：26, 27）をもとに筆者訳・作成。

gy)」が作成された。この行動指針は,「持続可能な開発のための生物資源の保全」を副題にし,生物資源の保全を通して持続可能な開発の達成が促進されることを目的として書かれ,ユネスコ等の各国連関係機関に提出された。ここに「持続可能な開発」という文言が国際機関の文書を通して初めて公表されたと言われている (例えば,森田・川島,1993;佐藤・阿部・アッチア,2008)。この文書において,ベオグラード憲章以降取り上げられている環境保全と開発の関係について,両者が二項対立する関係ではなく,統合され相互依存の関係にあることが明記された。開発と保全の概念は**表 3-4** の通り,示された (IUCN,1980)。ここにみられる関連領域の相互関連・相互依存性,世代間公正などは,後の「持続可能な開発」の概念に大きく影響を与えていると言える。

　ストックホルム会議から 10 年を経た 1982 年,ケニアのナイロビで UNEP 特別管理理事会 (ナイロビ会議) が開催された。そこで環境問題について提言する委員会の設置が日本政府によって提案され,1984 年に国連に「環境と開発に関する世界委員会 (World Commission on Environment and Development:以下,WCED)」が設置された。WCED の初代委員長となったのは,ノルウェー首相のグロ・ハーレム・ブルントラントであったことから,彼女の名をとって,ブルントラント委員会と呼ばれた。1987 年に発表された WCED の会合の報告書である "Our Common Future (『地球の未来を守るために』)" では,「持続可

表 3-4 「世界保全戦略」における開発と保全の概念

開発 (development)	人間の欲を満たし,人間の生活の質を向上するために行われる生物圏の改変であり,人間がもっている,資金的,生物資源／非生物資源の利用である。開発が持続可能であるためには,経済的な要素と同じように,社会文化的・生態的な要素と,生物資源と非生物資源,オルタナティブな行動の長期的・短期的なメリットとデメリットに留意しなければならない。
保全 (conservation)	未来世代のニーズと願望を満たす潜在資源を維持しながら,現在世代に最大の持続可能な恩恵を生み出せるように,生物圏での人間の使用を管理することである。

(出所) IUCN (1980:1) をもとに筆者訳・作成。

能な開発」の概念が「将来世代のニーズを損なうことなく，現在世代のニーズを満たすこと」(WCED, 1987：8) と定義づけされた。続いて，持続可能な開発は限界を含意していると記された。この「限界」は決定的な限界点を意味しているのではなく，現在，私たちが制限された状態にあることを示唆している。それは，環境資源を使用する社会組織と科学技術の現在の状態と，生物圏の再生能力の不均衡によって生じており，科学技術と社会組織が，経済成長の新たな時代に向けて管理され，改善される必要があることを説いている。また，ニーズを満たすということが，発展途上国のための経済成長を必要とするだけではなく，その成長を支えるために必要とされる資源が公平に分け与えられるという保障を要求している (*Ibid.*：8, 9)。

　持続可能な開発が世代内の公平性とともに，先述した定義にあるように世代間の公平性をも含んでいる概念であることがWCEDの報告書で説明された。それは，調和という静的な状態を示すのではなく，変化のプロセスであり，その過程では，資源の利用や投資の方向性，技術開発の方向づけ，制度の変化について現在のニーズと同じように未来世代も含めて検討されるべきであるとされた。単純な道のりではないこの過程では，いたみをともなう選択がなされ，政治的な意思が頼りとなる (*Ibid.*)。WCEDによる持続可能な開発の概念の定義づけによって，世代間公正という時間軸をもつ概念であることが明確化した。現在世代と同様に，未来世代も人権を等しく保障される存在であることが認められ，世代間の公平性と世代内の公正な社会の実現を説いている概念と言える。しかしながら，この定義づけには経済成長を継続する意図が読み取れるため，この概念は2章で示した「持続可能な経済成長」ないし「技術的な持続可能性」に相当するのである。

　IEEPの第3期における教育実践の成果から，1987年にモスクワ環境教育専門家会議 (モスクワ会議) が開催され，1990年代に向けて環境教育と訓練に関する国際的行動戦略が提案された。1991年には「世界保全戦略」に続く「新・世界環境保全戦略：かけがえのない地球を大切に (Caring for the Earth)」

が発表され，持続可能な開発の達成に向けて環境教育の重要性が改めて強調された。そこでは，持続可能な開発について，環境収容力の限度内で人々の生活の質的改善を行うことと定義づけられ，「持続可能な社会」の基本原理として次の9項目が挙げられた。生命共同体の尊重と保全，人間の生活の質の改善，地球の生命力と多様性の保全，再生不能な資源の最小限の消費，地球の収容能力の限度内での諸活動，個人の生活態度と習慣の変化，地域社会による環境の保全，開発と保全を統合する国家的枠組みの策定，地球規模の協力体制の創出である（国際自然保護連合他，1992）。

　以上のように，持続可能な開発は，ユネスコが設立された当初の目標である世界平和と人類の共通の福祉のために目指される一つの概念であり，時代の変遷とともにその定義も発展してきたことがわかる。一人ひとりの人権が保障される社会の実現という目標のもとで，環境と開発，現在と未来世代という対立構造を統合する考え方として見直されてきた。それは，普遍的な権利として適用範囲が生態系全体に拡大され，時間軸が現在から未来まで伸ばされ，自然や未来世代を含めた異なる他者との共生を説く重要な概念となった。

　ストックホルム会議から20年後の1992年に地球サミットとも呼ばれる国連環境開発会議（以下，リオ・サミット）がリオ・デ・ジャネイロで開催され，「環境と開発のためのリオ・デ・ジャネイロ宣言」と「アジェンダ21」という行動計画が合意された。リオ宣言では，第15原則において科学の不確実性が指摘され，それが不可逆的な被害を予防できなかった理由に用いられてはならないことが示された（国連環境開発会議，1992）。「アジェンダ21」は，社会的・経済的側面，開発資源の保護と管理，主たるグループの役割強化，実施手段の4部から構成されており，途上国における国際協力，貧困撲滅，消費生活，居住，農業などをいかに持続可能にするのか，また生物多様性や意思決定における環境と開発のバランス等をいかに保つか，さらに，女性，子ども，青年，先住民，NGO，労働者，企業，自治体等がどのような役割を担っているのか，およびいかに持続可能な開発を実現するのかについての実施手段が書かれてい

る。

　なかでも，第36章には「教育，意識啓発，訓練の推進」について明記され，持続可能な開発のために教育が重要であることが確認された。そこでは，「公教育，意識啓発，訓練を含む教育は，人間や社会がその最大限の潜在能力に到達できる過程として認識されるべきである。教育は，持続可能な開発を促進し，環境と開発の諸問題に取り組む人々の能力を高めることに不可欠である。」と記され，持続可能な開発に向けた教育の再方向づけと，意識啓発の強化，訓練の推進の3つが実施プログラム領域として示された (United Nations, 1992)。

　ユネスコは，「アジェンダ21」の第36章を踏まえた，分野横断的かつ諸機関間のプロジェクトである「人間開発のための環境・人口教育と情報 (Environment and Population Education and Information for Human Development：EPD)」を1993年のユネスコ総会で提唱し，同会議で正式に採択された。EPDは，リオ・サミットの勧告や1993年イスタンブールで開催された人口教育および開発に関する第1回国際会議，地球規模の危機的状況を考慮して，ユネスコの最優先課題の一つとなった。EPDでは，人々が中心となって公正で持続可能な開発に従事するように，統合的なアプローチをもって人口や開発，環境に関わる諸問題に取り組むことの必要性が説かれた (UNESCO, 1994)。さらに，持続可能な開発の主要な手段となるように公教育を立て直すこと，またメディアの使用や産業，NGO，市民社会のリーダーを含めた，人々の意識啓発と情報を広めることに目標が置かれた (NIER/UNESCO-APEID, 2004：17)。EPDで強調されたのは，持続可能な開発やいのちの多様性，人的能力の構築などの5点であり，その行動戦略は3つの原則に基づいている（**表3-5**参照）。

　リオ・サミットで採択された「アジェンダ21」で芽を出したESDは，サミット翌年に開かれたユネスコ総会で採用されたEPDの流れの中に埋没したかのようにその存在は希薄化した。一方で，「持続可能な開発と教育」に関して議論されることは世界的に増していき，リオ・サミットの5年後，トビリシ会議から20年後の1997年に，ギリシアのテサロニキにおいて，「環境と社会に

表 3-5　EPD の焦点と原則

焦点	－	平和，連帯，国際理解の文化を促進しながら，生活や環境の質を高めることにおいて人間の尊厳の重要性について考慮する持続可能な開発
	－	理性的な人間の活動と自然生態系を保存するニーズとの均衡といのちの多様性
	－	地球環境と人口変動の影響に関心をもつグローバルとローカルな視野
	－	人的能力の構築，個人や組織間での協力や人々の参加の促進
	－	持続可能な人間開発に関する知識を広める手段や教育の質の改善と再方向づけ
原則	1.	行動枠組みの知識基盤およびその開発の改善
	2.	再方向づけされた，もしくは新しい教育・訓練・情報のプログラムや教材の開発と加盟国の能力の強化
	3.	プロジェクト活動に賛同する国際・地域・国内レベルの意思決定者やオピニオンリーダーの支援の結集化

(出所) UNESCO (1994) をもとに筆者訳・作成。

関する国際会議——持続可能性のための教育と意識啓発」(以下，テサロニキ会議) が開催された。その名から明らかなように，教育に焦点があてられた会議であり，ESD を始めとした「持続可能な開発と教育」に関するさまざまな名称の使用についても議論され，「持続可能性のための教育 (Education for Sustainability：EfS)」の概念が提唱された (鈴木，2011：8)。そこでは，「教育が，態度やライフスタイルを変化させる手段であり，人々に知識やスキルを広め，持続可能性に向けて変革するための備えを与えるもの」(同上書) と定義された。「アジェンダ 21」の第 36 章「教育・意識啓発・訓練の促進」では，持続可能な開発を促進するためには教育が重要であることが記され，その重要性が改めて捉えられた。採択された「テサロニキ宣言」においても，「教育と意識啓発が法律，経済および技術とともに，持続可能性の柱の一つとして認識されるべき」(UNESCO, 1997) と明記され，教育が世界中のすべての人に不可欠な役割を担っていることが確認された。また，持続可能性について「環境だけではなく，貧困，人口，健康，食糧の確保，民主主義，人権，平和をも包含するものである。最終的には，持続可能性は道徳的・倫理的規範であり，そこには尊重すべき文化的多様性や伝統的知識が内在している」(*Ibid.*) と定義づけされた。環境と開発の統合についての議論が始まって 30 年弱経つが，正式に国際文書

第 3 章　自己変容をもたらす教育　　105

の中で持続可能性が環境のみに関わる概念ではないことが記された。一方で，環境教育がこれまで取り組んできた試みは，ここまで捉えてきた国際会議への貢献からも明らかであることから，環境教育が「環境と持続可能性のための教育（Education for Environment and Sustainability）」として表現してもかまわないことが明記された。このことから，同会議の副題にある持続可能性のための教育が，環境教育に深く関係していると指摘される（佐藤・阿部・アッチア，2008）。

ESD は 1992 年にその始まりをみることができたものの，その誕生までの歴史から関係の深い環境教育や「アジェンダ 21」第 36 章が反映した EPD，またテサロニキ会議で提唱された EfS の中に吸収されたかのように，2002 年のヨハネスブルグ・サミットまでの約 10 年間，ESD が注目されることはなかった。換言すれば，リオ・サミット後の約 10 年間は ESD にとって「失われた10 年」であったと言える。

1972 年のストックホルム会議からのこれまでの流れでは，環境保護や貧困削減を目標に掲げ，そのためには教育が不可欠であることが確認されてきた。従来の専門分化した知識の獲得や一方向の教授法を見直し，分野横断的な教育内容を扱い，参加型や経験重視の教育方法を取り入れることの必要性が説かれてきた。それは，現代社会が抱えている諸問題の悪化を予測して，将来起こってほしくない事態を避けるように改善策を練るという，フォアキャスティングの思考様式を用いた議論とも言える。また，逆に，持続可能な社会，つまり環境破壊の進行が緩やかになり，途上国と先進国との格差も狭まり，世界中の人々が平和に暮らしている理想を描き，そのために必要な知識や技能，態度が身につけられる現在の教育のあり方を考えるという，バックキャスティングとも捉えることができる。しかしながら，両者とも，子ども自身，若者自身といった教育の受益者自身よりも，社会の変化，特に地球規模の諸問題の解決に重点が置かれた教育が提唱されたとも読み取れる。それは，従来の社会システムからの転換が強調されるが，途上国，先進国問わず，一個人の実生活とどのように関わっているのか，また社会システムの転換が教育システムにどのような影響

をもたらすのか定かでないこともあり，「○○教育」と称される教育がまた一つ増えたようにも見受けられる。その一方で，ユネスコのもう一つの教育活動である基礎教育の拡充の流れは，社会よりも教育の受益者自身および，教育システムの変化に焦点が当てられたと言える。しかしながら，実際は教育へのアクセス拡大など，政府によるトップダウンの量的な拡充が行われ，教育システムの変化には至らなく，ESD との関連から教育の質の改善が求められている。

3. 基礎教育の改善と ESD

　ESD の誕生の前に，世界人権宣言第 26 条で保障されている「教育を受ける権利」を確保するために，1990 年にタイのジョムティエンで「万人のための教育（Education For All：EFA）世界会議」が開催された。同会議では，2000 年に向けた EFA の行動枠組みである「万人のための教育世界宣言」が採択され，初等教育の普遍化，男女格差の是正，識字率の改善などが目標とされた。この 10 年後の 2000 年には，セネガルのダカールで世界教育フォーラムが開催された。1990 年の宣言で書かれた目標が達成困難であったことが示され，2005 年と 2015 年に分けて目標内容が決められた。宣言されたダカール行動枠組みでは，就学前教育の拡大・改善，無償初等教育へのアクセス確保，成人識字率の改善と基礎教育へのアクセスの確保，教育における男女格差の解消と男女平等の達成，教育の質の向上が示された（**表 3-6** 参照）。

　先に述べたように，1992 年のリオ・サミットで採択された「アジェンダ 21」の第 36 章に記されている実施プログラム領域の一つに「持続可能な開発に向けた教育の再方向づけ」がある。そこには，「万人のための教育世界宣言」の内容も反映され，基礎教育の促進と改善がその目的の中に組み込まれた。環境と開発についての認識を高め，それに関する教育にアクセスできるようにすること，またすべての教育プログラムの中で環境と開発の概念が統合されるように促進しなければならないことが目指された。つまり，ESD で強調される教育内容や教育方法などが EFA の活動を補強し，目的の一つである「教育の

表 3-6　「ダカール行動枠組み」による EFA へ向けた目標

1	最も恵まれない子どもたちに特に配慮した総合的な就学前保育・教育の拡大および改善を図ること
2	女子や困難な環境下にある子どもたち，少数民族出身の子どもたちに対して特別な配慮を払いつつ，2015 年までにすべての子どもたちが，無償で質の高い義務教育へのアクセスを持ち，修学を完了できるようにすること
3	すべての青年および成人の学習ニーズが，適切な学習プログラムおよび生活技能プログラムへの公平なアクセスを通じて満たされるようにすること
4	2015 年までに成人（特に女性の）識字率の 50 パーセント改善を達成すること，また，すべての成人が基礎教育および継続教育への公正なアクセスを達成すること
5	2005 年までに初等および中等教育における男女格差を解消すること，2015 年までに教育における男女の平等を達成すること，この過程において，女子の質のよい基礎教育への充分かつ平等なアクセスおよび修学の達成について特段の配慮を払うこと
6	特に読み書き能力，計算能力，および基本となる生活技能の面で，確認ができかつ測定可能な成果の達成が可能となるよう，教育のすべての局面における質の改善ならびに卓越性を確保すること

(出所) UNESCO (2000：15-17) より抜粋，筆者作成。

質の向上」に貢献すると考えられ，「アジェンダ 21」において，途上国も先進国も同様に「持続可能な開発」に向けて既存の教育プログラムを編み直すことが求められたのである。

　EFA は，教育を通した国民の統合，社会の発展や再生産を促進しようとする教育の社会的機能が積極的に評価されており，途上国においては，EFA の名のもとで基礎教育の拡充が試みられた。しかしながら，地域間・階層間の教育格差や教育の質の低下，初等教育の無償化による親の消極的な関与，政府主導のトップダウン型の改革による個人やコミュニティの従属性や他律性などが問題視されており，教育を通した国民の連帯の強化の困難さが露呈された（北村，2009：95-98）。ゆえに，1992 年のリオ・サミットで提唱された，教育の質の向上や地域に根ざした改革を目指す ESD と EFA とを融合させた教育協力が求められつつある（Wade and Parker, 2008．；UNESCO, 2009b, 2011a；北村，同

上書：Guevara, Nagata and Shibao, 2012）。

　同年続いて行われた国連ミレニアム・サミットで，「国連ミレニアム宣言」が採択され，1990年代に開催された国際会議やサミットで採択された国際的な開発目標を統合して，一つの共通の枠組みとして提示されたのが，「ミレニアム開発目標（Millennium Development Goals：MDGs）」である（**表3-7** 参照）。目標2と目標3には，EFAの流れを受けて初等教育の普及と教育における男女格差の解消に関して記された。また，目標7には，持続可能性に関する項目

表3-7　ミレニアム開発目標[4]

目標1：極度の貧困と飢餓の撲滅	
目標2：初等教育の完全普及の達成	
ターゲット2.A	2015年までに，すべての子どもが男女の区別なく初等教育の全課程を修了できるようにする。
目標3：ジェンダー平等推進と女性の地位向上	
ターゲット3.A	可能な限り2005年までに，初等・中等教育における男女格差を解消し，2015年までにすべての教育レベルにおける男女格差を解消する。
目標4：乳幼児死亡率の削減	
目標5：妊産婦の健康の改善	
目標6：HIV/AIDS，マラリア，その他の疾病の蔓延の防止	
目標7：環境の持続可能性の確保	
ターゲット7.A	持続可能な開発の原則を国家政策およびプログラムに反映させ，環境資源の損失を減少させる。
ターゲット7.B	生物多様性の損失を2010年までに確実に減少させ，その後も継続的に減少させ続ける。
ターゲット7.C	2015年までに，安全な飲料水および衛生施設を継続的に利用できない人々の割合を半減する。
ターゲット7.D	2020年までに，少なくとも1億人のスラム居住者の生活を改善する。
目標8：開発のためのグローバルなパートナーシップの推進	

（出所）外務省「ミレニアム目標（MDGs）とは」〈http://www.mofa.go.jp/mofaj/gaiko/oda/doukou/mdgs/about.html#goals〉（2012年6月4日最終閲覧）をもとに筆者作成。

第3章　自己変容をもたらす教育　　109

が記され，持続可能な原則を国家政策およびプログラムに盛り込むことが示された。

　ストックホルム会議から30年後の2002年，持続可能な開発に関する世界首脳会議（以下，ヨハネスブルグ・サミット）が南アフリカ共和国のヨハネスブルグで開催された。リオ・サミットから10年後の会議であったため，「アジェンダ21」の実施状況を評価し，それを見直し，環境と開発に関する新たな課題について議論された。そこで日本が提案したUNDESDが，同年12月の国連総会において採択された。その主導機関となったユネスコは，国際実施計画案を2004年に作成し，翌2005年にESDを実践するための枠組みであるIISを公布した。これをもとに，各国が実施計画を作成し，それぞれの国の状況に応じた取り組みがなされることが期待された。IISをより詳細に記した枠組みでは，持続可能な開発は，社会・環境・経済という相互関連した3領域から成り，継続する長期的な変化のプロセスであると説かれている。また，その基底にあるのは，文化であると，その重要性が記された。持続可能な開発が目指すべきは，人々の間に平和的共存がなされることと，自然環境の再生能力を回復することであり，社会的および環境的な持続可能性を高めることが目標とされた（UNESCO, 2006：12）。持続可能な開発に関わる議論は，環境保護と経済成長の関係を並列的に捉える段階から，相互関連した関係として捉える段階へと変遷してきており，ヨハネスブルク・サミットでは，その概念を実践に移行する時期にあることが強調された（矢口，2010）。

　UNDESD採択までの動向について，ユネスコが関わってきた国際会議等を中心に捉えてきたことで，世界平和と人類の福祉のために教育が重要視されてきた背景を確認することができた[5]。しかしながら，国内政治や経済状況によって，教育は最優先課題になりにくく，さらに教育が国家政策を推進させるための道具とされることもあるため，それが一人ひとりの学習者のニーズを満たしているわけではない。人間一人ひとりに与えられている教育を受ける権利が保障され，その機会にアクセスできる環境，また，今後の社会を形成していく

ために求められる価値観や能力，態度などを培える教育システムが必要である。

　国際平和の実現と，そのための教育の促進，人権としての「教育を受ける権利」の保障に関連して，さまざまな教育観が，それぞれの問題点から発せられてきた。反戦を訴える平和教育，自然保護を促進する環境教育，経済優先の開発による問題を捉え直す開発教育，相互理解と知的連帯をめざす国際理解教育など数多くの教育が，戦後誕生した。誕生した当初の意義を発展させながら，教育実践が積み重ねられてきている。このことは，環境教育における概念の変遷からもわかる。環境教育は，「環境についての教育 (Education about Environment)」，「環境の中での教育 (Education in Environment)」，「環境のための教育 (Education for Environment)」というように，その適用範囲を広げてきた。また，その背景にあるイデオロギーも「技術中心主義」から「生態中心主義」へと変わってきた（フィエン，2001）。このような変遷は，現代の状況が戦後の時代状況と異なるため，必然的な現れとも読み取れよう。時代の変遷を経て，人々を取り巻く経済・社会状況や自然環境も変わり，現代社会で起きている問題を考慮しながら，どのような教育が求められているのかについて議論がなされている。

　ESD は，このような歴史的変遷を経て生み出された教育観である。本節では，ユネスコの設立の歴史を踏まえ，ESD の誕生までを扱った。人口教育，環境教育，人権教育，平和教育など，ESD 誕生までに生まれたさまざまな教育があるがゆえに，それらの教育との親和性があり，多様な領域で取り組まれている。なかでも，環境教育から EPD，そして ESD へと変遷してきた経緯から（NIER/UNESCO-APEID, *op. cit.*；佐藤・阿部・アッチア，2008），ESD の源流を環境教育にあると捉えられることもあるが，本節をふり返ると，ユネスコが設立された当初から取り組んでいる国際理解教育と国際教育協力の2つにあることが読み取れる。「アジェンダ 21」に「既存の教育プログラムの再方向づけ」として記されているように，ESD はこれまでの教育観を持続可能な開発に向けて編み直すプロセスである。そこでは扱われる地球規模の諸問題に焦点

が当てられることも多いが，そのようなテーマを通して私たちは何を学び，どのように行動すべきかが問われており，私たち自身の価値観・行動・ライフスタイルの変容が求められている。

第2節
変容をもたらす教育としての ESD

　持続可能な開発や ESD は，現代社会が直面している諸問題の深刻化への対応策としてその重要性が叫ばれた。持続不可能とも見えうる社会を変えることが期待されてきたとともに，ESD では個々人の変容も求められた。学習者の意識や行動の変容のみならず，生活習慣の変化も目指されたのである。そのために教育のあり方自体が議論されてきており，ESD もその特徴をもって生まれた。

　このような教育の現れは，フォアキャスティングの思考に基づいた対応であるとも見受けられる。持続可能な社会を形成するためには，未来のイメージから振り返り，そのイメージに近づけるための効果的な方法を考え，実行するというバックキャスティングの思考が求められると言われるが (枝廣，2010)，筆者はこの指摘に疑問を抱く。前章までで捉えてきたように，持続可能なコミュニティを形成するためには，過去・現在・未来を統合的に捉えることが必要である。未来のイメージから振り返るというバックキャストだけでは，十分ではないだろう。現代社会が抱えている諸問題を引き起こす原因をつくった過去を振り返り，切り離してきたり，見落としてきたりした知識体系や，他者や自己とのつながりなどを取り戻すことが求められるのである。フォアキャストもバックキャストの思考も，未来志向であることには変わりはない。経済が優先される社会の再生産ではなく，持続可能な社会へと変容させるためには，未来志向とともに，現在までに至る見方を変えることが肝要である。学習者一人ひとりのライフスタイルやライフサイクルが持続可能なコミュニティを形成するこ

こととどのようにつながっているのかを問うとともに，私たち自身の思考様式を変えていくことが望まれる。つまりそれは，前章で捉えた自己変容が求められるのである。

　そこで，本節では，ESDで求められる思考様式を検討するために，また，ESDの特徴を改めて捉えるために，前章で検討したシステム思考をもとに，ESDと自己変容の関わりについて考察していきたい。

　繰り返しになるが，改めてUNDESDのビジョンをここで確認したい。ユネスコはUNDESDにおいて「持続可能な未来や積極的な社会変容に求められる価値観と行動，ライフスタイルを学ぶ」(UNESCO, 2005b : 6) ことをビジョンとして掲げた。持続可能な社会を形成するためには，日常の考え方やふるまい，生活を変えていくことが求められている。このことは，価値観の変容を示唆し，従来の価値観を問い直す，つまり，自らの思考や行動を振り返る必要性を説いているのである。

　また，UNDESDの目的は，人々の気づきや教育システムの変化に関連するとして (UNESCO, 2006 : 6)，社会システムと同様に，教育システムの変化を求めていることがわかる。ESDでは教育を通して，一人ひとりが価値観や行動，ライフスタイルを変え，社会を変えていくという自己変容と社会変容が目指されているのである。それは，学校での学びに限られるのではなく，日常生活から地域や職場においても，また，就学前教育から高等教育，成人教育に至る生涯学習として行われるべきとされる (*Ibid* : 21-22)。つまり，このことはESDが生徒・学生のみならず，すべての人々を対象として行われる教育であることを意味している。換言すれば，これまで区別されていた学校教育と社会教育が統合される場が生まれ，両者の協働の必要性を説いているのである。

　IISによれば，ESDの普遍的なモデルはないとされているが，国ないし地域社会でESDに取り組むにあたって，その目標や強調点，プロセスは地域的な文脈に合わせながら，また文化的に適した方法で決められるべきであるとされた。それは，途上国でも先進国でもESDを実践することが望まれたためと考

えられる。ゆえに，地域的な適合性と文化的な適応性のみならず，ESDが生涯学習を促進すること，公教育，ノンフォーマルおよびインフォーマル教育に関わること，持続可能な開発の基礎となる原則と価値観に基づいていることなど，その分野横断的な性格が確認された（UNESCO, 2005b：30）[6]。

　序章で述べたように，ESDで扱われる重要課題は，地球温暖化や貧困，農村の過疎化など環境・社会・経済的な分野を横断する地球規模の諸問題である。そのような問題に対応するためにどうすべきかを考えながら，従来の価値観や行動，ライフスタイルを振り返り，新たな知識体系を創造していくことが求め

表3-8　ESDの7つの特徴

項　　目	内　　容
学際的・ホリスティック	分断された教科としてではなく，全教育課程の中に埋め込まれた持続可能な開発のための学びである。
価値志向性	前提となっている規範，つまり，共有されている価値観や持続可能な開発を支えている原則が調査，議論，検証，応用されるように，それらが明示されることが不可欠である。
批判的思考と問題解決	持続可能な開発自体がもっているジレンマや課題に取り組むときの確信へと導く。
多様な方法	ことば，アート，演劇，ディベート，経験など異なる教授法によって，プロセスがつくられる。単に知識を伝えることに連動される教授（ティーチング）は，教師と学習者が知識を獲得するために協働するアプローチにつくり直されるべきであり，教育機関の環境を形成する際に役立てるべきである。
参加型意思決定	学習者が，これからどのように学んでいくのかという意思決定に参加する。
適用可能性	日常の私生活と職業が統合される学びの経験が求められる。
地域の重要性	学習者が共通言語を用いて，グローバルな諸問題と同じように地域的な問題にも取り組む。持続可能な開発の概念が他の言語にも慎重に表されなければならない。言語や文化はそれぞれ異なっており，個々の言語には，新しい概念を創造的に表現する方法がある。

（出所）UNESCO（2006：17）をもとに筆者訳・作成。

られている。ゆえに，そこで取り入れられるべき特徴として，ユネスコは下記の7点を示した（*Ibid.*）。表3-8は，7つのそれぞれの項目となぜそれが重要であるのか，どのような特徴をもっているのかについて示している。

IISにおけるこれらの記述には，日常，当然のように繰り返している考え方や行動などの習慣を見直すことが説かれている。習慣を変えることは易しいことではない。変えようと思える何かのきっかけを経験することが必要である。経験からの気づきによって，自らの価値観や従来の行動を内省することが可能となり，行動変容へとつながるのである。経験から内省へ，そして行動変容へのプロセスを教育活動の中に組み込むことが求められていよう。

このような変容のプロセスは，学校外における地域やスタディツアーでのESDの実践を通して生まれており[7]，個人がどのように変容しているのか，また，地域社会での学びが学校システムにどのような影響をもつのかを読み取る必要がある。そうでなければ，学校と地域社会との関係は，教育活動のすみ分けをした，切り離されたままの状態となる。有機的なつながりのある教育システムを実現するためには，自己変容と社会変容との関係がどのように読み取れ，価値観・行動・ライフスタイルの変容へとつながるのかについて検討していかなければならない。つまり，いかに，地球規模の諸問題と自らの生活の関わりを見出し，自らの価値観と生活習慣，その他の行動を改めていくかという課題に取り組まなければならないのである。

UNDESD開始後の2007年にインドのアーメダバードで第4回環境教育国際会議が開催された。「持続可能な未来への環境教育——『持続可能な開発のための教育の10年』のためのパートナーたち」[8]と題された同会議では，環境教育とESDの進むべき方向性が示された。そこで採択された同宣言には，私たちが直面している地球規模の諸問題の原因となっているのは，「持続不可能な開発モデルとライフスタイル」であることが指摘され，日常の生活様式や行動，開発モデルを問い直すことが求められたのである。また，「持続可能な未来に向けたオルタナティブなモデルとビジョン」を実現するためにESDが必要で

あり，それは変容をもたらすために不可欠な教育であることが示された。「私の人生そのものを私のメッセージとしなさい」というマハトマ・ガンジーの言葉が引用された宣言文では，持続可能な社会を実現させるには行動に移すことが重要であると説かれ，そのためには，そのもとにある価値観の変容が必要であると明記された。さらに，ESD は「機械論的な伝達手段としての教育から生涯にわたるホリスティックで包括的なプロセスとしての教育への変化」を促進すべきと指摘された (ICEE, 2007)。

　機械論的な世界観を基盤にした近代社会の価値システムの確実性が見えなくなっている今，教育観そのものの転換が必要とされている。知識の伝達という役割を担っていた教育は，従来の知識体系を編み直し，改めて創造していく営みへと変わっていくことが求められている。そのためには，「ホリスティック」な，つまり全体論的なパラダイムによる教育の方向づけや人間形成の営みの見直しが肝要である (吉田，1999：永田，2011)。それは，知識が伝わったという結果のみならず，再創造されるプロセスが重要視される教育観であり，ESDは教育自体の変容を促していると言えよう。

　D・W・オー (Orr, 2004) は，教育が地球規模の諸問題の解決に貢献できていないことを批判して，それ自体に問題があることを主張する。前章までに機械論的な世界観に立脚した思考様式では，現代社会が抱えている諸問題に対応することは無理に等しいことを指摘した。それは，問題を引き起こした考え方と同じ世界観によって導き出された対策では，根本的な解決にならないからである。オーの指摘は，思考様式の問題が教育にも通じていることを気づかせる。ゆえに，アーメダバード宣言にあるように，機械論的な教育観からの転換が求められているのである。

　全体論的な世界観に基づいた思考様式の一つであるシステム思考は，近年ESD においても注目されている。それが，持続可能なコミュニティを形成するうえで必要な思考様式であることは前章までに確認してきたが，教育自体にも変容をもたらし得るのかについては未検討であるため，ESD とシステム思

考との関係を捉えながら考察していく。

　ユネスコは，ESDに関連する文書の中でシステム思考の重要性を説いている。持続可能な開発は，ローカルな知やグローバルな知の体系，過去と未来に関する知，そして新しい解決策を現代の諸問題に結びつけることを求めるため，全体像を捉えるシステム思考が必要とされるのである。また，地球規模の問題と個人のライフスタイルとの関係性を捉える思考様式としても，システム思考は強調されており，身につけるべき能力の一つとして取り上げられている（UNESCO, 2010, 2011a, 2014）。

　しかしながら，現代社会が直面している諸問題を解決するという文脈で，システム思考に言及されるため，ESD が「問題解決 (problem-solving)」を目標としていると捉えられかねない。システム思考は，問題の全体像と，自分自身との関わりを捉えるための考え方であるため，それを使うことで問題が解決するわけではない。ESD が問題を解決することを目的としていないことは，**表3-8** の「ESD の 7 つの特徴」にある記述を見ても明らかである。「問題解決」は，諸問題に対応するための態度や価値観の涵養を示唆しているのであり，システム思考はそのためのアプローチであると言える。重要なのは，システム思考を用いて，自分自身の生活や考え方などを振り返ることである。

　問題解決という目標達成に縮約されたシステム思考や ESD が，私たちの生活のあり方自体，考え方自体を根本的に問い直すきっかけを提供しているとは言い難い（辻，2012）。それは，U プロセスにあるプレゼンシングの段階，つまり「いま，ここ，わたし」を通らず，目標を未来に掲げ，その達成のために必要な現在と捉える未来優位の直線的な時間観に依っている。「既存の社会システムや豊かさを価値づける基準が将来にわたって変わらないことを前提としている」（同上書：145）時間観に基づいた思考様式では，社会に表層的な変化をもたらすことができても，根本的な変革にはならなく，また一個人の変容をもたらすことは難しいのである。

　以上のことを前章までのシステム思考の視点から考えると，ESD で扱われ

ているシステム思考は，次の2つに分けることができよう。一つは，自分自身と問題になっている事象との関係が二項対立的で，「問題解決」に集約されるシステム思考であり，もう一つは，自分自身と社会に通底する根源的な部分である「いま，ここ，わたし」に問いかける〈システム思考〉である。前者を「浅く閉じたシステム思考」と言い換えられ，後者を「深く開かれたシステム思考」と呼ぶことができるだろう。

　価値観・行動・ライフスタイルの変容を目指すESDにおいて求められているのは，思考の基盤となっている世界観の転換を必要とする「深く開かれたシステム思考」であり，この「深く開かれたシステム思考」によって，教育自体の変容をもたらすことが可能となると筆者は考える。そこで，「深く開かれたシステム思考」と教育自体の変容の関わりについて，「持続可能な教育（サステイナブル教育 sustainable education）」を唱えるスティーブン・スターリン（S. Sterling）の見解を用いて検討していく。

　スターリン（Sterling, 2001：50-61, 2004, 2007）は，G・ベイトソンの学習論を用いて，学習の3段階を次のように説明する。学習Ⅰは物事をよりよくすることであり，学習Ⅱはよりよいことをすることであり，学習Ⅲは物事を異なる見方で捉えることである。これらの学習段階は，教授法や学級経営などの実践に関わる方法論，学びの環境をつくる枠組みに関わる存在論，ものの見方の土台となっているパラダイムに関わる認識論につながっていると説いた[9]。それらは互いに関連しており，持続可能性という課題に対する社会の反応と，教育の変化に影響すると彼は述べる。そこで，対応が何も見られない「無反応（no response）」の段階，実践レベルでの変化を「適用（accommodation）」，枠組み段階を「改革（reformation）」，パラダイム段階を「変容（transformation）」として，この4段階について，持続可能性の度合いとその状態，持続可能性に対する社会の反応と教育の対応を示したのが，**表3-9**である。

　例えば，持続可能性が「とても弱い」場合，社会は持続可能性に「否定・拒否，または最低限」の反応を示し，社会システムや教育にも変化は現れず，「変

表 3-9　持続可能性への教育と社会における段階的な対応

持続可能性の移行		社会的反応	持続可能性の状態	教育の状態
1	とても弱い	否定・拒否，または最低限	変化なし（または名ばかり）	変化なし（または名ばかり）
2	弱い	補足	うわべだけの改革	持続可能性についての教育
3	強い	組み入れ	本格的な緑化活動	持続可能性のための教育
4	とても強い	組み立て直し，再設計	全体的な統合	持続可能な教育

(出所) Sterling (2004：58) より抜粋して，筆者訳・作成。

化なし」または「名ばかり」の活動がなされるだけである。一方で，持続可能性が「強い」場合，集団や社会制度は持続可能な開発の要素を「組み入れ」，「本格的な緑化活動」としての現れを見ることができ，教育においては「持続可能性のための教育」が行われている。その際，枠組みや実践での変化は起きているが，パラダイムの層までに達していないため，変容段階ではないことがわかる。

　スターリンが重要性を指摘する第4段階の変容は，抜本的な改革を意味する。それは，組み立て直しや再設計という対応によって，それぞれの部分が完全に関連し合う「全体的な統合 (wholly integrative)」状態を生み出すことが求められる (Sterling, 2004：54-59)。彼は，第4段階での教育を「持続可能な教育」と称した[10]。それは，創造的かつ内省的に学び，学習主体として参加することが促されるような教育であり，プロセスや学びの質を強調し，曖昧さや不確実性に対応する能力やそれらを見抜く感覚を求める。また，「持続可能な教育」では，全人格あるいは学習する組織全体をよび起す学びが促進され，学び自体を変容させることが必要となる (Sterling, 2001：61)。

　スターリンは，持続不可能とも思える危機的な状況に対応するためには，教育それ自体の変容が必要であるとして，パラダイム，枠組み，実践という上述

第3章　自己変容をもたらす教育　　119

した3領域の統合的な変化を求める。還元主義や実証主義などの機械論的なメタファーの上に成り立っている近代的なパラダイムを転換し，変容する学びへと方向づけるためにも，全体論的な世界観を基盤にして，教育理念や教育内容，教育方法，教育経営などを再考するように提案する。それは，学校という組織全体も，パラダイムの層・枠組みの層・実践の層という3領域にわたって変容することを意味し，教育そのものの持続可能性を説いている。永田佳之の言葉を借りれば，スターリンは「教育文化そのものを根底から捉え直すこと」（永田，2009a：79）の必要性を主張するのである。それによって，学校全体に染み込んでいる価値観，それが反映される慣例や規範，制度，組織編成，カリキュラム，実際の教育活動に変化が生まれるだろう。

　例えば，**表3-9** の持続可能性の段階を踏まえれば，持続可能性が「とても弱い」段階は，学校での持続可能性に関する取り組みはない。「弱い」段階では，各教科内での実践がなされ，従来の学習とは異なる手法や内容が扱われる。地域やNPO，企業からゲストティーチャーが来校し，特別授業を受けるなどの取り組みも見られるようになる。「強い」段階では，教科間の連携が生まれ，総合的な学習の時間などが有効に使われ，全学年で持続可能性に関わる学びが促進される。地域に出かけ，地域課題に取り組むなど，地域との交流や協働が盛んに行われている。しかしながら，学校自体に根づいている管理や評価という体制は変わっていない状態である。最後の「とても強い」段階では，学校全体で持続可能性に取り組み，土台にあるパラダイム段階も変容しているホールスクール・アプローチを取り入れた実践となる。それは，ESDを通して，生徒・学生，教職員，地域の人々等が学び手となって，学校がどのような場であることが望ましいかについての意見を共有し，それを具体化できている段階である。

　この最後にある第4段階で，既存の価値観を振り返り，課題となっている他者や自然との関係を根本的に捉え直し，「組み立て直し」が具現化されることが求められる。それによって，新たな価値観が生まれることに気づき，それを受け入れ，自分自身の中に多様な価値観が育まれていくことが期待される。そ

れは，他者との関わりの中で行われる内省と言える。永田は，この過程が「変容を遂げようとする自己と他者が交わる場を通して自己も他者も内発的に変わっていくようなプロセス」（永田，2011：65）であると述べる。これは，社会変容の萌芽と捉えることができ，先の考察を踏まえれば，「深く開かれたシステム思考」を通した「教育文化の変容」の端緒と見ることもできよう。

　センゲやシャーマーの言う〈システム思考〉は，地球規模の諸問題に対応するための考え方であるだけでなく，教育システムを捉え直し，新たに方向づけるための重要な思考方法である。特に，自己変容のプロセスを含む「深く開かれたシステム思考」によって，自分自身と所属する組織との関係を振り返ることができ，組織内のどこに「遅れ」が生じているのかを把握することができる。それを他者と共有することで，組織のあり方を捉え直すことが可能になる。

　ESD の対象者は，生徒・学生だけに限られていない。ユネスコは，それに関わるステークホルダーが持続可能な開発に関わる価値観や行動，ライフスタイルを身につけ，持続可能な社会づくりに参加することを求めている（UNESCO, 2005b）。そうであるならば，教職員自身も，ESD を通して変容することが肝要である。一度立ち止まって，自分がいる状況を見渡し，内省を通して，自らの教育観を問い直していかなければならない。教職員自身が，ESD を内面化させ，それを体現していくことが求められる。

　アーメダバード会議の前年に都内で開催された環太平洋国際会議で発表された「ホリスティック ESD 宣言」には，ESD が子どもの学校教育だけに関わっているのではなく，大人の自己教育でもあることを示唆する宣言文がある[11]。

　　大人たち自身は，子どもに伝える前に，ESD の文化とその価値観を内在化させ，体現して生きなくてはならない。そのような大人の姿がロールモデルとなって，子どもを育てるのである[12]。

　　　　　　　　　　　　　　　　　　　　（Nagata and Teasdale, 2007：210）

吉田敦彦 (2008：218) は，大人自身がロールモデルとなって子どもを育てるという当然のようにも思われる指摘がなぜ宣言文に明記されたのかについて解説する。生徒・学生は，地球規模の諸問題について学ぶとともに，大人への不信感と，自分たちの未来の閉塞感を覚えることもある。それは，「持続不可能な環境と社会を，次世代の利益を追求してつくってきたのは，まぎれもなく子ども世代ではなく大人世代」であるためである。世代間公正の実現を目指すESD が，持続可能な社会形成を次世代に期待すれば，大人世代の責任を転嫁する教育となりかねない。ESD は，大人世代が変わることを求めている。大人たちの行動や態度を見て，子どもや若者が未来に一条の光を見出し，持続可能なコミュニティを創造していくプロセスに積極的に参加することが期待されるのである。

　教育自体の変容には，カリキュラムや教育方法，教育内容，学校運営などの再編が必要であるとともに，教職員自身の自己変容が不可欠である。彼ら／彼女たちがESD で重要視される価値観を内面化させ，それを体現するロールモデルとなって，生徒・学生に接することが望まれる。しかし，ここで留意すべきは，生徒・学生に教える立場に執着し，「こうあらねばならない」というロールモデルのイメージを固めないようにすることである。教職員自身がそのイメージに翻弄されて，閉塞感を覚えることがないように，また，生徒・学生にそれを押しつけることがないようにしなければならない。学校システム全体の統合と変容の鍵は，教職員自身も生徒・学生と同じように，自らの行動や考え方を問い直し，変容のプロセスを生徒・学生とともに進んでいくことにあると思われる。

　最後に，前章で示した**図 2-5**「社会システムの見取り図」と前述したスターリンの見解をもとに，「ESD の見取り図」(**図 3-1**) を示して，本節のまとめとしたい。

　図 3-1 の枠組みは，**図 2-5** と同様である。すなわち，横軸が変化に対しての開放性，ないし閉鎖性を示し，縦軸が当事者性の高低を指す。4 つの象限に

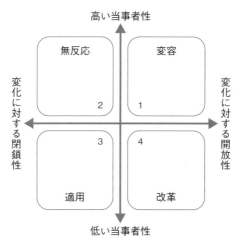

図 3-1　ESD の見取り図
（出所）Sterling（2007：57）を参考に筆者作成。

は，先に述べたスターリンの持続可能性への変化の段階を用いた。それらは，対応が何も見られない「無反応」，実践レベルでの変化を表す「適用」，枠組み段階の変化となる「改革」，パラダイム段階の「変容」である。

　第 1 象限の「変容」は，変化に対して開かれており，当事者性の高い実践である。先に述べたように，ホールスクール・アプローチで学校全体が ESD に取り組んでいる事例が位置づけられる[13]。第 2 象限の「無反応」は，変化に対して閉鎖的であるが，当事者性が高いことが特徴である。もちろんこの象限には，ESD の実践校として明示しているにもかかわらず，すなわち，ユネスコスクールに登録しているものの，ESD に関連する取り組みを何もしていない教育機関が位置づけられる。その一方で，ESD の実践校と標榜していなく，ユネスコスクールへの登録もないため，その特別な対応をしていないが，既存の教育プログラムが ESD の特徴を兼ね備えている事例もここに含まれる。後者は，成田の言う「黙示的，持続・継承的実践学校」（2009：101, 107）であり，教育活動に対する高い当事者性を読み取ることができるが，「既存の教育プロ

グラムの再方向づけ」が見出しにくい。次の第3象限は，変化に対して閉鎖的で，当事者性も低い「適用」である。誰かの指示で数名の教師ら，もしくは一人の教師が既存の教育プログラム内で部分的にESDに取り組んでいる事例が該当するだろう。教育活動が分断的で「うわべだけの改革」となっている状態を示している。最後の「改革」は，変化に対して開かれているが，当事者性が高まらない取り組みである。それは，ESDに本格的に取り組み，ESDの価値観や原則に基づく教育活動を行うために，さまざまな試みがなされているが，学校全体としての統合がなされていない状態を指す。先述したスターリンの持続可能性の段階で言えば，3段階目の「強い」状態であり，「持続可能性のための教育」に位置づけられるだろう。

ESDの実践を推進するユネスコスクールの数が年々増え，各校の取り組みが事例集としてまとめられている（例えば，KNCU, 2009；UNESCO, 2009a；ACCU, 2009, 2011）。事例集では，ESDの実践の目的と内容が紹介されているため，その実践の傾向を読み取ることができる。しかしながら，事例集という性格上，具体的な学習プロセスや成果を読み取ることが難しい。特に，「変容」段階に求められる生徒ならびに教師の自己変容や，教育システムの変容に関する報告が不足している。

このことは，佐藤・菊池の調査結果が明らかに示していよう。佐藤・菊池（2010）は文部科学省の現代的教育ニーズ取組支援プログラム（現代GP（Good Practice））から日本の高等教育機関におけるESDの実践の特徴を捉えるために，現代GPのホームページおよび報告書の文章分析を行った[14]。調査結果から，国内の高等教育機関におけるESDの実践の特徴として，統合的手法，参加型活動，地域性とグローバルな視点を用いた地球的課題への取組みの3点が挙げられた。一方で，価値の明確化，体系的思考，批判的反省，モチベーションの構築といった内面的側面が少ないことが報告された。その理由として佐藤は，一つは活動において内面的側面が配慮されていないこと，2点目に内面的側面が組み込まれている活動ではあるが報告書等に明確に文書化されていないこと，

3点目にESDの活動において内面的側面の重要性が認識されていないことを挙げる。

さらに，丸山（2011）はESDの実践に関するユネスコスクールへの調査から，国内のESDの特徴として，学校内外の協働・連携，教科間の連携と包括的な取組み，およびユネスコスクールのネットワークを活用した交流の3点を挙げる。一方で，UNDESDの目標に掲げられている行動変容やライフスタイルの変容の成果を把握するための十分な時間が必要であることを指摘した。

上記のような調査報告から，現在行われている日本国内のESDには，外部の専門家や教師間の協力，外部団体との協働，教科間の連携や理論と実践を統合させた手法，参加型の活動，地球規模の諸問題や地域課題への取組みなどの特徴があることを読み取れる。しかしながら，「変容」段階に求められる自己変容や，教育システムの変容を捉えることが困難であるため，事例集等から確認できる範囲において，国内で行われているESDの実践の傾向を検討すると，第1象限に相当するとは言い難く，第2象限から第4象限に位置づけられよう。当事者性が低いことから，「社会を変えること」は「どこかで誰かがやってくれる」という他者任せの意識がつくられているように見うけられる。その背後には「面倒なことは誰かがやって，自分の手は汚さない」というような身勝手な自己防衛もあろう。また，「社会を変えること」や「行動の変化」が強調されるあまり，社会の変化に関わることや行動をとることが善とされ，なぜそうすることが必要なのかという問いや対話の不在も懸念される。

ESDの質の向上に向けて，まずはなぜESDに取り組んでいるのかといった問いに向き合い，ESDに取り組んでいる関係者間で話し合うことが求められている。こうした対話が「深く開かれたシステム思考」を鍛えるとともに，当事者性の高い実践へと導き，第1象限に向けた変容のプロセスを歩むことができるだろう。

第3章　自己変容をもたらす教育　　125

第3節
ESD と「自分自身と社会を変容させるための学び」

　前節において，ESD では，子どもたちのみならず，大人自身も学ぶ必要があることを「ホリスティック ESD 宣言」の宣言文から捉えた。つまり，ESD は，それに関わっているすべての人に変容をもたらすのであり，ESD は生涯学習であるとも言える (UNESCO, 2006, 2009c；ICEE, 2007)。学校という教育機関は，子どもから大人，老人というさまざまな年代の人が集うため，その場に「生涯」を形成する。

　そこで，本節では，変容をもたらす教育についてより詳細に検討していくために，ジャック・メジローの「変容的学習 (transformative learning)」を先行研究として概説したうえで，ESD の特徴として挙げられる「自分自身と社会を変容させるための学び」について，ユネスコ等の文書資料から捉えていく。「生涯」を形成する学校というコミュニティに求められる教育について考察する。

1. メジローの「変容的学習」とシステム思考

　「自分自身と社会を変容させるための学び」に関わる先行研究の一つとして挙げられるのは，メジローの「変容的学習」である。メジローは，パウロ・フレイレの批判的教育学に影響を受け，成人教育における「解放の教育」を唱えた。学習者は，社会的背景によってつくられた，もしくは強化されている前提や世界観によって偏った認識をしているため，その状況から抜け出すことができない。そのため，それまでの経験を自己批判的に振り返ることで，抑圧されていた認識から解放され，より包括的な見方で物事を捉えられるようになると説いた。このような学習者がもっている前提や価値観を問い直す学びのプロセスを「変容的学習」と呼び，学習目標として，個人の変容と社会の変化を掲げている (Clanton, 1992 = 2006：203-210；Merriam and Caffarella, 1999 = 2005：374-398)。

トム・イングリス (Inglis, 1997) は，メジローの理論を「解放のプロセスの心理化」であると捉えて，変容的学習は個人と自己概念の構築に焦点化していると述べた。また，変容的学習理論において，当然視している前提を問い直す批判的省察が強調される一方で，個人が所属する組織がもつ権力構造や価値観については議論されていないと，イングリスは指摘した。彼はメジローの理論が個人の変容に重点を置いており，社会の変化につながる社会的な運動についての議論が不足していると批判した。

　この批判に対してメジローは，変容的学習が抑圧を引き起こしている社会的な規範などの枠組みを再構成していることを主張し，「解放のプロセスの心理化」ではないことを反論した (Mezirow, 1998)。けれども，世界を変えることとそのために個人の変容に手助けすることのどちらかを選ばなければならないのなら，躊躇なく後者を選択すると述べた。また，個人の変容的学習を促進することが，教育者の役割であり，教育者は「文化的な行為 (cultural action)」のプロセスに従事しているのであると指摘した。メジローは，個人の変容が優先されることを含みながら，社会変容と関連していることを説明する。メジローにとって，社会的な運動は，変容的学習や社会の変化に影響力がある一方で，不安定な働きかけであるため，「文化的な変化 (cultural change)，つまり，支配的な文化的パラダイム，もしくは集合的な準拠枠を変容させること」(*Ibid.* : 71) が不可欠であった。この「文化的な変化」には，「文化的な行為」が必要であり，それにより，社会的な運動を起こすための考え方を身につけることができると説いた。つまり，メジローは，個人の変容と社会の変化を，イングリスの指摘に見られるような二項対立的な関係として捉えているのではなく，個人の変容と社会の変化が動的に相互関連していることを示したのである[15]。

　確かに，メジローの理論には，イングリスの批判にあるように，組織への働きかけに関する十分な検討がなされていない。メジローは，変容的学習理論の課題の一つとして社会的な行為を挙げながらも，政治的な行動に移すための基盤をつくることに変容的学習は焦点をあてていると説く (Mezirow, 2009)。ゆえ

に，それは批判的省察と，市民としての倫理的な自己形成について強調する傾向にあると述べる。変容的学習の重要な領域である2つの特徴は，成人の道徳性の最も高次なレベルにあると指摘した。

　メジローによる変容的学習理論からは，改めて教育のもつ社会的な役割を確認することができる。確かに，社会変容につながる組織への直接的な働きかけについてのメジローの見解を読み取ることはできない。しかしながら，メジローは，教育者が「文化的な行為」のプロセスに従事していることを強調し，それが社会的な行為へとつながることに言及している。間接的とも受け取れるメジローが示す社会的な運動は，「文化的な変化」という社会の根底にある世界観を問い直していくプロセスであり，一人ひとりの存在に根ざし，内発性を触発する働きかけと言えよう。社会の変化に直結する集団や組織的な構造に働きかけることは，イデオロギーや社会的規範などによって抑圧されている状況を問い直すことを求めている変容的学習理論の概念に反しており，新たなイデオロギーや規範の押しつけにつながるだろう。イデオロギーに対して中立的でありながらも，メジロー（Mezirow, 1998：72）によれば，成人教育者は決して中立的ではなく，変容的学習や批判的対話に自由に参加できるシステムや組織，文化的規範，社会的な実践を支援し，それを広めることに専心する活動家であるべきと指摘した。教育実践は個人の変容に重点が置かれているが，教育それ自体は「文化的な行動」であり，社会の変化に貢献している社会的行動である。前節のシステム思考の視点から捉えれば，変容的学習は個人と社会の関係を捉える「深く開かれたシステム思考」のプロセスであると言えよう。

　一方，メジローの理論で十分な議論がされなかった組織に着目し，それを一つの学習体と見なし，集団が継続的に学びながら変容していくことを説く「学習する組織（Learning Organization）」論が展開された（例えば，Merriam and Caffarella, *op. cit.*：48-52；Jarvis, 2007：96-121；センゲ，2011）。特に注目されたのは，個人変容と社会変容の関わりを説明したセンゲの『学習する組織』である。それは，個人が，所属する組織において，システム思考によって状況を認識し，

省察したうえでどうすべきかをチームで考え，ビジョンを共有し，協働していくプロセスを説明している。重点が置かれたのは，システム思考であった。センゲは，システム思考がその潜在能力を発揮するためには，他の4つの方法も必要であると述べる。4つの方法とは，未来のイメージを組織内で共有し，長期的な方向性を定めるための「共有ビジョン」の構築，個人や集団が置かれている前提を振り返る「メンタル・モデル」への対処，個々の力を結集させて，より大きな全体像を探究する「チーム学習」，個人の行動がどのように集団や組織に影響するのかを継続的に学んでいく「自己マスタリー」[16]である。システム思考を含めて，これら5つが統合的に作用することが重要であると指摘した。

　センゲの理論は，経営者や研究者，実践者らの経験知をもとにつくられているが，『学習する組織』が抽象的であるため，経験主義的な参考文献を読み解くことが困難であるとの指摘もある。また，対立や変化への十分な対応ができていないこと，目的論的な前提では，失業や低開発が説明できないこと，組織的な手順に関する前提と行動理論を一致させることが困難であることなどの問題点も挙げられる（Jarvis, *op. cit.*：114）。しかしながら，彼の理論においてシステム思考は，一人ひとりが置かれている状況の把握とともに，今後の対応の再検討に不可欠な概念であり，それによって個人の変容のみならず，社会変容の可能性が認識されたのである。

　前章までで捉えてきたように，〈システム思考〉は，自分自身と社会との関わり，現在と過去・未来とのつながりについて考え，システムの中で，個人がどのように位置づけられ，どのように関わっているのかを捉え，次の一歩を踏み出す一連の思考のプロセスである。成長志向の社会では，「強い」，「速い」など競争に「勝つ」ことが奨励され，その過程で落ちこぼれた人，虐げられた人の存在は社会の辺縁に追いやられてきた。権利保障が法的に認められても，例えば，障がい者や先住民，女性，子どもなどの社会的弱者と呼ばれる人々は，実生活を送るうえでさまざまな困難さや辛苦を抱えている。また，近年頻繁に

起きている凶悪犯罪の加害者である青少年らに見られるように、他者の視線を得ようとしたり、良好な人間関係を築くために「装った自分の表出」を強いていたりするなど、過剰な配慮をしながら周囲から浮かないように日常生活を送っている（土井, 2004, 2009）。両者の困難さや辛苦の中身は異なるが、現代社会を生きる人々は生きづらさを抱いていることは共通しており、この生きづらさの声は日常表出されることはない。目に見えない、隠れたところにレバレッジ・ポイントがあるとするならば、それは、人々のいたみやつらさ、苦しさなどの生きづらさにあると考えられよう。〈システム思考〉は、その生きづらさを生み出す社会構造の捉え直しとなる思考様式であると言える。

メジローの変容的学習理論やセンゲの『学習する組織』におけるシステム思考などから、変容的学習とは、個人や集団が前提としている枠組みを批判的に振り返りながら崩していき、それを新たに組み立て直すプロセスであることが確認できた。言い換えれば、固定化された価値観に問いかけながら、ほぐし直す学びのプロセスであろう。こうした変容のプロセスでは、個人の変容と社会の変容が相互に関連しており、「深く開かれたシステム思考」には、両者をつなげる可能性があることがわかった。

2.「学習の4本柱」と「自分自身と社会を変容させるための学び」

ユネスコはUNDESDの後半期に入ると、教育の基盤であるとされる「学習の4本柱」を発展させて、5本目の柱となる「自分自身と社会を変容させるための学び（Learning to transform oneself and society）」がESDの特徴の一つであることを示した（UNESCO, 2009b, 2010）。しかし、その詳細については明らかにされていない。例えば、UNECE (United Nations Economic Commission for Europe：国連欧州経済委員会)[17] は、「学習の4本柱」を用いてESDの枠組みを提示しているが、そこには5本目の柱は含まれていない。IISに示された「持続可能な未来や積極的な社会変容に求められる価値観、行動、ライフスタイルを学ぶ」というUNDESDのビジョンは、社会変容に必要とされる学びを

ESD が提供しなければならないことを表している。そうであるならば，5 本目の柱について検討することが求められよう。しかしながら，ここで留意すべきは，上記のビジョンに見受けられる思考，すなわち，理想とする社会を実現させるために教育が行われるというバックキャストの思考様式である。前節で述べたように，ESD を考えるうえで，フォアキャストよりも，バックキャストの思考様式が望ましいと決めて，議論を展開するのではなく，社会変容を前提とした教育であるのかを確認することも含めて，個人変容と社会変容との関係について捉えていく必要がある。

そこで本項では，「学習の 4 本柱」と ESD の関係を確認しながら，5 本目である「自分自身と社会を変容させるための学び」について吟味していく。そうすることで，改めて ESD の特徴を捉えることができるだろう。

ユネスコ・アジア太平洋地域教育事務所の元所長であるシェルドン・シェーファーは，生涯学習の視点から ESD の特徴を位置づけようとした。シェーファー（Shaeffer, 2006）が，「知るための学び（Learning to know）」，「為すための学び（Learning to do）」，「共に生きるための学び（Learning to live together）」，「人間存在を深めるための学び[18]（Learning to be）」という「学習の 4 本柱」に「社会を変容させ，世界を変えるための学び（Learning to transform society and change the world）」という 5 本目を加えることを提案した。それは，「ジェンダーに中立で差別のない社会に向けて働きかけること」であり，「社会的連帯を達成するために行動すること」，「持続可能に暮らすこと」を示している。さらにそれは，「地球とその環境に敬意を払い，保護すること，開発や充足のための機会を私たちから奪うことなく，私たちの身の周りの世界のエコロジカル・フットプリントを抑制し最小限にする実践や行動をとること，常に自然を支配したり操作したりしようとするよりむしろ可能なら協力して自然とともに存在すること」と説明を加えている。5 本目の柱は，持続可能な開発につながる行動を取ることを示唆していることがわかる。

UNDESD が後半期を迎える頃，「社会を変容し，世界を変えるための学び」

ではなく,「自分自身と社会を変容させるための学び」が使われている (UNE-SCO, 2009b；2010)。ここに自身の変容が加えられ,かつ自己変容と社会変容 (to transform oneself and society) が併記されたことは,ESD の特徴を考えるうえで大きな意味をもっていると考えられる。

価値観・行動・ライフスタイルの変容を目指すということは,個々人の考え方,行動,そして生活の変化を求めているのである。個人の暮らしが変われば,徐々に社会のあり様も変質していく。社会が変容し,世界が変わることを学ぶ前段階として,個人の変容が新しい社会をつくり変えていくことにつながるという,個人と社会との関係性が示された。ここで改めてセンゲやシャーマーの言う〈システム思考〉の重要性が確認できるのである。

では,まずユネスコが ESD の文脈に則して示した「学習の柱」とはどのような学びであるのかについて捉えていく。表3-10 は,左に『学習——秘められた宝』(以下,『ドロール・レポート』[19]) で示された「学習の4本柱」である,「知るための学び」と「為すための学び」,「共に生きるための学び」,「人間存在を深めるための学び」を記し,中央に ESD の評価ツールである『持続可能な開発のための教育のレンズ——教育政策と教育実践を見直すためのツール』(以下,『ESD レンズ』),右にユネスコのホームページによる「学習の5本柱」をそれぞれまとめて記してある[20]。

ユネスコに「21世紀教育国際委員会」が提出した報告書である『ドロール・レポート』では,「人の生涯と同じ長期にわたり,社会全体へ拡がりをもった連続体としての教育」(UNESCO, 1996 = 1997：100) を生涯学習と呼び,その必要性が強調された。知識や技術の伝達を中心にした「教える」ことの教育観から,学習者の主体的な学びを重視した教育観への移行を唱え (千葉,2004),教育が知識や技術の増進だけに関わるのではなく,「人格形成と個人,集団,民族の間の関係を構築するための,他に比すべくもない手段である」(*Ibid.*：14) ことが確認された。また,環境,社会,経済,文化に関わるさまざまな緊張関係に対応するためには,知識や技術のみならず批判的思考や行動力,想像力な

どの人間の知性，感性，理性，精神性といったすべてに働きかける不断の過程が求められると示された。

『ドロール・レポート』に記された内容は，「不断の過程」とあるように，ESDにも引き継がれた。表3-10の左列に記した「学習の4本柱」の各柱から，学際性やプロセス志向，学びと職業との適用可能性，不確実性への対応，世代内公正に関わる内容や「問題解決能力」，「創造性」，「対話」のように，先述した「ESDの7つの特徴」（表3-8参照）やUNDESDの後半期で強調されるスキルや能力に通じる項目を読み取ることができる。また，上述した「生涯学習」についても，未来が他の誰でもない，私たち一人ひとりに関わっていることからESDが生涯の試みであり，生涯学習であると確認されたのである（UNESCO, 2006）。このことは，ESDにおいて，子どもも大人も，誰もが学習者であることを想起させるのである。ゆえに，ESDは公教育における学びだけでなく，インフォーマルな学びもノンフォーマルな学びも含み，広く行われるとされた（*Ibid*: 21-22）。

『ドロール・レポート』が提出されて20年近く経ち，UNDESDが後半期を迎える頃，ユネスコは，ESDの評価ツールである『ESDレンズ』を公表した。これは，学校段階における教育システムの再方向づけに焦点を絞り，各国の政策や状況に合わせて，教育政策や教育実践を再検討できる枠組みを提供している。その中で，質の高い学びをもたらすために，どのような支援ができるのかについて「学習の4本柱」を用いて説かれている。それが，表3-10にある中央の列である。『ESDレンズ』では，UNDESDのビジョンにある積極的な社会変容を促進するためには，5本目として「自分自身と社会を変容させるための学び」を必要とすることが提案された。『ESDレンズ』において，学習の「5本柱」[21]では，問題の文脈と内容，異世代や異なる学問分野，地域とグローバル，異文化間など関係性を捉えること，またバランスを取ることなどが示されており，『ドロール・レポート』で取り上げられた緊張関係をより詳細に説明し，それらに対応するために，どのような方法を取るべきかについてそれぞれの柱

表 3-10　学習の柱の比較

学習の柱	『ドロール・レポート』 （1996＝1997）	『ESD レンズ』 （2010）	ユネスコ「学習の 5 本柱」 （2012）
知るための学び	- 人生の手段であると同時に目的でもある。 - 個人の尊厳をもって生きることができるよう，自らを取り巻く諸環境の理解を促し，労働のための技能を発展させ，他者と交わる能力を身につけることである。 - 知る喜びを味わうことである。 - 他者とのコミュニケーションを可能にする。 - 集中力，記憶力，思考力を動員して，いかに学ぶかを学ぶ。	- 知識や知恵を探究し，尊重するための知識，価値観，技能。 - フォーマル，ノンフォーマル，インフォーマル教育で取り組まれる。すなわち，文脈を重視しながら，内容を扱うこと，地球規模の諸問題と地域の優先課題を含むこと，分野横断的である。単独の学問領域が ESD を独自のものと主張することはできず，あらゆる学問領域が ESD に取り組むことができる。 - カリキュラムは内容と文脈の範囲のバランスを重視する。	- 学ぶことを学ぶ。 - 生活を通して学ぶことが好きになる。 - 批判的思考を伸ばす。 - 世界を理解するための道具を獲得する。 - 持続可能性の概念と諸問題を理解する。 持続可能性という課題を認識するために，ESD は - 持続可能性の概念が発展性をもつことを認識させる。 - さまざまな社会で増大しているニーズを反映する。 - 地域のニーズを満たすことがしばしば国際的にも影響を及ぼすということを認識させる。 - 内容と文脈，グローバルな諸問題と地域的な優先課題に取り組む。
為すための学び	- 知識を実践にいかに結びつけるかという職業訓練と密接に関連している。 - コミュニケーション能力，協調性，管理能力，問題解決能力。 - 人間的資源の開発，つまり人間同士の安定した効果的な関係を確立する能力が肝要である。 - 先進科学技術にアクセスできる科学的精神を獲得する。 - 自国に特有の諸条件にそった革新と創造の能力を無視してはならない。 - いかにうまく不確実性の時代に対処できるか，いかに未来の創造に関与できるかという課題に直面している。	- 営利的な雇用への積極的な関与と休養に求められる知識，価値観，技能。 - ESD は地域のニーズ，理解，状況に基づいているが，地域のニーズを満たすことがしばしば国際的な影響をもたらすこともある。すなわち，それは心的なモデルや概念を調査・検証することを通じて，心的なモデルから持続可能性に向けた実践へと転換を促す。また，ESD には企業家精神と創造的な開発も含まれる。 - カリキュラムには，ローカルとグローバルな知識に基づき，地域の持続可能性に向けた実践に学習者が参加することが含まれる。	- 考える人であると同時に行為者である。 - グローバルでローカルな持続可能な開発の諸問題を理解し行動する。 - 技術的・専門的なトレーニングを積む。 - 日常生活で学んだ知識を応用する。 - 個人が所属する環境の中で責任をもって創造的に行動することを可能にする。 決断して行動するために，ESD は - 地域の文脈に適合し，文化的に適切である。 - すべての人にとって持続可能で平和な世界をつくることに貢献しようとする。 - 私たちが日常取っているあらゆる決定や行動へと具現化しなければならない。

共に生きるための学び	- 人には人種があること，異なる人種間にある共通性を知ること，また，すべてが相互に依存していることを教える。 - 他者を理解するためには，自己を知らなければならない。 - 何ものであるのかを発見する手助けによって，他者の身になって考えることができ，その人の反応を理解することができる。 - 他者との共感によって，生涯を通して社会における態度や行動の仕方を習得する。 - 対話や討論によって，他者との出会いをもつことが必要である。 - さまざまな人と共同作業ができるような十分な時間と計画を設けるべきである。	- 国際的および，異文化間，地域間の協働と平和に求められる知識と価値観と技能。 - ESD は，世代間・世代内の公正，社会正義，資源の公平な配分，地域社会への参加（お互いに）の原則に基づいており，それらは持続可能な開発の基礎となっている。 - カリキュラムには，世代間・世代内公正が含まれる。	- ますます多元的・多文化になる社会に参画し，協働する。 - 他者の歴史・伝統・信仰・価値観・文化の理解を十分に進める。 - 人々の中にある違いや多様性を許容・尊重・歓迎し受け入れ，祝福する。 - 緊張関係・排除・対立・暴力・テロ行為の解決に対処することができる。 集団的な責任と建設的なパートナーシップのために，ESD は - 学際的であり，どの分野も ESD を独占することはできず，すべての専門分野がそれに貢献する。 - 地域社会を基盤とした意思決定，社会的寛容，環境管理，順応な労働力，そして生活の質の向上のために市民の能力を構築する。
人間存在を深めるための学び	- 自らの能力を発達させ，自らの生を制御するために必要とされる自由な思考力，判断力，感受性，想像力を育成する。 - 個性の多様さや独自性，独創力，挑発的精神は，社会の創造や革新を促す。 - 変化する社会に対応するために，想像力と創造性は不可欠であり，そのためには美術・芸術・文化・スポーツ・社会などを経験することが必要である。 - 同時代の人や先人の創造物に触れさせることが重要である。 - 個の発達は，自己を知ることから始まり，自己と他者との関係を築くという対話的過程でもある。	- 個人，および家族の幸福のための知識，価値観，技能。 - ESD は，生涯学習を促進し，持続可能性の概念がもつ発展性に適応させる。ESD は学びの価値の重要性を強調する。 - カリキュラムは，異なる文脈にある持続可能性の理解について学習者が見直すための機会を含んでいる。	- 未来のために積極的な成果を出す主要な行為者として自分自身を見なす。 - 発見と実験を奨励する。 - 普遍的に共有された価値観を身につける。 - 自分自身の個性，自己の意識・認識と達成を発達させる。 - よりよい自治・判断・個人の責任で行動できる。 人間の尊厳のために ESD は - 持続可能な開発の基底となっている原則と価値観をもとに進められる。 - 教育と学習，また持続可能な開発の4つの領域（社会，環境，文化と経済）を結びつける。 - 個人の発達（精神と身体，知性，感受性，美的な鑑賞力と精神性）に貢献する。

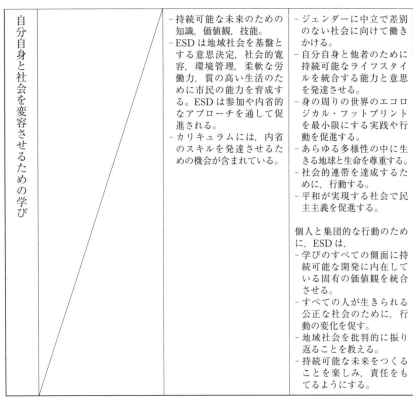

(出所) UNESCO (1996＝1997：66-75)，UNESCO 〈http://www.unesco.org/new/en/education/themes/leading-the-international-agenda/education-for-sustainable-development/〉（2012年7月31日），UNESCO (2010：49, 51-53) をもとに，筆者訳・作成．

で説明されている。ESD の評価ツールであるため，持続可能性への対応が強調されていることに特徴を見ることができる。それは，「人間存在を深めるための学び」の項目で顕著に反映されている。『ドロール・レポート』では，人間の個性の発達および，さまざまな能力の育成に焦点が当てられているのに対して，『ESDレンズ』では ESD の要である持続可能性について述べられているにすぎない。いわば，IIS に記されている ESD の特徴が「5本柱」によって分類されたと言える。

136

最後に，ユネスコのホームページに載せられた「5本柱」の説明を表の右側にまとめた。ここでは，これまでに示された「学習の柱」に関わる内容を改めて捉え直したことがわかる。例えば，『ESDレンズ』で「為すための学び」に記されていた「地域のニーズを満たすことがしばしば国際的な影響をもたらすこともある」という項目が，ホームページ上では，「知るための学び」に位置づけられた。地域に基づいた行動についての説明として「為すための学び」に書かれていたが，その内容自体は，地域のニーズを満たすことによる影響についての理解であるため，「知るための学び」に分類されたと考えられる。さらに，学際的であることという特徴が，「知るための学び」から「共に生きるための学び」に移動した。このことについては，学問分野が限定されず，学際的な学びが促進されているため，異なる学問領域の関係者が交流および協働し，パートナーシップを築くことが求められたと読み取れるだろう。「すべての教育プログラムは，質の高い教育を提供し，持続可能な人間開発を促進するために5本の根本的な学習の柱を土台にすべき」として，ユネスコは生涯学習の概念である「学習の4本柱」を発展させ，ESDにおける「学習の5本柱」を提示した[22]。持続可能な開発に関する原則や価値観を教育と学習に統合させるというUNDESDの目的が，この「学習の5本柱」に顕著に示されている。それは，一見，持続可能性や持続可能な開発に関連する知識や技能を獲得し，存在を深め，自分自身と社会を変容させていくという一連の流れにある教育活動であるように見受けられるが，先に述べた学際性と同じように，柱を横断するような内容についてのより正確な検討が求められよう。

　表3-10から，UNDESDの後半期から注目されている「自分自身と社会を変容させるための学び」の特徴を表すキーワードとして2つ挙げることができる。一つは，「内省」であり，もう一つは「行動の変化」である。自分自身と社会を変容させるためには，まず自らの行動や生活を振り返りながら，持続可能な社会づくりに求められる行動について考え，実際にそれを変えていくことが重要となるのであろう。

では，5本の柱がどのように関わり，また，自己変容と社会変容がつながる生涯を通した学びには，価値観と行動，ライフスタイルの変化がどのように関わっているのかについて，前章で扱ったUプロセスを用いて捉えてみたい。

　行動や思考を習慣的に繰り返すという「ダウンローディング」にあたるのが，家庭や学校で受けている教育である。その教育が個人にとって当たり前とされ，疑問をもつこともなく，教室で教師から専門分化した知識や技能が伝達される授業を受けることが習慣となっている状態である。その状態を一度疑い，習慣化している当たり前の行動を「保留」させることで，教室で学んできた知識や技能だけでは地域課題やグローバルな諸問題に対応できないことに気づくことができる。身の周りにある課題やグローバルな諸問題への取り組みや，生活の中にある学びを通して，学ぶことを学び，教科書に書かれていない知識や技能を経験的に獲得していき，関心を広げる。従来の前提を支えていた「視座の転換」を図るのである。ここまでが，「知るための学び」，「為すための学び」の段階である。地域課題やグローバルな諸問題を扱うことで，普段関わらない他者に出会う「共に生きるための学び」の段階に移行する。「知るための学び」と「為すための学び」で培った知識や技能を活かしながら，異なる価値観をもつ他者と協働し，話し合う。それによって，自分自身が知らなかった世界と出会い，自身の前提を問い直すことが求められる。このとき，自身の習慣的な思考や行動を「手放す」ことが無意識的になされ，「人間存在を深めるための学び」へとつながり，普段意識化されていない自分自身の存在について問いかけていく。それは，さまざまな関わりの中で生きている自分自身に対して，どのようにありたいのか，どのように振るまえるのか，どのような生活をしたいのかといった，自身の生き方やあり方について今一度問う「プレゼンシング」の段階である。そこでは，自分自身への問いかけに対する応答を「迎え入れる」自己対話が行われる。内からの応答を具体化するために，他者とさまざまなイメージを共有し，方向性を確認するとともに，個々人が行動に移し，「具現化」させる。具現化させた行動は，個々によって異なることも認められるように留

意しなければならない。行動を積み重ねながら，身近な地域課題やグローバルな諸問題への対応と，自分自身も満たされた暮らしを「実体化する」，つまり新しい習慣として実践するのである。

「ダウンローディング」から「プレゼンシング」までの一連の流れが，価値観の変容のプロセスであり，個人の変容に重点が置かれている。自己対話を基点に，社会の変容につながるプロセスへと進む。他者とイメージを共有して，新たな行動を取っていくことで，行動の変化が，それを繰り返して習慣を変えていくことで，ライフスタイルの変化が起きるのである。

このようなプロセスのある学びは，何か問題が生じたときに，また繰り返される。新しい習慣自体も続けていくと「当たり前」になる。その当然視された前提によって，また新たな問題が生じることもあるだろう。問題が起きたときに，どう対応すればいいのかを考えること，すなわち，自分自身の生活や集団のあり方を問い直すことを「自分自身と社会を変容させるための学び」は必要としているのである。ゆえに，それは「知るための学び」から「人間存在を深めるための学び」までの「学習の4本柱」を一連のプロセスとして統合した，生涯を通して繰り返される学びである。また，それは，自己と他者，人間と自然という二項対立する関係で捉えられていた，分断された関係性を捉え直す学びでもあり，「深く開かれたシステム思考」が求められるのである。

最後に，もう一つの枠組みを示し，本節のまとめとしたい。

表3-11は，UNECEによる教育者向けのESDのコンピテンシーである[23]。UNECEはUNDESDの当初から欧州地域におけるESD戦略を立て，評価指標の開発に取り組んできた。このことはユネスコ（2009, 2010, 2011）も紹介し続けており，UNDESDのモニタリング・評価の第2報告書である*Shaping the Education of Tomorrow*（UNESCO, 2012）ではUNECEによるESDコンピテンシーが包括的なモデルとして示された。

UNECEは，持続可能な開発を進めるうえで重要な役割を担っている教育が現在，持続不可能性を高めることに貢献していることを危惧し，持続可能な

表 3-11　未来のための学び：ESD におけるコンピテンシー

学習の4本柱		ホリスティック・アプローチ：統合的な思考と実践	変化を想像すること：過去・現在・未来	変容を遂げること：人・教授法・教育システム
知るための学び	教育者は右記のことを理解している。	－ システム思考の基礎 － 自然・社会・経済のシステムがどのように機能しているのか，またどのようにそれらは相互に関連しているのか － 世代内・世代間の相互依存の関係性，および人間と自然，富と貧困との間にある相互依存性 － 個人的な世界観および文化的前提，および他者のもっている世界観と文化的前提 － 私たちの考え方，暮らし方，働き方と持続可能な未来とのつながり － 持続可能な開発に関連する自身の思考と行動	－ 持続不可能な開発の根本的な原因 － 持続可能な開発が発展的な概念であること － 生活の質の向上，公平性，連帯，環境の持続可能性の促進に向けて持続不可能な習慣を変化させるという必要に迫られていること － 未来を計画し，変化をもたらす際の問題設定，批判的なふり返り，ビジョニングおよび創造的思考の重要性 － 持続可能な開発を支える科学的な根拠の重要性	－ なぜ，学習を支援する教育システムを変容させる必要性があるのか － なぜ，私たちが教育する，および学ぶ方法を変容させる必要性があるのか － なぜ，学習者は新しい課題に対処するための準備をすることが重要であるのか － 変容の基盤となる学習者の経験を増やすことの重要性 － 現実世界の諸問題に取り組むことがどのように学習成果を高め，またそれが実際にどのように学習者の習慣に違いをもたらすことができるのか
為すための学び	教育者は右記のことができる。	－ 偏見や先入観なく，異なる学問領域／場所／文化／世代からの考えや経験を共有するための機会をつくること － ジレンマや諸問題，緊張関係，対立に異なる見方で働きかけること － 自分たちが影響を及ぼしている地域やグローバルな圏域と学習者をつなげること	－ 社会における変化のプロセスを批判的に評価し，持続可能な未来を描くこと － 変化が求められているという緊急性を伝えるとともに，希望を抱かせること － 異なる決定と行動がもたらす影響力を評価するように促すこと － 学習リソースや文脈として学校施設を含む物理的，自然的，および社会的環境を使用すること	－ 批判的思考やアクティブ・シティズンシップを育む参加型で，学習者中心の教育を促進すること － 持続可能な開発に関する変化や目標達成の点から学習成果を評価すること

共に生きるための学び	教育者は右記の方法で他者と協働する。	－さまざまな世代や文化，場所，学問領域にわたる異なる集団と積極的に関わること	－持続可能な開発に対応できる新しい世界観の現れを促進すること －オルタナティブな未来について話し合うように促すこと	－組織運営を含む教育システム全体の持続不可能な習慣を問い直すこと －学習者が対話を通して自身および他者の世界観を明確にし，オルタナティブな枠組みの存在を認識できるように助けること
人間存在を深めるための学び	教育者とは右記のような人である。	－先住民の知や世界観を含む，異なる学問領域や文化，見方を受け入れている人	－他者や，彼ら／彼女らの社会および自然環境に対して，地域的にもグローバルにも積極的に貢献することに前向きである人 －不確実な状況でさえも，よく考えて行動をとることをいとわない人	－持続不可能な習慣の根拠となる前提を疑うことをいとわない人 －学習過程においてファシリテーターおよび参加者である人 －批判的にふり返られる実践者 －創造性をかき立て，刷新をもたらす人 －学習者と積極的な関係を築ける人

(出所) UNECE (2011：7-8) をもとに筆者訳・作成。

開発に向けた教育の再方向づけを求めた。その際，UNECE は教育者や教育に関わるリーダーや意思決定者のコンピテンシーを高めることが重要であると考え，教育者用のコンピテンシーを作成したのである (UNECE, 2011：2)。

　UNECE のコンピテンシーは，先に挙げたユネスコによる 5 本の「学習の柱」と異なり，4 本柱が，ホリスティック・アプローチと変化を想像すること，変容を遂げることという 3 つの重要な特徴から説明されている。ホリスティック・アプローチは，相互関連する問題を捉えるための思考様式，持続可能な開発に関わる諸問題に対応できる包括的な見方，複雑性に取り組むことという世界観に関わっている。変化を想像することには，過去から学び，現在の課題に関与すること，またオルタナティブな未来を探究することに関係する批判的な思考や創造力などの能力の育成が含まれている。また，変容を遂げることは，教育

者であることの意味や教授法，教育システム全体の見直しを示している。「共に生きるための学び」では，組織レベルで持続不可能性に対応する手段を身につけることが示唆されている。つまり，教育者は身の周りの教育システムの持続可能性に向けて取り組み，コミュニティの内側からシステムを変容させていくことが望まれているのである (UNECE, *op. cit.*：9-10)。

UNECEのコンピテンシーは「知るための学び」から「人間存在を深めるための学び」にわたって教育者が何を知り，何を為し，どのように他者とともに生き，また協働すればよいのか，さらに教育者が実践する活動に関してだけではなく，彼ら／彼女らのアイデンティティや気質，すなわち，どのような人であることが期されているのかについて示す。4本柱と上述の3つの特徴をクロスし，ESDに従事する教育者の知識，技能，態度，ふるまい，思考様式，価値観等が明示された。

このコンピテンシーは自己と他者，人間と自然などの関係性を捉え直すことで，持続可能な開発についての理解を促す。さらに，問いかけを通した実践や教育システムの見直しによって，教育と社会システムの変化に教育者自身がどのように関わるのかを確認できる。それは，教育者に持続可能な開発についての理解を深めさせながら，教育者自身の授業実践や学級・学校運営等の教育活動をふり返らせ，自身と所属する集団や組織のあり方を問い直させる枠組みであると言える。換言すれば，他者を「操作」する構造から脱却した枠組みである。

繰り返しになるが，UNECEによって提示されたコンピテンシーは，教育者向けである。ここに一つの転換を読み取ることができよう。従来の評価枠組みは生徒や学生ら向けに作成されてきたため，常に教師は評価者となる。教育者が枠組みを手に学習者の学びを評定するという従属構造が自ずとつくられていた。そのため，学習者の関心に働きかけ，それを促進させる学びを展開することが難しかったり，教育者が枠組みを意識することで目の前にある実践の芽に気づけなかったりして，内発的な学びが生まれにくい構造ができていた。こ

の構造の転換を試みたのが，UNECE の枠組みであると言えよう。教育者自身も学び，ESD を体現しなければ，その実践をすることができない（吉田，2008）。このことは，ESD が生涯学習の特徴をもつと前述したことに関連して，不確実性に対峙している現代において，教育者自身も自らの思考様式等を捉え直さなければならない一人の学び手であることを想起させる。学習者を評価するレンズをまずは教育者自身に向け，内省する必要があることをこの枠組みは示している。

　一方で，この枠組みの汎用性として，その応用可能性についても指摘されてよい。特に，ホリスティック・アプローチと変化を想像することに書かれているコンピテンシーは，教育者のみに限られるのではなく，持続可能な開発に関わるあらゆる人にも適応できるだろう。また，例えば「なぜ，学習を支援する教育システムを変容させる必要性があるのか」など多少の読み替えが必要となる部分があるが，変容を遂げることにあるコンピテンシーも，学習者自身の学び方や日頃のふるまい等をふり返るための指針として使うことができよう。

　この枠組みは，ESD における個人の学びと集団や組織のあり方の相関を捉え，ホールスクール・アプローチを意識化させるツールとしても特徴づけられる[24]。また，知識・技能・態度・価値観を示す 4 本柱と世界観，思考と行動，自身のあり方を示す 3 つの特徴によって示されたこのコンピテンシーの全体が，「自分自身と社会を変容させるための学び」を表していると読み取ることができよう。しかしここで注意すべきは，これが地域や国，世界という幅広い社会の変容というよりもむしろ，自身が置かれている身近な社会を変容させることを目標としていることである。このような身のまわりの「小さな社会」の変容こそ，「自分自身と社会を変容させるための学び」の絶対条件となると考えられる。それは，先述したセンゲの理論のように，そこに集う一人ひとりが変化の担い手となって，「学習する組織」づくりに関わることを含んでいる。このような経験を一人ひとりが多元的に積み上げ，それらの連携を形成していくことで「積極的な社会変容」へと確実につなげられよう。

第 3 章　自己変容をもたらす教育　　143

上述した特徴の一方で，この枠組みからは前述した能力開発型教育の行き詰まりを読み取ることができる。UNECEのような枠組みの特徴が活かされるためには，自己評価のツールとして使われるのがよいだろう。しかし，これが他者評価向けとして標準化されれば，学習者および教育者の学びを拘束する道具となる可能性が高まる。教育者の内発性よりも目に見える実践の善し悪しないし，記載されている能力獲得の有無の判断に使われるだろう。それは評価者による評定ラベルを得るための「うわべだけの改革」（Sterling, 2004）となり，真の変容を見出すことは難しいだろう。

　また，「人間存在を深めるための学び」に記された教育者の理想像とも読み取れる各項目からは，「変化への開放性」というよりも，ESDに取り組む教育者としてのあり方が定められたような閉塞感さえ読み取れる。「人間存在を深めるための学び」とは，コナイ・ターマン（Thaman, 2007：91）の言葉を借りれば，「自分が何をするべきかを知っていて，うまく実行できる人」になるための学びである。ターマンは，太平洋地域と西洋諸国の知識体系の違いを説明し，西洋型の教育制度がもたらした影響で，理想とする人間像が変わってきたことを指摘する[25]。人と人とのつながりを重視する地域社会では，学校での成績や学位よりも，学びを活かして家族やコミュニティを助けているかが問われるのである。ゆえに，上記の人間像が目指されている。学びの成果は，個人が獲得した知識や技能ではなく，他者への働きかけや行動で評価されたのである。

　西洋型の学校教育は，将来のために必要な知識や技能を身につけさせる。その一方で，地域社会は「いま，ここ」の人間関係のために求められる知恵を習得させるのである。ゆえに，理想とする人間像である「自分が何をするべきかを知っていて，うまく実行できる人」からは，身につけるべき能力や態度，知識などを読み取ることができない。それは，働きかける他者やコミュニティに応じて異なるためであろう。また，個人によってその様も異なる。一人ひとりがどのように対応すべきかを考えていくことが求められるのである。つまり，「人間存在を深めるための学び」とは，何かによって規定されるのではなく，

豊富な知識と経験に支えられた「いま，ここ，わたし」への問いを通して深められるプロセスなのである。それは，「自分自身と社会を変容させるための学び」にとって，要となる学びと言えよう。

3.「自分自身と社会を変容させるための学び」の深化

　前項のユネスコと UNECE の枠組みから，「自分自身と社会を変容させるための学び」には，内省を通した「存在を深めるための学び」が前提条件となることがわかった。それは，ESD が地球規模の複雑な諸問題に対応するために，自分自身を犠牲にすることを学ぶ必要性を説いているのではなく，自分には何ができるのか，また，従来の営みのどこに問題があったのかを問うことが重要であることを示している。繰り返しになるが，UNDESD の目的は，「積極的な社会変容 (positive social transformation)」に求められる価値観・行動・ライフスタイルを学ぶことである。それは，知識を新たに獲得することではなく，従来の開発のあり方のみならず，自分自身の生活や考え方を問い直すということである。ゆえに，上記の**表 3-10** と**表 3-11** でも批判的思考が強調されていたのである。批判的に振り返ることで，直面している課題と自分自身との関係を捉えることができ，課題の全体像を描くことができる。そのうえで，変容をもたらすレバレッジ・ポイントを探し，対応策を考えていくことが求められるのである。それは，U プロセスにおけるプレゼンシングの段階にある「いま，ここ，わたし」に問いかけ，自分自身の生活のあり方を見直すプロセスであり，自分自身に問い，そこでの応答を聴くという自己対話である。第 1 章で述べたように，それは，過去の経路から現在に至った自己 (self) と今後そうなり得る可能性のある未来の自己 (Self) との対話である。つまり，自然や他者とのつながりを断ち，客体化してきた過去から現在までの自分が，自然や他者との関係性の中で生き，本来あるべき，もしくはそうでありたい自分自身に気づき，それに近づけていこうとするプロセスである。

　今村光章 (2009) は，エーリッヒ・フロムの 2 つの「存在様式」，「持つ存在

様式」と「在る存在様式」を用いて，求められる教育の方向性を検討した。2つの様式は人間存在に根ざしているため，両者の占める割合によって，社会は決定づけられると説明した。現代社会は，「持つ存在様式」によって方向づけられており，現代人は所有したいという欲望に駆られ，物を「持つ」ことで自分の存在を確かめているとする。一方で，「在る存在様式」は，「人やものとの関係性を結び，そのなかで自分が自分であることを知ること」(同上書：92)であると説く。それは，「自分自身の内面にある創造性を現実化する自己実現」(同上書：91)と他者とともに存在することであると述べる[26]。今村は，「持つ存在様式」から「在る存在様式」へと変えるためのプロセスを整備する必要があることを主張し，「在ること」を体験し，その様式に基づいた環境教育の可能性を提示する[27]。彼は，「持つ存在様式」が優位な社会に現代人が生きていることを自覚すること，また，「在る存在様式」があるということを知ることが重要であると強調した。

　今村の指摘には，自己変容を検討する際に重要となる見解が含まれている。「在ること」を体験させることで，「持つ存在様式」に方向づけられた現代社会や自分自身の生活を見直すきっかけができる。それは，Uプロセスの左側のプロセスを降り始めるための引き金とも言えよう。今村 (1996) は「在ること」は他者との共通体験を共有することが前提であり，「他者への思いやりや犠牲，分かち合いや奉仕といった人間的行動」(今村，2009：91)でもあると言う。また，「在ること」とは「心のなかに同じ風景を見るという経験」(同上)を通して，自分自身を取り戻す方法であると説明する。ESDにおいて，世代内・世代間公正を実現するためには，見えない他者，つまり未来世代の他者や遠くに暮らしている他者との関わりを捉えることが求められる。しかしながら，「心のなかに同じ風景を見るという経験」を通して，自己と他者との関係をどう捉え直していくのかについては，定かではない[28]。

　岡部美香 (2012) は，未来優位の直線的な時間観に基づいて行われている営みを「いったん宙吊りにする」ことの必要性について論じている。「いったん

宙吊りにする」ことで，そこに関わる他者を一方的に同一化することなく，多様な他者が関わり合っている状態を静観して，その場に立ち現れる他者と「共に在る」ことができると説く。そのために私たちが為すべきこととして，「問い続けること」を岡部は提唱する。「問う」ということにおいて，対象としている問題の全体性を捉えることが可能となる。また，そこには現在世代の他者だけではなく，未来・過去世代の他者も立ち現れ，世代間と世代内の公平性が二律背反ではなく，統合的に扱われるのである。それによって，「それぞれ異なる取り組みを深いところでつなぎ合わせる共通の理念や理想，あるいは相互の連携を深いところで支える共通の価値といったものが存在すること」(井上，2012：22) に気づくのである。つまり，それは，前章に述べた「否定性の経験」という「生きづらさ」に見られる〈普遍性〉である。

　吉田 (2009) は，自己と他者との関係を捉えながら，ケアの可能性について考察した[29]。近代化によって，自然から，共同体から自立してきた個人が，改めて自然や社会とつながり直そうとしているが，その新しいつながりの原理を見出せないまま経済成長が進められることを問題視した。吉田は，つながるための原理の一つの可能性として，ケアを挙げる。〈ひとり〉と〈みんな〉の間には，自分と他者との〈ふたり〉の関係があることを指摘し，〈ふたり〉の関係，つまり，ケアの前提にあるのが，自立していることであると主張した。自立していること，それは，他者の呼びかけに応答できる主体であること，また，他者に依存したり拘束されたりしないことであると説いた。「他者からの呼びかけのなかに，根源的な何かの呼びかけを聞き取りつつ，他者に応答する」(同上書：206) という関係には，単に水平的な人間関係だけでなく，「垂直に深められた，何か根源的なものにふれるような出来事」(同上) があり，ケアは，他者の存在とともに，自分自身の存在を確かめ証し合う行為であると述べた。

　「何か根源的なもの」によって支えられるケアは，前章でも述べたように，近代以降二項対立的な図式で捉えられていた自己と他者をつなぎ，目の前にいる他者といたみや苦悩などを共有し，自己対話を重ねながら，自分自身の存在

意義を確認していくプロセスであった。ここで行われる自己対話に，人間存在を問うということが含まれているのである。自分に何が求められているのか，何をすべきかという問いかけによって，他者を客体化し操作しようとする見方は「いったん宙吊りに」される。自分の意識が向けられる自然や他者を通して，あるべき姿や取るべき行動を確認するのである。そのとき，ケア論で捉えた「傷つきやすさ」へのまなざしが重要になってくる。なぜなら，それが，「深く開かれたシステム思考」における「レバレッジ・ポイント」を捉える視座となるためである。

シャーマー（2010：507）はUプロセスで，「混沌と破綻のさなかで，冷静に進むべき道を見分ける能力」，つまり，「古い仕組みが崩壊し，新しい仕組みがいまだ現れていない状況下で，何もない『無』から行動する能力を育み，次のステップを見分けて進んでいく能力」を身につけていく必要があると述べる。「いったん宙吊りにすること」で，既存のシステムの全体像を見ることができ，「古い仕組み」では対応できないことに気づく。このことは，Uプロセスでみた「手放す」[30]に当たり，手放したことで，崩壊したシステムは「混沌と破綻」のなかで新たに組み立て直される。このとき，他者とともに在ることを具現化させる「問い続けること」が求められる。問いかけることで，他者と自分自身に共通する「生きづらさ」を「迎え入れ」，「次のステップを見分けて」いくことができる。それは，「生きづらさ」を通して他者とつながり，「外へと開かれる可能性」があることを示唆していよう。

地球規模の諸問題が深刻化する現代において，普段の生活が当たり前ではなくなりつつある。それは特に，頻発する自然災害から気づかされることであるが，習慣化している日常生活が自然から切り離されている都市部においては，その異常さを問うことができない社会システムとなっている。それは，前章までに捉えてきた機械論的な世界観に基づいた時間観や要素還元的な思考様式，技術至上主義が優先される成長志向の社会システムである。このような社会システムによる歪みから，当然視できない世界を問うことが求められているので

ある。

「自分自身と社会を変容させるための学び」が生まれる教育には，自己対話を通した人間存在を深めていく自己変容が必要とされる。自己対話を通して問うということは，いったん足を止めて，自分が生きている世界を振り返り，俯瞰視することである。また，それは，自分自身の生活がその中でどう位置づけられているのかを客観視し，自分の生き方を編み直すことである。自分の行動や考え方が地球の持続不可能性を促進させることにつながっていないかという問い，さらには，普段の生活で自分自身を追いつめて，自己の持続不可能性を高めているのではないかという問いなど，さまざまな問いをもつことが許容され，それらに向き合える十分な時間が注がれるとき，「自分自身と社会を変容させるための学び」へと学び自体が変容するだろう。だからといって，教育者の不要や教育の不在を主張したいわけではない。学びの変容を引き起こすために，一人ひとりに問いをもたせる機会を提供し，自分自身の存在 (being) を深めていける教育環境を整えていくことが教育に，また教育者に求められるのである。ゆえに，教育自体を問い，改める必要がある。その取っ掛かりとなる視点を，ESD の 7 つの特徴 (**表 3-8** 参照) は示しており，7 つが有機的に関わりながら，教育システム全体が統合されていくことが期待されている。ここでいう自己変容とは，一個人が存在を深めていくプロセスのみならず，教育自体の変容をも含んでいると考えるべきであり (Orr, 1992, 2004)，教育それ自体がその役割や意味を問い直す必要性に迫られているのである。ESD は，個人の変容を通した社会への影響と同時に，教育の変容を通した社会への影響を考えていかなければならないという難題を私たちに投げかけているのである。

第 4 節
ESD の課題と自己変容の重要性

本章では，個人と社会の変容に教育がどのように関わっているのかについて，

ESD が誕生するまでの歴史的背景（第1節），システム思考（第2節），ESD の特徴である「自分自身と社会を変容させるための学び」（第3節）の3つの視点から捉えた。人間存在の意義や目的を問うという哲学的な基盤の上に創設されたユネスコは，世界の状況に応じて，教育の重要性を主張してきた。それは時に，先進国における「形容詞付きの教育」の普及と途上国における基礎教育の充実というように，経済のみならず，教育も世界の二極化を促進させている印象を与えてきた。それらは，ESD の誕生によって，統合的に捉えられるようになった。

　しかしながら，ESD と従来の「形容詞付きの教育」との違いが不透明なまま，ESD が展開された。環境破壊や人権侵害などグローバルに共通する諸課題をテーマにして，それを生み出している原因を探求し，その緩和策を考えるという取り組みが UNDESD で行われてきた。このような実践は ESD を標榜しなくても，従来の既存の「形容詞付きの教育」でも十分なされてきたことだろう。問題を解決することに終始するあまり，地球規模の諸問題と一人ひとりのライフスタイルの関係を見出すことが難しかったのである。中澤（2014）が指摘するように，ESD がもう一歩踏み込んだ行動変革を目指すのであれば，前述した「変容的学習」に見られるように，学習者が置かれている状況の把握とその認識の解放，および他者からの評価のまなざしによって抑圧されている彼ら／彼女らの社会的な教育環境の変化に働きかけることが求められる。ESD では社会変容に強調点が置かれるが，重要なのは社会の変化とともに，学習者や教育者一人ひとりの自己変容と，UNECE の枠組みで指摘した身近な社会の変容である。

　そこで，本章では「いま，ここ，わたし」の視点をともなう〈システム思考〉を用いて，変容をもたらす教育として ESD を捉え直した。ESD では，異なる価値観と対峙し，それを内在化させ，新たな社会像をイメージして具現化していくプロセスが求められる。その際，注意すべきは「教育文化そのもの」の変容を促す ESD が社会変容のみに重点が置かれるのではなく，個人と，個人

が属するコミュニティの組織的な変容も不可欠であることを指摘したのである。

　それは，メジローの理論に見られた「文化的な変化」を導く「文化的な行為」の重要性を示していると言えよう。社会変容に直接はつながらないが，人々の意識に働きかけ，「集合的な準拠枠」，つまり，コミュニティを支えている概念的な枠組みを変容させることが求められる。教育システムの変容は，この取り組みの一つと捉えることができる。それは，身近なコミュニティが温存している支配−被支配の構造を見直していくことから始まる。学校においては，学級内および教師間の組織構造を改めて認識することが求められる。そこに隠れている「生きづらさ」を見つける作業を細やかにしていく必要があろう。

　ESD の取り組みを通して学生のみならず，教師や関係者といった一人ひとりの変容が，コミュニティの変容，または社会の変容へとつながり，その取り組み自体も状況に応じて変容を遂げていくことが望まれる。さらに，ESD が一個人の生活とはまったく関わりがないかのように思える地球規模の諸問題に対応する手段となるためには，「深く開かれたシステム思考」を通して，人々の内面にある生きづらさに出会い，多様な他者の「否定性の経験」を内在化させ，新たな価値システムに基づく社会を具現化していくことが求められている。それは，同時に，メジローの理論には欠けていた社会的な行動を教育の中でどのように扱うべきかという問題に取り組むことを示唆する。教育が学習者に特定のイデオロギーを教えることは避けなければならないが，学習者が何か行動に移したいと思ったときに，教育者はそれに対応できるように，教育環境を整えておく必要があるだろう。また，学習者の相談に応じることや助言することも含めて，学習者を支援していくことが求められる。教育者自身もセンゲやシャーマーの言う〈システム思考〉を身につけることで，学習者が変容のプロセスに参加し続けることを可能にする教育環境が整えられるのである。これによって，教育においても，個人の変容と社会の変容を可能にする道が開かれるだろう。

　最後に，ESD の課題を挙げ，本章のまとめとしたい。

第 3 章　自己変容をもたらす教育　　151

本章では変容に注目して，ESD の可能性を捉えてきた。しかしながら，こ こで注意すべきは，ジクリングとウォルスの指摘である。ジクリング (Jickling, 1992) は，「なぜ私は自分の子どもを持続可能な開発のために教育させたくな いのか」という論文で，ESD への批判を投げかけた。「持続可能な開発」につ いての議論が不十分なまま，その重要性が強調されることの危険性と，「〇〇 のための教育」という名前がもつ教育の目的の外部化に言及した。ジクリング による ESD への批判は，現在においても引用されている。そのうちの一つが， ウォルスの指摘 (Wals, 2011：177-180) である。それは，ESD が学習者にどの ような変化を求めているのか，また，変化に対応できるような状況や仕組みを どのようにつくり，支援していくのかという問いかけである。換言すれば，持 続可能な開発に向けて，子どもたちは教育されることを望んでいるのか，また， 持続可能な開発に求められる行動と思っていたことが，ともすれば，後に持続 不可能な状況を生み出すことがあり得るのではないかという疑問である。この ような問いが出される背景として，次のことを挙げる。一つは，環境教育も含 めて ESD において，その持続可能性の焦点が民主主義や公正，参画の問題に 「自動的に (‘automatically’)」関わることを前提としていることである。もう一 つは，これらに関する知識を獲得し，自然環境に対する気づきを得て，何を学 んだかに評価の視点が置かれるということが基本的な学びの流れであると考え られていることである。つまり，情報を提供し，気づきを促し，態度を変える ことが，人々の行動の変化につながるという議論の展開は十分ではなく，行動 変容は「単純で偶発的なモデル (a simple casual model)」で得られるものではな いということである。それには，「複雑で文脈的な (complex and contextual)」モ デルが必要であるとウォルスは指摘する。ESD は，学習者が「批判し，構築し， また高次の自律と自己決定を持って行動するダイナミックな資質を身につける」 役割を担っており，そこでは不確実性や明確な定義づけがされていない状況， 相違する価値観・規範などに立ち向かう能力を身につけることが求められてい る[31] (*Ibid*：179)。

ウォルスの指摘にあるように，ESD においても，これまでの「形容詞付きの教育」で扱われてきた正義や公正，環境への気づきなどの価値観は重視されてきた。それは，IIS やボン宣言 (UNESCO, 2009c) にも記されている価値観の具体例であるが，これらが議論されてきたのは，近代社会の文脈であることを確認する必要がある。人間と自然，資本家と労働者，健常者と障がい者などのように，二項対立的な図式で関係を捉えてきた近代社会とは異なり，現代社会は複雑性や不確実性に満ちている。このような文脈でも，正義や公正のような価値観が共有されるのかを改めて問い直し，それらを現代的な文脈の中で読み解いていくことが求められよう。

　社会システムを維持することができなくなった今，創造性や批判的思考，システム思考，長期的思考といった能力がESDでも強調されるように (UNESCO, 2009c, 2011a)，危機的な状況に変化をもたらし，持続可能な社会を創造するための新たな思考や価値観が求められる。このような能力が重視される教育は，石戸教嗣 (2011) の言葉を借りれば，「再帰的 (reflective)」であり，「自己に始まり自己に還っていく」のである。社会とのつながりを考えながら，自らのふるまいや価値観を自省的に問い直し，新たな価値創造をしていく人間形成を目指すことになる。ESD は持続不可能とも思われる地球環境問題を扱うのと並行して，自身の価値観やライフスタイル等を問い直す再帰的な教育であると捉えることができよう。

　事象と自分自身との距離が狭まらない「浅く閉ざされた」ままの価値観では，自分自身の中に内面化させることは容易なことではない。ウォルスが挙げる不確実性や定義づけが不十分な状況，相違する価値観・規範などに出会い，そこで生まれる違和感や葛藤といった否定性を自分自身の中に内在化させ，人間存在を深めていくことが求められている。それは「深く開かれたシステム思考」に見られる，一度立ち止まって考え，内省することであり，事象と自分自身との間を往還しながら距離を狭めていく「複雑で文脈的な」学びである。行動変容につなげるためには，原因と結果が単純明快に用意されている「直線的な」

学びのプロセスではなく（Wals, 2011：178），不確実性に向き合いながら，他者との関わりの中で社会を変えていくことを具現化していくこと，また同時にさまざまな状況に出会いながら，内省し，多様な価値観を内在化させていく非線形のプロセスが求められる。

　非線形のプロセスを生み出すためには，教育においても教育方法，教育内容にとどまらず，階層的な教育行政，固定された時間割などを含む「教育文化そのもの」の変容が必要である。それは ESD と「形容詞付きの教育」との相違点として次の 2 つにまとめることができる。例えば，本章第 1 節で確認したように，ESD の誕生に深く関わる環境教育においても，協働型および参画型の学びの必要性は主張されてきた。また，それに関する優良実践もこれまでに報告や検証がなされてきた。しかしながら，それらは ESD の文脈で社会変容に強調点が置かれていたために（小澤，2008；佐藤・阿部・アッチア，2008；鈴木・佐藤，2012），ウォルスが投げかけた疑問が解決されないまま議論が進められ，自己変容の側面および，個人と社会との接点についての検討が不十分であった。

　価値観・行動・ライフスタイルの変容を目指した ESD は，学習の 5 本目の柱において，社会が変容し，世界が変わることを学ぶ前段階として，個人の自己変容を挙げた。まずは，一度立ち止まって，自らの経験をふり返り，実践や組織のあり方を見直してみること，そこで何が問題であるのかを探し，どのようにそれに対応していくのかを考えていくこと，こうした自己変容のプロセスを歩むことが，身近な社会のシステムの変容へとつながっていくのである。教室や学校内での日頃の言動に，他者を排除したり，横柄な態度を取ったり，身の周りを汚したりといった社会・文化的および環境的な持続不可能性に通じる側面がないかの確認をする等，自身の考え方やふるまい，習慣等を改めて見直し，それが他者に与える影響も含めて考えていかなければならない。特に，教育者は自身のあり方や生き方が無意識に子どもたちに伝わることを意識しておく必要がある。

一個人と社会との間に一線を引いたままの「ダウンローディング」ないし，「うわべだけの改革」からもう一段進めるためには，「人間存在を深めるための学び」をもたらすように，教育環境を整えなければならない。このことは，コミュニティ自体の変容，つまり「持続可能な教育」に見られる「全体的な統合」について検討する必要性を示唆している。したがって，ESD は教育者を含め，学校自体が変容していくことを求めているのである。

　もう一つは，教育観の転換である。経済成長という目的のために，取り換え可能な資源として生徒・学生を育成するという機械論的な教育観ではなく，一人ひとりの人格の発達を第一義的に考える教育観に基づくべきである。教育は，「生きる意味や価値，アイデンティティを感受する文化の土壌」に根ざし，子どもの「全人的な成長に配慮した学習環境を整える営み」として捉え直されなければならない[32]（吉田，2008：211-212）。それは，未来優位の直線的な時間観に基づいた教育観，つまり，児童・生徒・学生らを経済成長のための人的資源とみなす教育観からの脱却である。ESD が「持続可能な開発」という目的のために子どもたちを教育していくならば（Wals, 2011：179；古田，2008：212），教育は社会に適合させる「道具」にすぎなくなる（Jickling, 1992；永田，2009a：80）。大人や社会が提示する理想に向けて，必要とされる知識や規範を獲得していく教育では，学習者は「人材」としてしか見なされないだろう。社会変容のために未来の担い手や将来を見通せる人間の育成が強調されるのではなく，学習者自身が設定した理想に向かって自分自身を変容させていくこと，それを支える教育が必要である（吉田，2008；石戸，2011）。

　近代化によってさまざまなつながりが分断され，切り離されてきた現代社会において，関係性を捉え直そうとする試みが ESD を始めとして行われている。その一方で，グローバリズムの台頭は，新たな分断を引き起こしている。資源や知識の「囲い込み」によって，近代とは異なる支配 - 被支配の構造が生まれつつある（シヴァ，2002, 2003）。複雑化する地球規模の諸問題に対応するために生まれた ESD で，IIS に記されている問題解決や社会変容に標準を合わせ

た教育活動が促進されていけば，ジクリングやウォルスの指摘にあるように，自らの足元をすくう危険性があることに目を向けなければならないだろう。前章で指摘したように，「持続可能性」や「持続可能な開発」という言葉には，市場経済のレトリックに操られる曖昧さがある。それを予防するためにも，ESD は，持続可能な開発や持続可能性の概念を思想的に分析し，その意義を捉えておくことが求められる。グローバリズムの威力に押し流されないためにも，地盤となる思想を固めていかなければならない。

　さらに，教育自体がそれに影響されないためにも，教育観を改めて問い直すことが求められる。変化の担い手を育成しようとしているのが ESD であると言われる。しかしながら，変化は変容によって生まれることを本論では U 理論を用いて明らかにしてきた。変容した結果が変化であるということを確認しなければ，誰かによってすり替えられたり取り換えられたりして，教育現場はその動向に左右させられるだろう。ゆえに，変化を起こすためには，一人ひとりの習慣や考え方を変容させていくプログラムが必要である。それは，直線的な時間観に基づいた線形の単純な計画ではなく，人間存在を深める非線形の文脈的なプロセスである。その深まりのプロセスをともに過ごしながら，土地に根ざして，実践していくことが望まれる。自己変容を繰り返しながら，人間存在を深めていくことが支援される教育にこそ，グローバリズムに左右されない持続可能性を見出すことができるのである。

注：
1　内閣官房，外務省，文部科学省，環境省，内閣府，総務省，農林水産省，経済産業省，国土交通省の 9 省庁と法務省，厚生労働省がオブザーバーとして参加して，計 11 省庁による連絡会議が設けられた。〔参考，「国連持続可能な開発のための教育の 10 年」関係省庁連絡会議（2009）〕
2　ハックスレーは，「ユネスコの目的と哲学」において，多くの思想家が成し遂げてきた貢献を認めながらも，ユネスコが一定の原理，すなわち宗教や政治的・経済的教義などの見解に基づくことは阻止すべきであるとし，ユネスコがヒューマニズムに基づいた

機関であることを強調した (Huxley, 1946：6-7)。なかでも，進化論的ヒューマニズムに関しては，キリスト教カトリック神学からの批判を受けている。例えば，進化論的ヒューマニズムは，人間の進化が人類の将来を解明し，それによってその将来像が示されるとする幻想を抱いていると反論する。また，ハックスレーが生涯を用いて論じようとした宇宙が「自立し，自ら変化し，自己を創造する過程」であること，その起源について超越的な存在への軽視をしていると述べる。しかしながら，進化論的ヒューマニズムが関心を向けている時間と空間における人間の意味，つまり「現実の，歴史的空間，時間の次元にあるもの」についてと，人類の未来の生存との問題について，キリスト教神学は軽視してきたことを認め，特に救済史の問題を開拓する必要があるとしている。〔参考，ノガル (1969)〕

3　発展途上国が先進国による資源の乱掘やそれによる利益の独占に対して，途上国側の資源自主権と開発の権利を主張した資源ナショナリズムを背景にして，先進国中心の国際経済システムの変革を求めた。1974 年の国連資源特別総会で採択された「新国際経済秩序樹立に関する宣言」においてその成果を挙げた。〔参考，千葉 (2004：169, 192)，戸崎 (2005：3-7)〕

4　それぞれの目標には下位項目が示されているが，本文に関係する下位項目のみ表示している。その他の項目については，外務省ホームページ〈http://www.mofa.go.jp/mofaj/gaiko/oda/doukou/mdgs/about.html#goals〉(2012 年 6 月 4 日最終閲覧) を参照されたい。

5　UNDESD の最終会合である ESD ユネスコ世界会議が愛知県名古屋市で 2014 年 11 月に開催された。そこで採択された「あいち・なごや宣言」では「学習者自身及び学習者が暮らす社会を変容させる力を与える」のが ESD であるとその可能性について説かれた。また同宣言文内で UNDESD の後継プログラムである Global Action Programme (GAP) の説明が付された。GAP は 2013 年のユネスコ総会で採択され，2014 年の国連総会にて認められた 5 年間のプログラムである。「政策的支援」と「学習および研修環境の変容」「教育者／トレーナーの養成」「若者の動員とエンパワーメント」「地域レベルでの持続可能な解決策の加速」の 5 つを優先行動領域として，ESD の取り組みの進／深化が促進されている〔参考，UNESCO, 2014a, 2014b〕。

6　その他については，UNESCO (2005b：30) を参照されたい。なお，これに関連して ESD における教師教育のためのガイドラインがユネスコによって作成された。ここに，ESD のプロジェクトの基準となる 7 点が示されており，その中の一つに「ESD が，地域の文脈への適合性があり，文化的に適切である」こととある。〔参考，UNESCO (2005c：16)，日本語訳は国立教育政策研究所 (2007：5) を参照されたい。〕

7　例えば，地域での実践については生方・神田・大森 (2010)，スタディツアーについては永田 (2013b) を参照されたい。また，朝岡 (2005) は，環境教育において，地域を再創造するために ESD がもたらす影響は大きいと指摘して，社会変革のための教育の意義

について考察している。

8 原文は "Environmental Education towards a Sustainable Future: Partners for the Decade of Education for Sustainable Development" である。

9 スターリン（Sterling, 2007：68-70）は，それぞれを「する領域（Doing Domain）」，「知る領域（Knowing Domain）」，「見る領域（Seeing Domain）」と呼んだ。

10 スターリン（Sterling, 2001：61）が「持続可能な教育」の優良事例として挙げるのは，イギリスのデボン州にあるシューマッハー・カレッジ（Schumacher College）である。シューマッハー・カレッジの大学院課程は政府に認可されていなかったが，現在，近郊にあるプリマス大学と提携して，「転換のための経済学（Economics for Transition）」や「持続可能な園芸と食の生産（Sustainable Horticulture and Food Production）」，「ホリスティック科学（Holistic Science）」，「エコロジカル・デザイン（Ecological Design）」の領域で修士号の学位を取得することが可能である。シューマッハー・カレッジについては，Phillips（2008），当カレッジのホームページ〈http://www.schumachercollege.org.uk/〉（2013 年 10 月 16 日最終閲覧），および曽我（2011b）を参照されたい。

11 同会議は，2007 年 7 月 31 日から 8 月 5 日まで都内渋谷区広尾にある聖心女子大学で開催された。日本ホリスティック教育協会とユネスコ・アジア文化センターの共催で，「ESD へのホリスティック・アプローチ——アジア太平洋地域における〈つながり〉の再構築へ」というテーマのもと，環太平洋の 10 ヵ国から 33 人の専門家や教師が集まった。会議の詳細については，Nagata and Teasdale（2007），日本ホリスティック教育協会（2008）を参照されたい。

12 日本語訳は原文をもとに，筆者が行った。

13 例えば，ホールスクール・アプローチの実践校として永田（2006）は，イギリスの公立学校クリスピン・スクールを挙げている。

14 佐藤・菊池（2010）は分析の枠組みに，バルト海大学プログラム（Baltic University Programme：BUP）で開発された「持続可能な開発のための学びにおける重要 11 要素」—統合的手法（Integrative Approach），時間的見解（Time Perspective），空間性（Spatiality），価値の明確化（Value Clarification），体系的思考（Systemic Thinking），批判的反省（Critical Reflection），モチベーションの構築（Motivation Building），パートナーシップ（Partnership），協同とコミュニケーション（Cooperation and Communication），参加（Participation），能力の構築（Competence Building）—を援用している。バルト海大学プログラムについては，BUP のホームページ〈http://www.balticuniv.uu.se/〉（2013 年 10 月 29 日）を参照されたい。また，BUP による「持続可能な開発のための学びにおける重要 11 要素」の詳細については，Rohweder and Virtanen（2008）を参照されたい。

15 メジロー（Mezirow, 1998）は，イングリスがメジローの見解を誤って読み取っていると指摘して，「変容的学習」の個人と社会との関係について改めて説明を加えたのである。

16 センゲ (2011：48) は，「自己マスタリー」がないと，受け身的な思考になり，誰かが，あるいは何かが問題を引き起こしているのだという発想に陥り，システム的な見方ができなくなる可能性を示唆する。

17 1947 年に設立された国連経済社会理事会の下部機関である。地域経済委員会の一つであり，欧州を中心としてアメリカ・カナダを含む 56 ヵ国が加盟している。欧州経済委員会加盟国の経済的関係の強化を目的としている。事務所は，スイスのジュネーブにある。〔参考，外務省国際機関人事センター〈http:///www.mofa-irc.go.jp/link/kikan_unece.html〉(2013 年 9 月 14 日最終閲覧)〕

18 Learning to be の訳には，他にも，天城勲監修の『学習──秘められた宝』にある「人間として生きるための学び」があるが，本稿の内容に即して，日本ホリスティック教育協会 (2008) を参考して，「人間存在を深めるための学び」を用いる。

19 21 世紀教育国際委員会の委員長だったジャック・ドロールの名にちなんで，ドロール・レポートと呼ばれている。なお，同委員会のメンバーにいた天城勲が，同レポートの日本語訳の監訳を行った。

20 ユネスコのホームページに記載された当ページは，2012 年 7 月に参照したものだが，2013 年 9 月 14 日現在同ページは更新され，「学習の 5 本柱 (Five pillars of learning)」についてのページ〈http://www.unesco.org/new/en/education/themes/leading-the-international-agenda/education-for-sustainable-development/〉(2012 年 7 月 31 日最終閲覧) にアクセスすることができなくなっている。

21 「学習の 5 本柱」という表現ではないが，5 本目を加えた「5 本柱」という表現が『ESD レンズ』内で使われているため，5 本すべてを表すときに本文中でも「5 本柱」と記している。〔参照，UNESCO (2010：49)〕

22 UNESCO〈http://www.unesco.org/new/en/education/themes/leading-the-international-agenda/education-for-sustainable-development/〉(2012 年 7 月 31 日最終閲覧)

23 ESD に求められる「学力」に関する議論を展開することは，本論の趣旨から外れるため，本論では扱わないが，ESD における「学力」については，トランスファー 21 編著 (2012)，丸山 (2009)，Mochizuki and Fadeeva (2010) を参照されたい。

24 変容的学習理論を授業実践に取り入れた事例として，山中 (2014) を参照されたい。

25 地域に根ざした知識体系を再考する教育については，Teasdale and Rhea (2000)，Thaman (2008) を参照されたい。

26 今村 (1996) は，ただ単に人間が個として存在するだけでは不十分であり，必ず他者や何らかの仕事とつながって存在することが必要であり，そうでなければ，ナルシシズムや自己本位な考え方を助長すると指摘する。

27 例えば，今村 (1996) はキャンプ活動やボランティア活動，また共同体での経験を共有できる環境を整えることを提案する。また，今村 (2009) は就学前教育における環境教

育の展開を検討している。

28　今村（2009）は環境絵本を通した環境教育の実践を提案しているが，本論が対象としている若者にどのような影響があるのか，つまり自己変容にどのように関わっているのかを読み取ることは困難である。

29　吉田（2009）は，マルティン・ブーバーの対話論を用いて，ケアにおける〈ふたり〉の関係を説明した。ブーバーの対話論については，吉田（2007）を参照されたい。

30　「手放す（letting go）」ことは，学びのプロセスにおいて「学びほぐす（unlearn）」に，「迎え入れる（letting come）」は「学び直す」に置き換えることができると考えられる。「学びほぐす」の原語である unlearn は，ポストコロニアル論者の G・C・スピヴァックが主著『サヴァルタンは語ることができるか』で提案したことで知られているが，それより以前にその言葉に出会い，その訳語として「学びほぐす」を用いた鶴見（2010）の見解も参考になろう。またスピヴァックの「unlearn」を用いた ESD に関する議論は，朝岡（2005）を参照されたい。

31　ウォルスは十分な定義づけがされていない価値観として「多元性と異質性（pluralism and heterogeneity）」を挙げ，他者との関わりを通して自分自身の価値観等を反映する学びの必要性を主張し，その一つの表れとしてソーシャル・ラーニングを唱える。詳しくは，Wals（2007）を参照されたい。

32　吉田（2008：211-212）は，「ホリスティック ESD 宣言」の第 1 項の解説において，ESD には「持続可能な教育のための開発」が重要であることを強調した。また，永田（2009a：80）は ESD が「持続可能な開発」のために教育が想定されているため，ともすれば教育が開発のツールになりかねないことを指摘し，「サステイナブルな教育」に資する開発の必要性を説き，ESD の捉え直しを改めて強調している。

第4章

変容をめざした自由学園の教育

　価値観・行動・ライフスタイルの変容を促すには，一個人の生活を問い直すこと，また，学校全体の変容，教育システムの変容が求められていることを第3章までに述べてきた。IIS の枠組みによれば，ESD は過密なカリキュラムの中に加えられる教科ではなく，ホールスクール・アプローチで取り組まれるべきとされ (UNESCO, 2006：22)，授業のみならず学校運営に至るあらゆる側面に ESD の価値観を統合させることが求められた。それは UNDESD 開始後も注目されており[1]，2012 年の持続可能な開発のための環境教育政府間会議で採択された「トビリシ宣言」では，教育機関が組織全体で ESD に取り組む手法である「ホールインスティチューション・アプローチ」が明記され，それを採用して ESD を促進していくことが求められた[2]。

　ホールインスティチューション・アプローチはホールスクール・アプローチの適用範囲が学校だけに限られるため，その範囲を拡大し，大学院などの高等教育機関，各自治体の生涯学習センターなどの社会教育機関など，学校内外でのESD の取り組みが期待されている。「ホールスクール・アプローチ」および「ホールインスティチューション・アプローチ」は，コミュニティの概念的・組織的な変容を促す手法であり，カリキュラムのみならず，組織の管理・運営，建築，ガバナンス，地域社会とのつながりなどを含めた組織全体に ESD の価値観を染み込ませることが望まれている。それは，ESD の目的でもある「既存の教育プログラムの再方向づけ」にも有効な手法となり，教育が地球規模の諸問題の解決に貢献していないというオーや UNECE の問題提起に対する一つの応

161

答となろう。一方で，ジクリングやウォルスの指摘にあるように，教育の目的が個人の人格形成よりも，経済成長などの社会の発展に強調点が置かれ，焦点化されることは避けるべきであろう。そのため，個人の人格発達と持続可能な社会への対応の両者が統合的に考えられる教育のあり方を検討する必要がある。

　そこで，本章では，ホールスクール・アプローチの優良実践として紹介されたこともある自由学園に焦点をあてて，個人と社会の変容を統合させた教育のあり方について検討する。自由学園以外の事例として，イギリスのシューマッハー・カレッジやインドのナヴダーニャの教育活動が挙げられ，それらからは，自己変容と社会変容の関わりを検討するうえで重要な示唆を得ることができる（曽我，2011a, 2011b）。しかしながら，若者を対象にして，日本という地域で行われている事例を取り上げることで，国内で行われている ESD の実践をより批判的に捉えることができると考える。確かに，自由学園は，ESD が唱えられる 1990 年代よりも前に創立されており，現在においても ESD を標榜して，その取り組みを積極的に実践している学校ではない。前章で示した図3-1 では，「無反応」に位置づけられる事例である。しかし，日本国際理解教育学会でESD の事例として取り上げられ，同学園はホールスクール・アプローチによる ESD の優良実践として見なされている。また，同学園に所属する高橋も，自由学園の「生活即教育」がホールスクール・アプローチの教育として再評価できることを述べている（高橋・小林，2012：80）。つまり，図3-1 の「変容」に位置づけられる事例として紹介されているのである。

　自由学園は，新教育運動の流れをくみ，創立当時から約一世紀近く「生活即教育」という独自の教育活動を続けていることは周知の通りである。同学園は，創立者羽仁もと子が娘たちの受けている知識詰め込み型教育に疑問を抱いたことがきっかけとなって始められた。個人の人格の発達には家庭が重要であるとして，第二の家庭として学校を位置づけ，生活に根ざした教育を自由学園は展開してきたのである。また，彼女が同学園を「それ自身一つの社会として生き，成長し，そうして働きかけつつある学校」（羽仁，1950：23）と称したように，「生

活即教育」には「社会に働きかける」機会が織り込まれた。それは，羽仁もと子が社会の変化を目指していたためである。

　同学園は近年，これまでの学園の教育を振り返る取り組みを行っている。2005年には，90周年を迎えるにあたって，改めて学園の教育の特徴を捉える機会が設けられた。学園はカリキュラムを創設以来続けている独自の「食の学び」を中心に編纂し，改めて「生活即教育」の重要性を確認した。これにより，一つひとつの教育活動の関連性および，それぞれの要素によって成り立っている自由学園の全体的な取り組みを知ることができた（自由学園食の学び推進委員会，2009）。さらに，UNDESD開始後に行われた，日本国際理解教育学会研究プロジェクト「持続可能な社会形成と教育——ESDの実践的基盤に関する総合的研究」（2009-2011年）においても，同学園の取り組みが優良実践として取り上げられた。その研究報告としてまとめられた論文ではESDを手がかりに，自由学園における「生活即教育」の実践がホールスクール・アプローチの教育として再認識できること，また自由学園がESDの先駆的な取り組みとして位置づけることができることに言及し，現代社会における同学園の教育の意義を改めて捉え直す必要性が示されている。

　以上のことから，創立以来，学校全体で教育活動を展開してきた自由学園の長年の歴史から，ESDへの示唆を得ることができるだろう。つまり，自由学園の教育からESDにおいて検討されていない「ミッシング・リンク」を捉えることは可能であると筆者は考える。それは，前章までに扱ってきた「自分自身と社会を変容させるための学び」における自己変容と社会変容の接点を見出すことにつながるだろう。そのため，社会の変化を目指してきた同学園の教育から，ESDで見落とされている特徴を導き出すことが，本章の狙いである。自由学園の教育を前章で捉えた「自分自身と社会を変容させるための学び」の視点から検討し，学園の特徴と課題を提示しながら，変容をもたらす教育に求められる特色を考察する。「生活即教育」に表される自由学園の教育の特徴を捉えることで教育内容と教育方法の変化に終始するESDの議論を深めること

ができるだろう。

第1節
自由学園の教育的基盤

1. 羽仁もと子と自由学園の設立

　自由学園は，1921年4月に羽仁もと子・吉一夫妻によって，目白（現在の東京都豊島区西池袋）に創設された，キリスト教精神に基づく私立学校である。1934年に東久留米市に移転し，現在，就学前教育から高等教育に至る19年間の一貫教育が行われている。はじめに，羽仁もと子（以下，もと子[3]）の生い立ちと同学園が「社会をよくする」ために行ってきた教育活動を概説する。

　自由学園の創設者である羽仁もと子（旧名，松岡もと子）は，1873（明治6）年に青森県八戸に生まれた。祖父松岡忠隆は教育に熱心だったことから，孫が外国留学や上京して勉強することをいとわなかった。もと子は，1889年東京府立第一高等女学校（現在の都立白鷗高等学校）に入った。そこで出会った同級生を通して，彼女はキリスト教を知り，在学中に洗礼を受けた[4]。明治女学校が編集，発行していた『女学雑誌』を愛読していたもと子は，第一高等女学校卒業後，キリスト教に基づく私立明治女学校の高等科に入学する。生活費を稼ぐために『女学雑誌』の校正の手伝いをしたこと，ならびにそこでの寄宿舎生活は後の彼女の活動に大きく影響したことは想像に難くない。同女学校在学中，夏休みを利用し八戸に帰郷した際，いくつかの学校で教師を務めるも[5]，結婚してすぐに離婚を経験するなど，激動の時期を過ごす。その後，東京に戻ったもと子は，報知新聞社で女性初の校正係として採用され，女性や子どもなどの記事を書き，編集記者に抜擢されるなど，日本最初の女性ジャーナリストとしてその活躍が知られている。もと子は29歳のときに，同僚の羽仁吉一と結婚する。2人の結婚は社内で非難の的となり，退職し，家庭に入る。羽仁夫妻は近代化する日本社会の中で女性と家庭が犠牲になっていることを問題視し，家

164

庭から社会を変えようと，『家庭之友』を創刊した。その後『婦人之友』と改題し，思想，文化，生活にわたる広範囲の情報を通して家庭の重要性を訴え，世の女性たち，母親たちを啓蒙した（羽仁，1928a；吉見，1978；斉藤，1988；岩間，2012；高橋・小林，2012）。

　もと子は，『婦人之友』で扱う教育問題や女性に関わる道徳問題などを通して，また，子をもつ母親として，「よい学校がほしい」（羽仁，1950：88）という思いが高まる一方だった。彼女は，娘たちが小学校で受けた知識偏重の学校教育に違和感を抱き，「旧い詰め込み教育とは違った本当の自由な発達の仕方」（同上書：90）を探究し，三女恵子の小学校卒業を機に自由学園女学校を設立した。

　現在の文京区目白台にある明日館は，建築家フランク・ロイド・ライトによって設計されたことで有名であるが，生徒数が増すにつれて手狭になったため，創立から10年余の後，現在の東久留米市に移転する。その後，男子部，幼児生活団，最高学部を設置して，現在に至る。自由学園の教育活動は学園内にとどまることなく，国内外における支援活動，卒業生による組織の立ち上げなど，学校教育から社会教育まで幅広い取り組みを行ってきた。例えば，関東大震災後，生徒が学んだことを活かして支援活動に参加したり，卒業生が一丸となって社会に働きかけようと「消費組合運動」を展開したり，学校近くの農村や東北5ヵ所で家庭経済の改善や子女の教育などを指導する「農村セッツルメント」をつくったりなどの社会貢献をしてきた。また，戦時中，1938年には中国北京に生活学校を開設し，終戦を迎える45年までに221名の卒業生を送り出している[6]。近年では，阪神・淡路大震災支援活動，東日本大震災支援活動を行っている。海外では，最高学部の学生がネパールで植林活動「ネパールワークキャンプ」を1990年から続けている[7]。

　もと子が生きた時代，すなわち自由学園が創設され，その基盤がつくられるまでの時は，明治から昭和初期にかけての激動の時代である。明治維新後の廃藩置県や学制発布，大日本帝国憲法制定，日清戦争，日露戦争，韓国併合，第一次世界大戦，第二次世界大戦，終戦という政治的に不安定な時期であった。

一方で自由学園が開校した頃は大正デモクラシーの時代で，学生や女性も自由や権利を唱えた時期でもあった。『婦人之友』で扱われる教育問題に対して，もと子（1928a：91）は「実際に一つの学校を創設しなくてはなりませんでした」と述べ，同学園開設の案内は，『婦人之友』に掲載された。『婦人之友』の読者の家庭から集まった26名とともに始めた自由学園は，学校を第二の家庭と見なし，「生活即教育」という教育理念の下，生活の重要性を唱え，生活をしながら学ぶことを狙いとした。

　母体である『婦人之友』と自由学園の関係について，もと子は「自由学園と婦人之友は同じものです。自由学園とは何か，婦人之友とは何か，婦人之友とはすなわち皆さまと私どもであり，自由学園とは特にその婦人之友の若き芽ののびる所です」（同上）と記した。つまり，自由学園は『婦人之友』の思想を継承する次世代の若者が育つ場であると読み取ることができる。吉見（1978）は，『婦人之友』および，その愛読者を中心につくられた団体である「友の会」，自由学園の三者は「もと子のひたむきな理想追求の足跡にほかならない」と述べた。「友の会」はもと子の思想に賛同し，キリスト教精神に基づき，「友愛の集いとして社会改良運動を目ざし」，『婦人之友』は，生活の改善と合理化を掲げ，家庭に働きかけ，自由学園は「人間そのもの」に働きかけたのである。その中心的な役割を担ったのは自由学園であったと吉見は説く。人間と家庭と社会，この三者に働きかけることを狙いとしたもと子の教育思想は，自由学園の教育活動を通じて深まっていった[8]。

　筆者は，もと子にとって，この三者をつないだのが生活であったと考える。「生活する」ということには，一人ひとりの生き方が表れると同時に，さまざまな人が暮らす共同体としての営み，それらの土台となる社会文化との相互関係が含まれる。三者の有機的な関わりの核にある生活に根ざすことで，当時の社会状況に左右されない自律した人間を育てることができたと考えられる。それは，もと子が『女学雑誌』から関わってきた女性や子どもの問題や，彼女の子どもたちの教育を通して抱いた疑問から生じた産物とも言えよう。ジャーナ

リズムの世界から学校づくりに至ったもと子の教育観は、社会の変容を視野に入れたダイナミックな考えでありながらも、一人ひとりに関わる生活に着目した現実的なものであった。学校設立までのこのような流れは、世界の新教育運動の流れにおいても稀有な事例であるとされている（岩間，2012：40）。

2. 自由学園の教育理念

　では、次に自由学園とはどのような学校であるのかについて、設立の背景と教育理念に見られるもと子の思想から捉えていきたい。

　自由学園の誕生は、もと子の娘たちが受けていた知識偏重の詰め込み教育に覚えていた違和感と、10年余にわたって『婦人之友』で続けてきた家庭改革と女性解放の主張との相乗効果によるものであり、必然的な流れだったと言える。当時行われていた女子教育一般の目的が良妻賢母の育成であることに反して、もと子の教育思想の基本にあるのは、子どもの内面的な要求を抑圧せず、いかに達成できるかを生活しながら考えていくこと、また生活する中で出会うさまざまな問題に自ら考えて対応しながら、自身の欲望を抑制できる人間に育てることであった（斉藤，1988：127）。このことは、もと子の教育観が表れている自由学園のモットーである「思想しつつ　生活しつつ　祈りつつ」から読み取ることができる。

　生活を通した学びは文脈的なプロセスの中で生まれるため、学生はさまざまな問題に対応する術を身につけることができる。例えば、生徒・学生は、事実を教師から受け取り、知るだけにとどまらず、創作活動や作業、労働、課外活動などにおいて困難な状況と対峙した際に、状況を判断し、考え、問題に対応したり、人の意見を聞き、自分自身の解決策を見出したり、場に応じた身のふるまい方を習得したりする。このことから、生活のすべてが教育の機会であると捉え、生徒・学生の発達に応じた教育内容と教育方法によって、彼ら／彼女たちに内在している活力を伸ばす工夫がなされた[9]。それらはすべて、掃除や炊事、衣服作りなど衣食住に関わる生活に根ざした教育活動であった。自由学

図 4-1 自由学園における「生活即教育」の実践
(出所) 高橋・小林 (2012：75) より抜粋。

園の教育理念である「生活即教育」にあるように，1 日 24 時間の生活すべてが勉強であるとされ，教科や行事などのすべての教育活動が互いに関わり合うシステムがつくられたのである。高橋は，それをホールスクール・アプローチによる教育の営みとして**図 4-1** のように示した。

　もと子の教育思想において目的に掲げられる「真の自由人」が円の中心に置かれ，「思想しつつ　生活しつつ　祈りつつ」というモットーのもと，「身体・精神・霊性」がバランスよく発達し，「判断力・実践力・隣人愛」が養われることを中心円は示している。この教育目標に向けて，その周囲の 8 領域における教科外活動と教科学習が関連しながら，教育活動が営まれている (高橋・小林，2012：74-80)。なかでも，自由学園の「生活即教育」を表すとも言える「自労自治」とは，学園におけるあらゆる実生活の運営を，生徒を中心に，教員，保護者らが協力して取り組むことを指している。例えば，毎日の昼食作り（女

子部）や掃除，衣類づくり（女子部），6年間使う自分の机・椅子づくり（男子部），野菜作りからキャンパス内の施設管理，年間行事の運営などが生徒自らの手で行われる。特に，学園全体で取り組んでいる「食の学び」は，食材の生産から廃棄までの一連のプロセスに，生徒・学生自らが関わり，食に関わる循環を経験的に学ぶ機会となっている。食育では，一般に，食べることが個人の成長や心身の健康にもたらす影響について扱われる傾向にあるが，自由学園の食育は，生活の中に組み込まれているため，食育が食べることと成長・健康の関係に焦点づけられていない。畑で野菜や果物を育てるという生産，食べる場である食堂の設営，食べるという消費ならびにその時間の過ごし方，食事後の後片付け，残飯を使ったたい肥作りなど，教科の授業とは別に，生徒・学生たちの1日の生活に組み込まれているのである。この食に関わる循環は，生徒・学生の手によって行われており，自治の一つの表れとも言える。

　図4-2は，自由学園の「食の学び」を表した循環図である。自然豊かなキャンパスと，その中央に設計された食堂という環境に支えられ，学園の「食の学び」は展開される。「育てる（生産・加工）」，「整える（調理）」，「味わう（食事）」，「始末する（廃棄・再利用）」という循環を経験的に学ぶことで，一人ひとりの人間の命が植物や動物によって生かされていることに気づき，自律した食生活を営む力を身につけていくことができるのである。また，このことが，

図4-2　自由学園の食の循環図
（出所）自由学園食の学び推進委員会（2009：3）より抜粋。

人間の本当の自立につながると考えられている（自由学園食の学び推進委員会，2009：3）。

　自労自治の生活には，もと子が通った明治女学校での寄宿舎での生活の影響を見ることができる。自由学園では，女子部生・男子部生は寮生活をし[10]，異学年の生徒6〜8人から成る1部屋は高等科3年生が室長となって，下級生の世話をしている。寮の1日の流れは，朝5時半の起床から，朝食の自炊，食事の後片付け，掃除，洗濯，勉強，就寝に終わる。大人の舎監を置くことはなく，日中の病人の看護を担当する寮母や管理栄養士，寮担当の教員がいるが，寮内の維持・管理はすべて生徒が行う「自労自治」で運営されている。

　知識偏重の詰め込み教育の批判から生まれたこのような教育的特徴は，子どもたちの知性，感性，精神性，霊性などをバランスよく発達させるためである。それは学園創設当時の生徒募集要項からも読み取ることができる。

　　一，自由学園は天真爛漫にして本気な少年少女を歓迎する。自ら進んで自
　　　らを教育せんとする気概ある少年少女を歓迎する。
　　一，自由学園はかくの如き人々の真の成長を助けるために，工夫をこらし，
　　　力を尽くし，日々に新たに自ら成長し発達しつつある所である。

（羽仁，1955：255-256）

　上記の項目から，自由学園が「自ら進んで自らを教育せんとする」子どもの「真の成長を助けるために，工夫を凝らし，力を尽くし，日々に新たに自ら成長し発達しつつある所である」ことがわかる。この後半にある「日々に新たに自ら成長し発達しつつある所」が意味しているのは，学園それ自体が日々成長し発達しつつあるということであろう。そこで学ぶ子どもたちだけではなく，学園という集合体が「日々に新たに成長し発達しつつある」ことの含意は，上述の2つの項目の前に記されている2点に表されている。

一，それ自身一つの社会として存在し，成長し，働きかけつつある学校。

　一，それ自身一つの家庭として存在し，成長し，働きかけつつある学校。

（同上）

　「個人の人格を単位としたよき小社会をつくり，その小社会の集合によって
さらに学校という一つのよい社会をつくり，それが一般社会，すなわち世の中
に働きかけてゆく」（羽仁，1950：27）と，もと子は子どもたちと思いを共有し，
学生による自主的な活動を通じて学校をつくり上げていくというイメージを確
立していった。もと子ははじめに学校があり，そこに子どもたちが通い，教師
に働きかけられるのではなく，「学生が学校をつくり，学校は絶えず形成の過
程のなかにある」（斉藤，1988：144）と考えていたのである。子どもたち自身が
基本的に運営していくという自労自治を通して，社会問題を考えられるように
子どもたちを導くという教育方法は，個人相互の協力によって，個人と団体の
関係性を捉えることができる有効な手段なのである（羽仁，1950：23-48）。

　個人か団体か，どちらかを重視することで，歴史上の過ちは繰り返されてき
たと，もと子は言う。個人主義が進めば，周囲との関係が煩わしくなり，自分
さえよければいいという功利主義的な考えが広がり，勝ち負けや損得で判断す
る社会がつくられていく。そこでは，競争原理が働き，利益が少しでも増える
ように技術革新が必要とされていく。技術至上主義や序列化を促進する思考様
式は，利益を上げる戦力にならないものを排除する。また，団体の利益が重視
されれば，その中にいる個人や集団が抑圧され，個性を伸ばすことができなく
なり，その団体にとっての有利な人材育成が強化されていく[11]。もと子は，当
時の軍国主義的な状況について，個人や各家庭を無視し，社会を重視しようと
する考えが世界中にあったことを指摘した。その中で，家庭や学校において個
人と集団が二項対立する関係として捉えられるのではなく，連なり合っている
ことを経験させるのが自由学園の教育であると述べた。また，学校が社会に働
きかけることで，学生が学び，さらにそれが「社会改造」の最適な方法である

ことに言及した（羽仁，1931）。

　もと子は，次第に教育が「社会改造」に重要な役割を果たすことになると主張した。「学校は社会に人材を送り出すところであるという思いにかえて，教育は新社会をつくるものであるという信念を打ち建ててゆく」（1950：41）と，教育が新社会の創造につながるという考えを表明する。それは，「教育と変化する社会（Education and Changing Society）」をテーマにした，1932年フランスのニースで開かれた世界新教育会議で，もと子が講演した内容にも現れている。自由学園の教育について「それ自身一つの社会として生き，成長し，そうして働きかけつつある学校（A School, a Society which Lives, Grows and Acts）」（同上：23）と題した講演の冒頭で，「われわれはよい社会を創造しなくてはならない。そうしてわれわれは，たしかによい社会を創造り得る。という自信と希望を，その体験を通して被教育者に与えること，そのことのみが，変遷しつつある社会に，もっとも有力なるものとして，かれらを生かしめ得る唯一の方法である」（同上）と話した。

　もと子の言う「社会改造」は，本文でいうところの社会変容に通じると筆者は考える。学生が学校に働きかけながら，学校を形成し続け，身近な社会をつくっていくというプロセスには，他者との協働を通した自己認識が含まれている。それは，互いの意見を聞きあい，よい学校をつくるためにはどの策を立てればよいのかについて労働しながら考え，神に与えられた創造物としての自身の存在を認めていくというプロセスである。さらに，それはまさに自由学園の教育上のモットーである「思想しつつ　生活しつつ　祈りつつ」を実践していると言える。学校に働きかけることを通して，他者と協働し，困難を乗り越えていくことで，個人が成長していく。単に集団をよくするために働きかけるのではなく，そうすることで個人も変化し，集団もよくなっていくということは，単なる「社会改造」にとどまらない。それは，個人と社会が目指すべき理想を共有し，互いに発達しながら現実を理想に近づけていこうとする社会変容のプロセスである。このことは，次のもと子の言葉に明確に示されている。

一つの学校のもつ生命も，それが全生徒の力強き目標となるのでなければなりません。(中略) その学校のもつ総合的生命が，全生徒の目標となるようにといいたいのです。目標の定かならぬ教育というものはあり得ないからです。そうしてそれにはまず学校自身，すぐれた生命，少なくともよきといわれ得る生命をもっていなくてはならないわけです。しかしまたその感化が自然に生徒におよぶだけでなく，学校はつねに謙遜にしかしながら活発に，あらゆる方面からすべての生徒に働きかけなくてはなりません。そこに学校それ自身の進歩もあり，また絶えず全生徒にいろいろの新しい成長進歩の目標を提供することができるからです。　　(羽仁，1950：62-63)

　学校の教育理念が，生徒・学生一人ひとりがもっている夢や目標を取りこぼすことなく包みこめる価値観に根ざし，生徒・学生が自らの目標を実現させるための精神的基盤となることが求められる。つまり，学校が全体論的な世界観に基づいた包括的な目標を掲げていることで，それぞれ異なる目標を抱いている生徒・学生は排除されることなく，その場にいられるのである。ただし，その教育理念が単に掲げられているだけでなく，その影響が広く行き渡るように，教育理念に表されている価値観を鏡に，学校の教育活動を見直し，かつ向上していく必要がある[12]。それは，包括的な教育理念に方向づけられた学校というコミュニティが，それを教育活動に表すこと，いわば「体現」することを示唆しているのである。

　学生一人ひとりの目標とその実現のためのプロセスと，学校全体の目標とそれに向けての総合的なアプローチの検討が共鳴することによって，変容がもたらされることを示し，目標とそのための方法の自由な検討こそ，教育の両輪であることをもと子は指摘する (羽仁，1950：63)。

　もと子が『婦人之友』を創刊した当初からこのような社会変容を構想していたとは考えられないが，当時の社会構造や近代学校教育が女性や子どもたちを抑圧し，不自由な状況下に置かれていたことを肌で感じてきたことが，彼女の

第4章　変容をめざした自由学園の教育　　173

教育思想を確立したと考えることは妥当であろう。それは，もと子の教育思想の根底になったその目的からもわかる。「真の自由人をつくりだすこと」という彼女が掲げた教育の目的の背景には，「自由は何ぞ，いうまでもなく不自由の反対である」と，一人ひとりが囚われている社会の不自由さを指摘する。「めいめいが深く囚われているこの社会の積弊」に対して，「明らかなる科学的研究の態度をもって，旧世界に決して見なかった新しい個人の生活，家庭の生活，新しい学校及び社会をつくってゆかなくてはなりません」と，もと子の社会変容に向けた考えが表された（羽仁，同上書）。

　個人と社会の変容の相互関連性には，もと子の宗教観が介在している。不自由な状況から解放され，「真の自由人」になるためには，右か左かを選択する「意志の自由」を養う必要があると，もと子は述べる。クリスチャンであるもと子は，「もし人が神の造りたまいしままに，神の力と人の力で生活しつつ育ちつつあるならば，それはたしかに自由人である」と述べ，「神の力」とともに「人の力」に言及し，そこに教育の必要性を見出している。人間は「進歩と堕落の可能性」がある存在であるゆえに，教育を通して，さまざまな状況の中で助け合い関わり合いながら，「意志の自由」を育てていくのである（羽仁，1950：7-22）。自由学園の校名にある「自由」は，新約聖書ヨハネによる福音書第8章32節「真理はあなたたちを自由にする」に由来している。もと子は教育を通して，子どもたちの身の周りにある不自由さに気づかせ，それまで囚われていた社会認識から解放させる「真理」に出会わせていたのだろう[13]。「真の自由人」こそ，自由学園が目指す人間像なのである。

　さまざまな権利が拘束されている時代において，女性や子どもたちが自らの手で自由を獲得するために，もと子は教育に期待した。その教育を実現させるために必要だった方法が，生活であった。自由学園における生活に根ざしたあらゆる教育活動によって，新しい社会づくりの担い手が育てられている。自由学園の教育とは，換言すれば，羽仁もと子というジャーナリストであり教育者である一人の女性による社会への働きかけの現れであった。

3. 自由学園から ESD への示唆

　自由学園の教育活動から学ぶべきは，生徒・学生たちの成長しつつある個性を引き出し，伸ばしていることにある。そのために必要な教育内容，教育方法，教師の対応など，彼ら／彼女たちの身の周りの環境を整えていることに，その独自性を見出すことができる。もと子（1928b：24）は，自由学園の教育理念である「生活即教育」のために必要なのは，「自覚的生活環境ただそれ自身」だと指摘した。家庭でも学校でも，親や教師は子どもたちにとって，できるかぎりよいものを使って環境をつくることに努めなければならなく，このことが「私たちの子供にとって一番大きな活きた教育」であると，教育環境の重要性について言及した。その基準にあるのは，子どもたちの成長にとってよいかどうかである。国や地域社会，家庭にとってよいものではなく，子どもたちの内発性が活かされるように気を配らなければならない。経済成長のための人材育成でもなければ，親の名誉心のための子育てでもなく，それは目の前にいる一人の人格を育むために行われる教育活動である。

　ESD において検討すべき点は，子どもたちの発達と持続可能な開発との関係である。ESD は「SD（持続可能な開発）学」や「ESD 学」を教え伝えるのではなく，持続可能な開発を通して，生徒や学生が何を学び，どのように成長していくのかを示していくことが必要である（大島・伊井，2012：83）。自由学園は，コミュニティに働きかける機会を生徒・学生に提供し，経験させ，コミュニティの一員であるという主体性を育てている。同時に，生徒・学生が所属している学校というコミュニティに働きかけることが，学校の管理・運営につながっている。ESD を実践する学校一般が，「自覚的な生活環境」をつくることにどれだけ配慮されているのかについては[14]，定かではないが，自由学園においては働きかける場所が彼ら／彼女たちの身近な環境であるため，「自覚的」となり得るのである。個人と社会を変容させるためには，生徒・学生が自らの手で実践できる場と，挑戦できる機会がある物理的および精神的環境を整えていく必要がある。

また，生徒・学生によるコミュニティへの働きかけに関して，別の側面から
検討したい。前述したように，自由学園では生活が教育から切り離されること
なく，生活に根ざした教育活動を通して，生徒・学生は学校という一つのコミ
ュニティに働きかけている。1日の流れ，1年の流れの中に教育活動が組み込
められており，コミュニティに集うメンバーはそのプロセスを共有する。もと
子は目標を共有することの重要性を次のように記している。

　　生徒も指導者も共通の目標にむかって一つになって，おのおのその思うと
　　ころの持つところの力を惜しみなく出しあって発見されたところの統一に
　　は，人びとが喜んでそれにしたがうばかりではなく，その統一の内容を十
　　分に事実の上に働かせてゆくことができます。そうしてそこからまた新し
　　い仕事が生まれます。かかる種類の目標および統一は，決して型ではなく，
　　それぞれに大切な一つ一つの足場になってゆくものです。

（羽仁，1950：64-65）

　一つの目標に向かって「力を惜しみなく出しあって発見されたところの統一」
を繰り返すことで，学園の教育の基盤が固められていくのである。このプロセ
スをコミュニティ全体で共有し，コミュニティはより結びつきを強めていくの
である。生徒・学生は毎日のルーティンワークと授業，季節ごとにある行事や
課外活動に取り組むことを毎年続けるのである。学年が上がるごとに増える「仕
事」とその責任が，彼ら／彼女たちの発達を促している。同時に，学園はコミ
ュニティとしてのつながりを維持し続けている。それは，永田佳之がイギリス
の公立学校クリスピン・スクールの事例をもとに作図したホールスクール・ア
プローチの**図 4-3** に表された持続的な教育活動の連関とみることができる[15]。
連関する教育活動のルーティン化が，自由学園の持続性，つまり伝統を築いて
いると言えよう。
　個人と集団が有機的に関わり合いながら，個人が属している集団に働きかけ

ることでその集団をよくしようとすることの重要性は，今後ESDにおいてより高まっていくだろう。環境や社会の持続可能性が危ぶまれる今日において，成功体験を積むことができる経験を通して，学生一人ひとりに自信と未来への期待をもたせることができるだろう。さらに，学生は学園の教育活動で得た経験を確実な一つひとつの糧として，人間存在を深めていくことができるのである。

最後に，自由学園の教育活動が「伝統」として形式化するのを防ぐためにも，図4-3から考えられる課題を指摘したい。ここで重要なのは，一つひとつの円の外周をつなぐ点線の矢印である。「問題の明確化—再構想—試行・実施—モニタリング—評価—課題の共有—分析（—問題の明確化）」が定期的になされていることが，ホールスクール・アプローチに求められる。こうした自己評価のサイクルが形式化する日々の教育活動や学校運営に変容をもたらすのである。自由学園において，図4-1に示した統合的な教育実践が形式的なものにとどまらないためにも，自己評価のサイクルによる変容のプロセスを形成することが求められる。

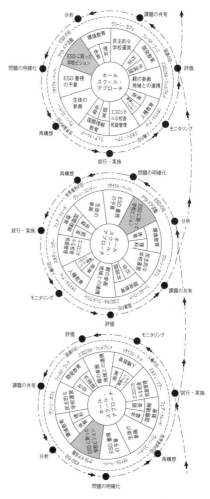

図4-3 ホールスクール・アプローチ
（出所）永田（2006：44）より抜粋。

第2節
生活に根ざした自由学園の教育
―自由学園最高学部生への聞き取り調査をもとに―

1. 調査目的

　近代科学技術の進歩とサービスの発展，行政の整備によって，現代の人々は，特に先進諸国に住む人々は，物質的に豊かで，安定した生活を送ることができている。また，「時短」という言葉で表されるように，手間を省き，時間を節約できる便利な社会で暮らしている。換言すれば，現代社会は「自分のことは自分でする」[16] ことをしなくなったのである。それは，私たちが不安定な状態に身を置いていることを示している。前述したように，社会の変化を目指したもと子の思いは，同学園の教育に反映され，学校，および関連施設への働きかけを通して，被教育者は自らが属している集団を「よい社会」にするよう努めてきた。「自分のことは自分でする」学びによって，「自分たちのことは自分たちでする」[17] 学校をつくり続けてきたのである。

　そこで，「自分たちのことは自分たちでする」という自治を通して，持続可能なコミュニティを形成してきた自由学園は，実際にどのような教育的な特徴をもっているのか，被教育者である学生から聞き取り，自由学園の教育を現代的な文脈の中で改めて特徴づけようとするのが，本調査の目的である。また，調査結果から見えてくる特徴から，個人と社会の変容の相互関連性についてさらに検討し，変容をもたらす教育に求められる特徴について考察する。

2. 調査方法

　筆者は，自由学園の教育活動を捉えるために，予備調査として，2008年の「食の学び一貫教育」発表会や2011年の創立90周年記念教育報告会などの公開発表会を始め，年度末に開催される最高学部の卒業研究報告会や各学年の研究報告会，美術展や午餐会などの学校行事への参加，最高学部での授業やゼミ

の見学などを進めてきた。多種多様な機会に参加してきた予備調査を踏まえて，2012年10月と11月に，週3回の頻度で同学園に通い，在学生への聞き取り調査に従事した。さらに，2013年4月下旬から6月上旬にかけて同学園卒業生への聞き取り調査を行った。下表は，聞き取り調査をした日程表である。調査協力者については個人情報の保護のため，コードで表記している[18]。また，

表4-1　聞き取り調査の日程一覧

調査日	協力者（調査時間 h/m/s）
2012年10月3日	3A（1.43.20）
2012年10月9日	3B（1.10.00），3C（2.09.10）
2012年10月10日	3D（53.00）
2012年10月11日	3E（1.13.30）
2012年10月16日	4A（1.15.50），3F（1.08.40）
2012年10月17日	4B（51.00），4C（1.00.30）
2012年10月23日	4D（1.21.50），3G（1.25.10）
2012年10月24日	3H（1.31.30）
2012年10月25日	4E（50.55）
2012年10月30日	3I（1.42.40），3J（1.13.15）
2012年11月6日	4F（1.46.15），3K（3.29.30）
2012年11月8日	4G（1.14.05），4H（1.34.50），3L（35.55）
2012年11月20日	4I（1.29.10），4J（54.15）
2013年4月24日	1A（1.02.40）
2013年5月10日	2A（1.51.50）
2013年5月11日	1B（1.29.55），1C（1.43.20）
2013年5月14日	1D（1.54.05）
2013年5月18日	1E（1.37.35），2B（1.17.40）
2013年5月26日	2C（2.51.20）
2013年6月3日	2D（1.57.20）
2013年6月6日	2E（2.23.30）

括弧内は調査にかかった時間である[19]。

　本調査では，「同学園で生活している学生はどのような経験をしてきたのか，また，学生が考える学園の特徴と課題は何か」をリサーチ・クエスチョンとして掲げ，学園に入学してから何を感じ，考えてきたのか，また，今何を考えているのかについて，調査対象者である自由学園の在学生および卒業生から話を聞いた。

　学園で最低7年間生活している学生に，過去の経験を振り返りながら個人的なライフストーリーを聞き取る調査であるため，面接法を用いた。

　調査対象者は，自由学園最高学部に在籍する3年生と4年生，同学園を卒業して1年または2年を経た卒業生とした。それは，彼ら／彼女たちが現代社会の「生きづらさ」を体現していると考えるからである。同学園最高学部は，学校教育法第1条に定められている教育機関としての認可を受けておらず，法令上各種学校とされているため，最高学部を卒業しても学士の資格を取ることができない[20]。学歴や資格の有無が就職に影響することもある現代社会において，自由学園最高学部の学生は資格を取ることよりも，それまで受けてきた「自由学園での一貫教育を仕上げる場」（自由学園総合企画室，2010：39）である最高学部への進学を選択した。彼ら／彼女たちは，学校に働きかけることに専念していた高校までの生活とは異なり，社会に出て活動する機会も増えていくなかで，一般の学校とは異なるカリキュラムに基づいた教育の特異性を認識している。特に，最高学部3年生から就職活動が始まるため，その機会は増す。競争原理が働いている就職活動とは対照的に，それとは異なる価値観に根ざした教育を受けてきた学生たちは，学歴や資格で判断される社会システムの中に身を投じ，学園とは異なるコミュニティと触れ合うことで，改めて学園の特異性を問い直している。それは，第2章で述べた「生きづらさ」とも言えるだろう。

　最高学部3年生と4年生は，前節で概観した女子部・男子部の生活から時間的・空間的に距離が取れており，学園というコミュニティで学生として過ごしていることと，卒業後一般社会で働くことの間の時期にいる。また，卒業生

は，学園とは異なる環境に身を置き，新たな社会生活を始めている時期にいる。両者は，自由学園のコミュニティから新たな社会に生活圏を広げつつある中で，自由学園とは異なる社会システムを経験している。前節で捉えたように，自由学園では，不自由な社会を自由にするために，それに必要な術を若者たちが身につけ，彼ら／彼女たちの手で何事にも取り組める経験の機会が日常から与えられてきたのである。彼ら／彼女たちは働きかける機会を全うすることで，よりよいコミュニティを形成してきた。このような経験を積み，社会に出ようとしている，あるいは出ている者たちを対象にすることで，個人と社会を変容させるために求められる教育のあり方を検討することができると筆者は考える。同時に，創立当時とは異なる文脈にある現代社会における学園の教育の特徴と課題を改めて捉えることができよう。

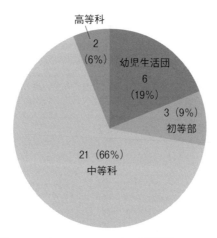

図4-4　インフォーマントの通学歴（単位：人）

調査期間　2012年10月から2013年6月まで
調査場所　【在学生】自由学園最高学部
　　　　　【卒業生】都内某所または聖心女子大学
調査協力者　32人
【在学生】137人中22人（16.06％）　　【卒業生】10人
2012年度3年生32人中12人（37.50％）　2011年度卒業生34人中5人（14.71％）
2012年度4年生35人中10人（28.57％）　2010年度卒業生54人中5人（ 9.26％）

表4-2　聞き取り調査での質問項目

対象	質問項目
在学生	・自由学園に通って，何年目ですか？（いつから自由学園に通っていますか？） ・なぜ自由学園に入学しようと思いましたか？ ・自由学園での一番の思い出は何ですか？ 　（たのしかったこと，うれしかったこと，かなしかったこと，つらかったことなど） ・自由学園で受けてきた教育の中での一番の思い出の授業は何ですか？ ・今までで印象の強かった出会いはどんな人ですか？それはなぜですか？ ・自由学園を出ようと思ったことはありますか？ ・なぜ最高学部に進学しようと思いましたか？ ・最高学部の魅力は何ですか？また，もしあれば，どこに不満や不安などを感じますか？ ・自由学園の魅力（絶対にゆずれないもの，大切なもの）は何ですか？ ・自由学園外での活動をしていますか？それは何ですか？ ・自由学園を卒業した後の進路はどうしますか？ ・自由学園のゆずれないところは，何ですか？なぜですか？ ・つらい問題に直面したとき，どう対応しますか？ ・分かり合えない他者と，どう対応しますか？ ・自分の人生の中で最高学部での時間にタイトルをつけるとしたら何をつけますか？なぜですか？
卒業生	・自由学園への通学歴（何年通いましたか？） ・なぜ自由学園に入学しようと思いましたか？ ・自由学園で受けてきた教育の中での一番思い出のある経験は何ですか？ ・自由学園で受けてきた教育の中での一番思い出のある授業は何ですか？ ・大切な人との出会いはありましたか？それはどんな人ですか？なぜですか？ ・なぜ最高学部に進学しようと思いましたか？ ・最高学部での学びで一番思い出に残っている経験は何ですか？ ・学部の頃，学園とは関係のない団体等で活動をしていましたか？ ・学園への働きかけを通して，学園をよくしていると思いましたか？ ・卒業後，改めて気づく学園の教育の良さは何ですか？ ・卒業時，ご自身が社会にどう関わろうと思っていましたか？（他者との付き合い方，会社でのあり方など）今，実際，どうですか？ ・理想と現実の生活とのギャップをどう対応していますか？ ・学園での時間，特に，学部での4年間を人生の過程にどう位置づけますか？（タイトルをつけるとしたら何をつけますか？） ・そのために，学部での学びはどう効果的でしたか？ ・今の学生へのメッセージは何ですか？ ・自由学園のゆずれないものは何ですか？ ・学園，または学部のここを変えるともっとよくなると思うことは何ですか？ ・環境破壊や人権侵害などのグローバルな問題に，自身はどう関わっていると思いますか？

なお，在学生からの協力者は，3年生全員が集まる「クラスの時間」，4年生全員が集まる「クラスの時間」で筆者自身による調査の依頼をして，希望者を募り，67人中22人の協力を得た。卒業生は，紹介法で調査を依頼し，承諾した10人がインフォーマントとなった。したがって，調査協力者の総数は32人であり，その男女比は17：15，平均年齢は21.81歳であった。また，**図4-4**にあるように，インフォーマント32人中21人が中等科からの通学歴をもち，そのうち3名は全国にある幼児生活団に通っていた。調査期間，調査場所，調査協力者の内訳に関する調査概要は，**図4-4**の下部にある通りである。調査協力者の括弧内の数字は，学年全体における割合を示している。

　在学生への面接には，自由学園最高学部の施設を使用した。卒業生に対しては，インフォーマントにとって都合のよい場所，あるいは筆者が属していた聖心女子大学内の施設を使うなどして，適宜対応した。その際，会話内容が第三者に聞かれることのないように配慮した。面接時間の平均値は約90分であった。

　面接時には，インフォーマントの承諾を得てから，データ分析のために聞き取り内容の音声を録音した。聞き取り調査は，筆者自身が行った。初対面のインフォーマントもいたため，彼ら／彼女たちが緊張しないように調査時のメモ書きは避けた。また，答えにくい質問には答える必要がないことを伝え，インフォーマントの意思を尊重した。

　聞き取りの質問項目は，先のリサーチ・クエスチョンをもとに，大きく2つからなる。一つは，自由学園入学から高等科までの印象的な経験および，学部進学後4年間での印象的な経験についてであり，もう一つは学園の教育の特徴と課題についてである。これらを基盤にして，あらかじめ質問項目を立てたが（**表4-2**参照），インフォーマントからの返答に応じて，適宜質問項目を増減する半構造化面接の手法を採用した。

3. 調査分析

　はじめに，面接を通して得られた音声データを文字テキストに変換する書き

おこしの作業を筆者本人が行った[21]。データをもとに現象を理解し，分析するため，グラウンデッド・セオリーを採用した。なかでも，理論化するプロセスは，佐藤（1992, 2008）による質的データ分析の「二段階の再文脈化」を参考にした[22]。分析過程は，下記の通りである。

A. プロセス1：トランスクリプトの作成

はじめに，音声データを文字化したトランスクリプトの確認とそれの添削箇所の有無の提示を調査協力者本人に依頼した。調査協力者の確認後，分析用のトランスクリプトを作成した[23]。

B. プロセス2：オープン・コーディングと脱文脈化

インフォーマント32人分のトランスクリプトをもとに，データ分析するための素材である「文書セグメント」を作成した。これによって，データ分析のための素材がもとの文脈から切り離された。この文書セグメントにラベルをつける「オープン・コーディング」を行った。

C. プロセス3：焦点的コーディング

オープン・コーディングをさらに抽象化させた焦点的コードをつけた。

D. プロセス4：第一段階の再文脈化

プロセス2で脱文脈化したデータを類似するオープン・コーディングごとにまとめ，データベース化を行った。表4-3は，学生の学びがどこで現れているのかを示している。分類したカテゴリーは6領域で，A）高等科までの学び，B）学部での学び，C）コミュニティへの働きかけ，D）問題への対応，E）学園の強み，F）学園の課題である。各カテゴリー内に分けられた下位カテゴリーを象徴する具体的なインフォーマントの声を記述した[24]。

表4-3　自由学園における学び

カテゴリー	下位カテゴリー	インフォーマントの具体的な声
A) 高等科までの 学び	A-1) 行事，授業	「知らないことを教えてくれる美術だった。」「デンマーク体操やって，体の動かし方とか表現の仕方を学べた。」「歴史もすごく楽しくなったし，ほかの授業にも影響して，自分なりに勉強してみたり，発展させて考えてみたりするようになった。」「(体操会のために) みんなが一緒に練習して，表現する場があって，だんだんでき上がっていくのが楽しかった。」
	A-2) 友達，先輩・後輩 との関係	「(学校を) やめようとしていることがばれて，怒られて，泣かれた。」「お互いの弱みを出して，受け入れた。お互いに悩みをサポートしあった。」「周りが自分を認めてくれたことで，自分が公立にいたときから変わったことがわかる。」「(室長は) すごい恐い人だったけど，常に気にとめてくれてた。」
	A-3) 教師の存在	「一歩を踏み出すための一言をくれた担任の先生。」「嫌いだった先生が，陰で僕を信じてくれてた。」「外部の先生から，外に触れたい一心で話をした。いろんな本をくれて，そこから発展して，自分でいろんな本を買って読んだりした。」「視野を広げてくれるアドバイスをくれる。」
	A-4) 寮生活	「順応すること，社会性など基本的なことを学べた。」「生活に慣れるのが大変，洗濯とか自分でやりだすので，一杯いっぱいだった。」「経験していなかったら，今の自分がないのは，寮。悩みがあって，すぐに相談できる環境だけど，その人もこの環境にいるから人間関係は大変だった。」
	A-5) 係・委員	「学校のこと (生活，教育，思想など) を客観的に見ることができた。自分の動き方も全体的な流れのなかで捉えられるようになった。」「(寮長の経験で) 問題が発生しても，自分が何もできないということに気づかされた。」「(寮長のとき) 高3で学校のこともいろいろあるのに，寮のこともあって，一番考えたり悩んだりした。」
B) 学部での学び	B-1) リベラル・アーツ	「自分の選んだ方向に勉強を傾けられるのはすごいよかった。」「含蓄，教養が広がった。」「同

		じことを続けられる楽しさ」「理系と文系間のつながりや，1年と2年の学びのつながりを見つけられる。」
	B-2) ゼミ	「視野が広く持てるし，分野横断的に扱える。」「先生が厳しいから，技術や知識がしっかり身につくと思った。」「（学園をよくすることは）卒業論文を通して，いいのがあれば，先生たちの目に留まるかも。」「これから，学園への楽しさのある関わりを増やしていきたい。」
	B-3) 授業外での活動	「（学園新聞で）先輩・後輩の関わりを通して新しい人脈の輪が広がった。」「（自主研究で）普段の生活では知ることのない過程を見れたことが面白かった。」「どういうふうに仕事をすればいいのかも考えられるようになった。」「自分の無力さを知れた。」
	B-4) ネパールワークキャンプ	「全然違う国に行って活動して，自分がこんなにできないんだって経験を積めた。」「現地での活動を通して，格差を知り，貧しい人たちが生きていくための活動を一緒にできることがよかった。」「グローバル化への恐さ」「現代の技術に依存していることに問題意識を持つようになった。」
C) コミュニティ への働きかけ	C-1) 掃除	「環境に愛着がわく。ただ勉強するだけの空間だけじゃなくて，自分たちがどういうところで学んでいるのか，自発的に環境を整えることを考えるようになる。」「身近な経営で，自分で治めるということ。何もしていなければ荒れていく。」「（業者委託したら）学生の見えないところで掃除してくれてることが当たり前になるのがやだ。当たり前になると，掃除してくれてることすら，感謝することすら忘れると思う。」「面倒と思いながらも，やることの楽しさ。」
	C-2) 学園特別実習	「面倒だと思うけど，この制度自体にはいいと思う。」「実践的なことができる環境は，ありがたい。」「お金をもらわないでやることのほうが価値があるんじゃないかと思った。」「学園とつながって，関わっていることを思うと誇りに思うし，自分のやってることが役立ってるってわかると，楽しかった。」
	C-3)	「いろんな行事を学生が関わるのも，どこかが

	行事の運営	「怠けると他がやらなくちゃいけなくなる。」「自分が与えられた役割を担い，成功させたことには力になれたと思う。」「全体を組み立てるのがすごい面白かった。自分に向いている分野を見つけられた。」「裏方のほうが楽しくて，みんなを導いていくのが楽しかった。」
	C-4) 学校に対して	「自分のことを考えるよりも，女子部をよくしなくちゃって考えてた。下級生とか学校のために考えて，行動するほうが優先された。」「当たり前のことを当たり前にできるようにするためにどうするべきかを考えた。」「自分の属する社会からよくしていかなきゃいけない意識がある。」「男子部のとき石畳作ったことがある。」
	C-5) 自分自身への影響	「働きかけるっていう意識だけでも持っているのが大事なんじゃないかな。」「普段のことをしっかりやっていると，下級生の意識も変わるし，学校のスタンダードが上がるのかなと思った。」「（上級生がしっかりしていないことに対して）自分は絶対そうならないって思って，生活はしっかりしてた。」「自分の知らないことがあるということへの気づき」
	C-6) 社会との関係	「就職活動していて，稼ぐことに興味がわかなかった。」「人のためになれたらいいなっていうのは，学園のつらかった経験とか，そのときに誰かに助けてもらった経験があるから。」「社会に役立てることなら政治以外で関わる。だから，就職を選んだ。できることがあれば小さいことからやってみたい。」「知らない環境で生活してきた人と一緒に過ごすことで，自分の知らない世界を知った。」
D) 問題への対応	D-1) つらさやむかつきに対して	「友達に話す。」「人の意見を聞くことで，自分の意見と混ぜたい。自分だけの意見だけという不安。別の意見もある。」「平凡な日常のほうが楽だけど，何かあったときのほうが成長してるって経験的にわかってるから，また強くなれるんだって変換するのが染みついてる。」「基本的には自分で考えて，感情を落ち着かせる。」
	D-2) わかりあえない他者に対して	「話しあう。」「わからないから知ろうとすることが楽しい。理解できないことはもうあきらめる。そういう人なんだって，その部分においてわか

			ろうとすることをやめる。」「排除はしない，普通に接する。」「わからないけど，ぐだぐだ話すことがいい。硬いもの同士では壊れてしまうから，柔らかくなることで，受け止められる。」
		D-3) 抗えない状況に対して	「しょうがないと思う。今後のために，何が悪かったのか学ぼうとする。」「ありのままを許容しつつ，その環境でできる範囲のことを自分がやる。そのために必要なことは，今やっておこうと思う。」「何かしら動いたり発言しないと，反対勢力の意見も聞けないので，自分の信念に従って，動くか発言するかすると思う。」「同じ思いを共有できる人に呼びかけて，行動する。規模は小さくてもいい。」
		D-4) 不安定な社会に対して	「不安を乗り越えたいし，それに入り込むことに壁がない。」「どうにかなるでしょって，そうなっていくのが自分の人生だと思うから，不安はない。」「友達，家族，親せきとかのつながりをしっかりしていけば大丈夫だと思う。」
E) 学園の強み		E-1) 自分たちで考えること	「自分たちで話し合って，今こういう問題が起きているけど，自分たちはそれに向けて，どういうふうにやっていけるのかを考える時間をなくしてしまうと，学園の教育が変わってしまうと思う。」「自ら考えて行動する人を育てたり，与えられたものだけを消化していく教育の現場じゃない。」「いろんな場で生徒が考える機会がある。」
		E-2) システム	「他ではゆるされないことでも包み込んでくれる。学校がいさせてくれる，環境がいさせてくれる。」「寮とか，掃除とか食事作りとかのシステムがあるからこそ，いろんな人といろんな形で関われる。」「生徒を受け入れたり，場合によっては断るとか叱りきってあげるっていう体制自体が中心にあって，初めて（1つに）なること。」「体操会」
		E-3) 実学	「自分で作る感じ，育てる感じとか，今食べてるものとかをリアルに感じることがあった。」「実学はほかでも体験的な学びが増えてきたけど，大切なのはそれが生活の中にあるということ。生活の中に実学があることで，分野横断的な学びが含まれている。」「やってみることで記憶に

		残りやすい。」「生活と勉強が一体ということ，環境を整えるのも勉強の一環と学んできた。」
	E-4) 面倒くささ	「授業の効率化してたらだめ。」「毎日同じことを繰り返すってのは，普通じゃない宿題で，努力が目に見える。成長がみられる。」「やらなくてもできる環境の中でも残してきたこと。わざわざ面倒くさいことをやることに意味がある。」「より楽に生活できるようにすることを提案しがちだけど，忙しい生活の中に学びがある。」
F) 学園の課題	F-1) 閉鎖性	「内部だけで終わらせちゃだめ。内部はできて当たり前，かつ外みたいな意識。」「どうしても内々で完結させようとしちゃってる部分がある。」「学園内にこもってしまったから，外に関わるでも働きかけるでもあったほうがいい。中だけじゃなくしたほうがいいと思う。」「学校内のことは当たり前だけど，地域に出て活動することがない分，学園は内向きだと思うし，遅れていると思う。」
	F-2) 外部への発信	「発信が一部に留まっている。」「学部の研究が自己満足というか，自分たちが所属してきた学園について取り上げたテーマでも，男子部・女子部・初等部への内々に発信していく力が弱い。」「広報」「アピール力」
	F-3) 勉強不足	「専門的なことを学べるのに，中途半端な気がする。」「学園で学んだことがいかに素晴らしくても，それを相手にわかるように表現したり，伝えたりするためには，ある程度の知識なり，言語力なり，学力が必要になってくる。」「学園では日々いろんな生活の中で気づきがあるから，課題を見つけてそれを解決するのは大事だけど，それをちゃんと筋道立てて考えられるようになるといいと思う。」

E．プロセス5：「概念モデル」の作成

　前過程で作成したデータベースにある，それぞれの下位カテゴリーの関係を捉え，「概念モデル」を作成した。これによって，上述した学びがどのような教育によって生まれているのかを知ることができる。各下位カテゴリーが【1】

関係性を考え直す生活，【2】コミュニティに働きかける機会，【3】他者とともにいる技法，【4】世界を広げる学びという4領域に分類された。

4. 調査結果

　以上の分析から得られた**表4-4**の「概念モデル」を用いて，「第二段階の再文脈化」，つまり，自由学園の教育の特徴と課題をまとめた。

表4-4　自由学園の教育の「概念モデル」

カテゴリーとその特徴	下位カテゴリー
【1】関係性を考え直す生活 　親に頼っていた生活，また機械に依存していた生活を送っていた生徒・学生が，自由学園での「生活即教育」を通して，さまざまな「大変さ」や「面倒くささ」に直面しながら，自分自身とのあらゆる関わりを考えていく。	A-4）寮生活 A-5）係り・委員 C-1）掃除 C-2）学園特別実習 C-3）行事の運営 E-1）自分たちで考えること E-3）実学 E-4）面倒くささ
【2】コミュニティに働きかける機会 　自分が属するコミュニティに働きかけることを通して，「みんな」が過ごしやすくなる。	C-4）学校に対して C-5）自分自身への影響 C-6）社会との関係
【3】他者とともにいる技法 　異年齢の学生がともに生活し，ともに働くことで生まれる関係によって，気に留めたり，気に留められたりしながら，学園を自分自身の居場所として意識化していく。また，問題を共有し，話し合うことを通して，「みんな」ですることの方法を体得する。	A-2）友達，先輩・後輩の関係 A-3）教師の存在 D-1）つらさ・むかつきに対して D-2）わかりあえない他者に対して D-3）抗えない状況に対して D-4）不安定な社会に対して E-2）システム
【4】世界観を広げる学び 　学際的な教育活動を通して，考え方や見方が変わり，自分自身の知っていた世界を広げていく。その一方で，学園自体の内向性は，生徒・学生が生きる現代社会の実態に出会う機会を閉鎖している。また，学園および関連施設への学術的な働きかけが期待されている。	A-1）行事・授業 B-1）リベラル・アーツ B-2）ゼミ B-3）授業外の活動 B-4）ネパールワークキャンプ F-1）閉鎖性 F-2）外部への発信 F-3）勉強不足

【1】関係性を考え直す生活

インフォーマントは，自由学園入学前，身の周りにあふれる商品やサービスを消費し，親などの大人に頼っていたが，同学園への入学を機に，洗濯や掃除，食事づくりなど，自分に関わることを「やりだすので，一杯いっぱい」になる。「生活に慣れるのが大変」で，「ホームシック」になることもある。

生活に根ざした自労自治の活動を通して，学生は自分の役割や学園での存在意義を認識していく。ある卒業生 (1B) は「誰かがしてくれるだろうってところもなくはないけど，誰もやらないんなら，私たちがやるしかない」と学園の運営の一担い手として「仕事」していたことを述べる。また，別の卒業生 (1A) は「何もしていなければ荒れていく，どこかが怠けると他がやらなくちゃいけなくなる」と，学園の活動が一人ひとりの働きから成っており，それは「身近な経営」でもあると形容する。働きかけることで，学園への所属意識が高まり，「自分のことは自分でする」，「自分たちのことは自分たちでする」ということを自然に体得していることがわかる。また，それは，個人とコミュニティをつなぐ役割を担っている。

さらに，生活に根ざした教育実践は，自己とのつながりや人とのつながりを生成していることがわかる。自由学園の教育活動には，掃除を始めとして，さまざまな「大変さ」や「面倒くささ」がある。「あえて面倒くさいことをさせること」(2C) で，学生は「なんでこんなこと」と悩み，自分自身の行いや存在を振り返り，意味づけるといった自己対話することを続ける。「自分が」，「自分たちが」という考えが奢りにつながるのではなく，自信や誇りとなり，自己肯定感を高めている。さらに，「学園の担い手の一員にお邪魔させてもらっている感じ」(1E) や「与えられた使命を全うしている」(2C) という発言には，神という超自然的な存在，畏れ敬う存在を認め，学園のキリスト教的価値観に根ざした奉仕の精神や，謙遜的な態度を読み取ることができる。また，面倒なことを通して，深い人間関係が築かれている。特に，4H は就職活動を通して「卒業生，学園生っていうだけで，みんな家族みた

いな雰囲気がある。共通話題があるから。」と述べる。面倒なことや大変なこと，自由学園以外の学校から見れば特異な活動，例えば登山や体操会などに取り組んだことで，その達成感を共有しているクラスメートや共通経験としてわかち合える卒業生などと，「家族」のようなコミュニティ感覚をもつことができるのである。

「生活すること」とは，さまざまな関係性によって成り立っている自分自身の生活に意識を向け，考え直すことであると捉えられ，ここに自由学園の教育の一つ目の特徴が見出せる。

【2】 コミュニティに働きかける機会

自由学園では，コミュニティに働きかける機会が多く用意されている。上述したように，学生はさまざまな係りや委員を担当し，学校ないし学園に働きかけている。すべての学生が在学中に何度か委員を経験し，学校の運営に携わる。また，学生全員は掃除をする場である「自治区域」を分配され，その場の自治を任される。一人の卒業生 (2A) は，自治区域での活動中に疑問に思ったことを教師に相談したことから，学校改善ないし，学校内の調査研究が始まった経験や，使われていなかった暖炉を使い始めたことで寮内に新たな場が形成されたことを話す。また，別の卒業生 (1D) は校内の不便なところを改善したことを振り返る。このような行いは，学内に働きかけていたことで気づく不便さや不思議さから始まっている。さらに，そのような問題意識を解決するために，試行錯誤できる教育環境があったことをインフォーマントたちは回想する。

すなわち，「コミュニティに働きかける機会」が日常的にあること，また，それを改善できる実践的な場があることで，「自分の属する社会からよくしていかなきゃいけない意識」(4J) が育つと考えられる。教師の介入がなく，学生たちに任されているという信頼と，「自分たちでする」ことが許されている環境があることで，学生は自発的に，主体的に学校の活動に関わろうと

していることが読み取れる。「自分のことは自分でする」だけでなく，学年が上がるにつれて，「自分たちのことは自分たちでする」というコミュニティのあり方を考えるようになる。すると，「当たり前のことを当たり前にできるようにするためにどうするべきか」(1A) についてクラス全体で話し合うようになるという。在学生 (3B) も「自分のことを考えるよりも，女子部をよくしなくちゃって考えてた。下級生とか学校のために考えて，行動するほうが優先された」と中学・高校に在籍していた当時のことを話した。

　学校をよくするために働きかける機会があらゆるところに設定されていることで，自律的な行動を取れるように成長していくと考えられる。また，このような行いが有効に働くのは，その場にいる同級生や教師，先輩・後輩などからの賞賛や励まし，アドバイスなどの反応がすぐにわかる環境にいるためであろう。誰かのため，困っている人のための働きかけを通して，学生は対費用効果ではない基準で物事を捉えている傾向にある。それは，「お金をもらわないでやることのほうが価値がある」(4J) や，「貧しいって基準は，機械を作り出した側の押しつけ」(4D) といった発言からもうかがい知ることができた。

【3】他者とともにいる技法

　異年齢の学生がともに生活し，ともに働くことで生まれる人間関係を通して，学生は他者へのケアを体得していることがわかる。寮生活で上級生から褒められたり，叱られたり，また，クラス内で自分の間違いを指摘されたりすること，さらに，教師に相談して，丁寧に対応されたりすることで，自分の存在が認められていることを確認していく。そのような経験の積み重ねによって，学園が学生一人ひとりの居場所として意識化されている。

　クラスメートとは，最短7年間から最長19年間一緒に過ごしていることから，「嫌だと思っても，違うところでいいところを見つけて，何でも話せる濃い関係」(1D) や，「お互いの弱みを出して，受け入れた。お互いに悩み

をサポートしあった」(3F) 関係を築くことができている。教師の介入なく，クラスや寮のことについてなど，一つひとつの問題を徹底的に学生同士で話し合うことを繰り返してきているため，みんながよいと思える「合意形成」(2A) をすることが訓練される。それは「何かしら目的を持って，みんなでやるっていう，一人じゃないよっていう，みんなで感，っていうのかな」と，ある卒業生 (1D) は話す。この「みんなで感」を何度も共有することで，意見や性格の異なる者同士でも，みんなですることの方法を体得していくと考えられる。また，「みんなで感」とは，誰かが「できないことに対して手助けすること，見捨てないこと」(4G) であり，一人ひとりがいるという環境全体を示していることがわかる。特に次の発言にそれが現れている。

> 例え，みんなが嫌だってつっても，その環境がゆるしてくれてる。動物だってそうじゃないですか。ワニとかだったら，普通にみんなから嫌われてるじゃないですか，危ないとか，怖いとか。でも，サバンナだったら，彼らはいるじゃないですか，ずっと。彼らの住む環境があって，適地とする場所があって，彼らが天敵としてる存在すらいるぐらいなんで。つまり，環境がいさせてくれるわけですよ。学校って，それとおんなじなんだなぁって思って。僕って存在もいさせてくれるだろうな，みたいな。(3A)

前述した項目で述べたように，自由学園の生徒・学生は高校までの生活の中で，学校行事や日常の「仕事」など，何らかの目標に向けてクラスや学校全体がまとまって活動する経験を積み重ねてきている。そのため，彼ら／彼女たちは目標を達成させるための集団のまとまり方を習得している。卒業生 (2E) の言葉を借りれば，高校までは「団体の中の個人っていう意識が強い」ため，「常に自分以外のことを考えなきゃいけない生活」であったというほど，個人よりも集団としてのまとまりが強調されたのである。一方で，最高学部

に入ると「団体って枠がなくなったから，すごく自由というか，自分で選ぶ，何でも選ぶっていう環境にいきなり変わって」，個人が強調される生活になると言う。それは，「今まで団体で生活してた仲だからこそ言える，個人的な意見だとか，それで持てる個人的な意見とかがあって，(……) でもやっぱりみんな団体でいたから，そこに，安心感を覚えちゃうじゃないですか。でもその中で個人を追究できるかっていうのが，学部」(3C) であると，在学生は説明した。「団体」というまとまりを経験しているコミュニティであるからこそ，一人ひとりは「安心感」を抱き，自分という存在を「いさせてくれる」環境を居場所と感じられるのであろう。それは，メイヤロフのいう「自分の落ち着き場所にいる」という「基本的確実性」に相当しよう。

　一人ひとりの存在が認められ，一つの有機的なシステムを形成している学校で，学生たちは，さまざまな困難な状況に直面しながら，わかり合えない他者とともにいる技法や抗えない状況に対応する術をそれぞれ身につけていると言える。楽観的な思考で切り抜けようとする者，行動や発言することで状況を突破しようとする者，同じ思いを共有できる人に呼びかけようとする者など多種多様であるが，どの意見にも共有して見られたのは，「自分ができる範囲のことをする」ということだった。つらい状況に置かれても，状況をよくするために，何かできることをしようとする意志の力を読み取ることができた。

【4】世界観を広げる学び

　生活に根ざした学際的な教育活動を通して，学生は客観的な考え方や多角的な見方を学び，自分の「知らない」世界の広がりを経験している。未知なものへの好奇心をもち，楽な活動ではなく，大変な仕事や活動を選び，自分自身の成長を貪欲に求めていることがわかった。一人の卒業生 (1A) は，卒業して物事を俯瞰的に考えられていない，目先のことばかりになっていると現在の多忙な仕事の状況を振り返るも，仕事のやり方には学園での学びが影

響していることを話す。

　　楽なほうがいいですよ。でもあんまり得るもんないから。それだったら，
　　もっと一緒にやってくれる人って，大体大変なものやったときのほうが
　　みんな仲よくなるし。そのほうが後々，ああいうことあったよねみたい
　　な話もできるし，絶対そっちのほうが楽しい。(1A)

　大変さを共有することで得られる親密な人間関係は，前述した項目との共
通性を見出すことができよう。多様な教育機会を通して，学生はまだ知らな
い世界と出会い，そこでまた新たな自分の成長を経験する。自由学園の一貫
教育の最終課程である最高学部の3，4年生が選択するゼミは，「環境と経済・
社会」，「ライフスタイル」，「人間形成と教育」，「世界と日本の文化」，「数理
モデルとインターフェイス」，「自然の理解と創造」の6つから成り，卒業研
究としてグループ研究と個人研究を行う。毎年3月に開催される卒業研究報
告会で発表される内容を見ると，ほとんどのゼミが自由学園や周辺地域，学
園関係施設をフィールドにした研究である[25]。そのため，実際に学園に働き
かける「学園特別実習」や「掃除」などとは異なり，学問的な専門性を活か
して学園に働きかける機会となっている。学園をよくすることを考えたこと
がないと話す在学生も，「卒業論文を通して，いいのがあれば，先生たちの
目に留まるかも」(3A) とその影響力の大きさを示唆した。さらに，卒業研
究をきっかけに学園に新たな提案を出そうとする学生 (3K) は，「これから，
学園への楽しさのある関わりを増やしていきたい」と話し，学園に積極的に
働きかけることをしてこなかった過去の自分を振り返りながら，「ナウな自
分と，ウィルな自分を見てほしい」と卒業研究に対する意気込みとそれに関
わる自分の楽しみを強調した。
　バランスのとれた授業や諸活動によって，学生たちの知的関心は広がり続
ける。それが，自由学園の教育の総仕上げとされる最高学部の卒業研究へと

つながり，個人の世界観の広がりと深まりに寄与している。

［自由学園の課題］

　上記4点の特徴とともに，自由学園の教育の課題として挙げられたのは，同学園の「閉鎖性」である。

　【3】の「他者といる技法」からは，学生たちが協働の場を通して団体としてのまとまる術を身につけていること，同時に，「安心感」のあるコミュニティを形成してきていることを読み取ることができた。しかし，このことは，同学園の閉鎖性を強める働きをもち得ていることにも気づかせられる。学生たちの中には，自由学園の人間関係や教育環境に「安心感」を覚えるため，その場にとどまり，同学園とは関係のない場に出る機会を活かすことができない者もいる。「個人を追求できる」時期である最高学部において，その機会が十分に活かされていないことは，【4】の「世界観を広げる学び」にも通じる課題として見ることができる。

　【4】の「世界観を広げる学び」には，先述の肯定的側面とともに，学園の教育の課題を示す「閉鎖性」という反対項目も含まれている。学生は，自分自身の「知」の広がりに貪欲になる一方で，その活動の幅を広げることは多くなかった。彼ら／彼女たちは，学園が提供する機会を十分に利用し，さまざまな働きかけをしてきている反面，「どうしても内々で完結させようとしちゃってる部分がある」(2A)。それは，最高学部での学びに対する不満として，インフォーマントからも聞かれた。「学校内のことは当たり前だけど，地域に出て活動することがない分，学園は内向きだと思うし，遅れていると思う」(4A) や，「(私は) 学園内にこもってしまったから，外に関わるでも，働きかけるでもあったほうがいい。中だけじゃなくしたほうがいいと思う」(1B) などからも，学園の「閉鎖性」ないし内向性を読み取ることができる。また，学園の閉鎖性は，学部生の研究の発信が一部に限られていることにも表れているとして，卒業生 (1C) は次のように指摘する。「学部の研究が自己満足というか，自分たちが所

属してきた学園について取り上げたテーマでも，男子部・女子部・初等部への内々に発信していく力が弱い。」学部進学者が年々減っていることを心配し，学園をよくするなら，学園内部の女子部や男子部を最高学部の外部機関として捉えて発信していくことも一つの方法だと述べる (1A)。

また，「学園で学んだことがいかに素晴らしくても，それを相手にわかるように表現したり，伝えたりするためには，ある程度の知識なり，言語力なり，学力が必要になってくる」(1C) と，学園生の勉強不足を指摘する声もあった。それは，自由学園が専門的な学問を学べるのに十分な豊かな教育環境をもっているにもかかわらず，現在の教育活動が「労働の延長でしかない」(2A) と批判する卒業生の言葉からもうかがえた。

生徒・学生が生きる現代社会に働きかけて「よくする」ためには，現代社会が抱える「大変さ」や「面倒くささ」に出会う機会が必要である。それは，自由学園の次なる挑戦であろう。経験を十分に積んでいる学園生だからこそ，勉学的な学びを通して広がった世界の深化が求められている。

第3節
変容をもたらす教育への示唆

1. 自由学園と社会変容

前節の調査の考察を，自由学園創設者である羽仁もと子の言葉を引用することから始めたい。それは，今でも学園の入学式で学園長によって新入生に伝えられる，「あなたたちは学園をよくするために入学を許された」という一文である。第1節で捉えたもと子の教育思想は，自由学園の教育理念である「生活即教育」に現れている。協力して自分たちで考えながら生活していくこと，それを一日，一日と日々続けていくことで，よりよい社会がつくられていくという，一人ひとりの生活と社会づくりに，教育が有機的に関連していることを示す考えである。その実践の場が自由学園であり，学園に入学した学生は，上の

言葉を伝えられる。この言葉からは，学園という学校システム全体をよくするために一人ひとりの存在が必要であり，一人ひとりの手によって，学校全体が日々動いているという意味を読み取ることができる。「一人ひとり」には，生徒を始め，教職員，保護者，卒業生など学園の運営に関わるすべての人が含まれ，みな対等な発言権を持ち，学園のために働くことが求められている。そこにあるのは，教師と生徒という二者だけの関係ではない。それぞれの立場にいる人が同等の権利をもつことができる環境がつくられているのである。ゆえに，生徒・学生が主体的に発言することや行動することが認められ，受容されているのである。

　この対等な関係は，キリスト教的価値観に根ざしていることも深く関わっていると考えられる。もと子（1950：42）は自由学園には先生がいないと断言し，「ただ一人ここに変わることのない先生があります。それはキリストです」と唯一絶対の教師の存在を示している。自由学園は，キリストの教えにしたがい，神の前の平等を説き，一人ひとりの生が尊重されるシステムをつくり上げたとも言える。それは，学園内に宗教主事を置かないという方針にも表れているだろう[26]。

　前述したように，身体・精神・霊性という3つにバランスよく働きかけることの重要性を述べるもと子の思想が，頭と身体と心が関連し合いながら，人格を発達させていくという考えに基づいている。そのため，自由学園では，科学と芸術と宗教に根ざした学際的な取り組みが行われている。特に宗教と芸術に関わる授業が，学生に与えている影響は，本章で扱った調査からもうかがい知ることができる[27]。日々の生活で起きるさまざまな問題を通して，自分自身を振り返ること，また自分を表現することが，授業として改めて用意されていることは，数値化できる偏差値ではなく，前学園長である羽仁翹が言うところの「人間値」を高めることにつながっていよう。日本の教育システムが点数化できる「目に見える力」を重視しているのとは対照的に，学園が愛や感謝，協力，いたわりという数値化できない「目に見えない力」を求め続けるのは，キリス

第4章　変容をめざした自由学園の教育　　199

ト教的価値観との関連があるからであり，「真の自由人」を育てるという目的に必要な教育のあり方であるからである（羽仁翹，2005：107-114）。

　自由学園は，現代日本の教育システムがなおざりにしてきた「目に見えない力」を身につけ，周囲の人や社会を「よくする」ことに価値を置いて，教育活動を続けてきた。それを点数化して評価することには無理が生じるだろう。それは，人が成長していくというプロセスや，人がどこでどのようにふるまっているのかという文脈を見ることが求められるからである。人間が成長するということは，時間や場所，人が関わっていることを示唆し，それは人によってそれらの関わり方も異なる。数値化すること，標準化することで切り捨てられるものが，生活するという行いにすべて組み込まれている。さまざまな機会を通して「目に見えない力」が養われる自由学園の教育システムの可能性に，私たちは今一度目を向け，現在の教育システムのあり方を考え直さなければならないだろう。

　学生は学校に働きかけることを通して，多くの困難さや大変さに出会い，「成長」していることが前節の調査からもわかる。学生がいう「成長」とは，本論で扱ってきた「変容」に相当しよう。それは，「平凡な日常のほうが楽だけど，何かあったときのほうが成長してるって経験的にわかってるから，また強くなれるんだって（考え方を）変換するのが染みついてる。」（4C）と話す学生の言葉からもわかる。大変さや困難さ，つらさがあるとき，学生は，自分一人じゃできないという，自分一人の無力さ，弱さに気づく。それをクラスや特定の友人に開示し，問題を提起することで，「みんなで」その困難を乗り越えてきた経験がある。このような経験を積み重ねてきた学生たちは，自分たちがどういうときに成長しているのかを客観的に捉えることができていると言えよう。

　弱さを開示し，みんなでそれを共有し，協力しながら，問題を解決するという変容のプロセスを幾度も経験し，学生たちは「強く」なっている。しかし，その強さはプロセスや文脈を通してでしか見ることができないため，その評価は学園内でとどまってしまう。内部に働きかけることを当たり前とする環境で

続けてきた行為が，学園外に出たときにどのように評価されるのかを最高学部のときに身につけるべきだと卒業生は振り返る。「学部は社会に出るゼロとイチの中間の地点」(3F) にあるからこそ，「学園で学んできたことをほかの人にどう伝えるか，どうやったら伝わるのかを考えることができる環境」(1C) を活かすことが求められていよう。このことは調査結果からも明らかなように，学園の閉鎖性が自由学園ないし関連団体への働きかけにとどまっている現状を表している。社会に対して発信したり，働きかけたりする機会が一部に偏ることなく，現代社会に対して働きかけていくことがこれからの課題であろう。

最後に，自由学園の実践がシステムとしてどのように位置づけられるのかについて，第2章で示した社会システムの見取り図をもとに考察する。

図2-5 では，横軸が変化に対する開放性，ないし閉鎖性を示し，縦軸が問題に対応する際の当事者性の高さと低さを表している。第1象限である「変容」は，現状の問題点を認識し，変化に対して開放的であり，人々も積極的に関わろうとする意思があり，一人ひとりが多様な機会を見つけて，行動している状態である。第2象限は，継承されている価値観に基づく社会システムを維持しようとする「伝統」である。人々が関わることで状態を保とうとするため，当事者性は高くなる。第3象限の「再生産」は，変化に対して閉鎖的であり，社会の流れに押されるような当事者性の低い状態である。最後の「改革」は，社会システムが変化に対して開かれており，その必要性を人々は感じているけれども，当事者性が低いため，誰かが変えてくれることを期待している状態や，組織の上層部からの命令によって変わるように方向づけられる状態を示す。

自由学園の教育は，一般的な近代の学校で行われていた画一的な知識を「詰め込む」教育とは相反することから，第3象限の「再生産」型ではない。また，文部科学省等からのトップダウンの「改革」によって，その方針が大きく左右されることもないので，第4象限でもない。では，第1象限の「変容」であるのか，それとも第2象限の「伝統」のどちらかであるのか，筆者は自由学園の実践がその間にあると考える。これを図示すると，**図4-5** のようになるだ

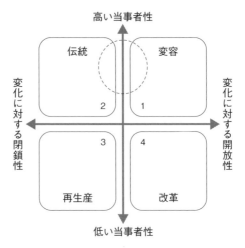

図 4-5　社会システムの見取り図と自由学園

ろう。

　自由学園がもともと『婦人之友』を母体にして社会変容を目指して，創設され，その前提として，学校を「よくする」実践を続けてきたことを踏まえれば，「変容」に位置づけられる。第1象限の「変容」は教育に関わる一人ひとりの自己変容と，学校システムの変容，それによって社会変容がもたらされていることを示している。今回の学生への調査から，「自分のことは自分でする」という自治の思想が「自分たちのことは自分たちでする」という「みんなで感」を生み，当事者性を高めていることがわかった。同時に，創設当初から学校を「よくする」教育活動を行ってきたために，それを継承していくことに重きが置かれていること，また一つの目標に向かって集団としてまとまって動くことが重視される女子部・男子部の特徴を考えると，「伝統」の側面をもっていることも否定できない。しかし，それは，伝統的な村社会にみられる個人一人ひとりの権利が尊重されず，社会全体が重視される伝統的な共同体とは異なるため，第2象限に位置づけることもできない。したがって，自由学園の取り組みは「変容」と「伝統」の間にあると考えられるのである。

自由学園の教育活動が他の学校とは異なるため，その特異性を学園外に説明することの困難さと学生は向き合わなければならない。その改善点を聞き取り調査に協力した卒業生は，学園生が勉強することだと答えた。確かに，偏差値で評価されれば，低い方の学力の学校として位置づけられるため，学生たちは「低い学力」で判断されることのつらさを経験している。しかし，彼ら／彼女たちには，羽仁翹の言う，偏差値では測れない高い「人間値」への自負がある。それを活かしながら，社会に貢献できる人を育成することを求めているのならば，学園生は社会に対応できる知を身につける必要があろう。高橋和也（高橋・小林，2012：81）も指摘しているように，学園生は学校に働きかけながら，それ自体を「社会」として認識し，それを維持・管理してきている一方で，学園生のみならず，学園の教育の視点としても，現代社会のさまざまな課題への関与が希薄であるため，学園の活動が他の実践と共有されることが難しく，「広く未来を築くための共通課題や同根性」（大島・伊井，2012：89）を見出すことができないのである。ゆえに，社会に向けた汎用性が低く，自由学園だからでき得る実践とされかねない閉鎖性ないし，内向性が高まっていると考えられる。

　自由学園は，子どもの発達に応じた総合的かつ包括的な教育実践を行い，学生が「社会」のあり方を模索しながら，具現化してきた優良実践である。このことを活かし，広く社会に共通する問題と関連させた取り組みを学園の教育活動に組み入れ，発展していくことが望まれる。学園の取り組みが学園というミクロなシステムの中で捉えられるだけではなく，現代社会の中でどのように位置づけられるのかという俯瞰的な視点をもって，「自分たちで」評価することが期待されている。そうすることで，自由学園は，女子部，男子部という「学校」単位で完結していたホールスクール・アプローチを，自由学園という教育機関全体として統合的に捉えることができるホールインスティチューション・アプローチへと転換し，よりダイナミックな教育活動を実践することが可能となるだろう。学生たちは，学外の問題を考えながら，学内に働きかけることができ，自分たちの実践を客観視するとともに，社会に対して説明する「知識」

や「言語力」,「学力」をもつことができるようになる。学内と学外を往還する作業によって,自由学園の有機的な教育はより深まりを増し,その存在意義を改めて確認することができるだろう。

2. 変容をもたらす教育とケア

　自由学園は「社会に働きかけて,社会をよくすること」をその教育の使命としている。ゆえに,変容を目指した教育の事例として本章で取り上げた。実際,前述したように,その閉鎖性から社会変容をしているとは言い難いが,学校というコミュニティの管理のために,生徒・学生がコミュニティに働きかけてきたこと自体に,その実践の意義を見出すことができる。それは,先の社会システムの見取り図で位置づけたように,自由学園は「伝統」と「変容」の間にあり,高い当事者性をもっているということである。この高い当事者性は何から生まれるのかについて,ケアの視点から検討し,本章のまとめとしたい。

　調査結果から,自由学園の教育の特徴が「関係性を考え直す生活」,「コミュニティに働きかける機会」,「他者とともにいる技法」,「世界観を広げる学び」の4つに表されることを示した。これら4つの基盤にあるのが,「関係性を考え直す生活」であることは,自由学園の教育理念からも明らかであるが,これら4つの特徴をつなげているのが,ケアであると筆者は考える。

　「関係性を考え直す生活」に根ざした教育実践には,「自分のことは自分でする」という自分自身に意識を向けること,また,さまざまな係りや委員の「仕事」を通して,他者と関わることが含まれている。親によって支えられていた生活から自分でする生活に慣れるためには,自分自身に意識を向ける必要がある。必然的に,自分の生活や行動を振り返り,考えなければならなくなる。自分自身をケアすることが始まるのである。しかし,土井 (2009) によれば,これだけに終始すると,自分の内面にのみ意識が集中して,自分自身を追い込んでしまう危険性がある。これを回避するためにも,他者と関わり,意識を外に向けさせる必要があると言う。自由学園では,自分自身へのケアのみならず,

他者に意識が向かうことや「仕事」があることで必然的に意識を外に向けることができ，自分自身をケアすることに意識が集中されるのを防ぐことができるのである。それは，「自分たちのことは自分たちでする」という自治があるためである。生徒・学生は「仕事」をすることで，「大変さ」や「面倒くささ」に出会う。自分が抱えているつらさや悩みを他者に開示したり，内省したりすること，さらには次の仕事に専心することで，「大変さ」の重みが軽減されるのである。「コミュニティに働きかける機会」は学年が上がるにつれて増えていき，異年齢の上下級生とも関わることで，他者をケアすることを習得していくのである。「仕事」を遂行するうえで直面する他者のわかりあえなさに対して，生徒・学生は自分が働きかけることができる部分とできない部分を見極め，できない部分を認めたうえで，できることをしていく術を身につけている。人との違いを認めながら，互いのできる部分で補い，他者を排除しないシステムを形成してきた。

　自分自身をケアしながら，他者をケアしていく自治の教育が成り立つのは，自由学園という教育システムに内在している精神性がケアに通じるからであると考えられる。生徒・学生が自分たちですることを認め，許容しているコミュニティであるからこそ，生徒・学生は大人からの信頼を感じ取れ，自分たちですることに意識を向けられるのである。広井良典 (1997：8) が，ケアすることは「時間をあげる」ことであり，「時間をともに過ごす」ことであると指摘しているが，自由学園で捉えてみれば，それは自由学園が生徒・学生たちと「時間をともに過ごす」ことができていることを意味していよう。つまり，自由学園は，生徒・学生たちが「みんなで」時間をともに過ごせる機会を提供しているのである。同級生，上下級生，教職員それぞれが，一人ひとりと時間をともに過ごすことを惜しまず，話を聴いたり，状況が落ち着くまで待ったりすることで，生徒・学生は自分自身の居場所を確認することができる。一人の学生の発言にあったように，学生の側からすれば「居させてくれる」安心できる場なのである。このような環境がしっかりとしているからこそ，学園生は，つらさ

を乗り越えることに耐えられる「強さ」をもっていると考えられる[28]。

　自由学園は，生徒・学生と時間をともに過ごし，さまざまな教育活動のプロセスを卒業生も含めて共有している「ケアするコミュニティ」であり，そこで取り組まれる教育を通して，生徒・学生はつらさをわかち合いながら他者とつながり，自分自身の成長を実感することができるのである。ここには，他者や学園に働きかける生徒・学生の「能動的なケア」と，それを待つ教師の「受動的なケア」がある。教師の「受動的なケア」について，一人の在学生 (4I) は，「先生たちが相当支えてくれていた。後ろで手をまわしてくれていたり，あとから一緒に怒られたりした。そういう人たちの存在があることに，学部になって初めてわかった」と語った。学校教育において，生徒・学生への教師の働きかけ，すなわちケアすることが当然視され，またそれは「能動的なケア」であることが期待される。しかしながら，「ケアするコミュニティ」は教師の役割を再考させる。上に引用した学生の言葉から，彼らの活動の支えにあったのは教師の「受動的なケア」であったことが読み取れる。待っている人，聴いてくれる人の存在が，生徒・学生に「在る」ことを，活動することをゆるすのである。

　生徒・学生の学びや成長のためには，彼ら／彼女らが所属する場に働きかける「能動的なケア」が必要であり，これにより当事者性が高められる。こうした学びを支えるのが，教師の「受動的なケア」である。「ケアするコミュニティ」は，ケアの陰陽とも見受けられるこの2つの側面によって成り立ち，生徒・学生はここに居場所を感じられる。変容をもたらす教育に求められるのは，生徒・学生が信頼と安心を感じられる教育環境であり，一人ひとりが自分自身の存在を感じられる教育活動であり，また，プロセスが共有されるコミュニティであると言える。それらが一つも欠けることないような有機的なシステムを整えていかなければならない。

注：

1　例えば，2009 年に開催された「アジア太平洋教育者フォーラム」で公表された「HOPE 東京宣言」文内において，ホールスクール・アプローチを促進することが ESD 評価の中の一つに組み込まれることが強調された。詳しくは，ACCU (2010) を参照されたい。

2　同会議は，1977 年のトビリシ会議の 35 年後の開催であることから，「トビリシ + 35」と呼ばれる。宣言文については，Intergovernmental Conference on Environmental Education for Sustainable Development [Tbilishi + 35]. (2012 = 2013) を参照されたい。なお，トビリシ + 35 のホームページ〈http://www.tbilisiplus35.ge〉は，2017 年 12 月 1 日現在閲覧ができなくなっているため，IUCN のホームページより入手が可能である。

3　結婚前後の姓の変化による混乱を避けるため，および，文脈から夫や娘たちと思われる可能性を取り除くため，「羽仁」ではなく，本文中では以下，「もと子」を用いる。

4　岩間浩 (2012 : 36) によれば，もと子の母方の親戚に，キリスト教徒 (ギリシア正教伝導士) がいたこと，八戸の士族が明治 6，7 年にクリスチャンになる者がいたことなどから，もと子はキリスト教の雰囲気になじんでいたという。

5　もと子は，八戸の公立小学校と，盛岡のカトリック系ミッション・スクール (現，盛岡白百合学園) で教えた。明治女学校のキリスト教プロテスタント学校と盛岡のカトリックの学校との違いを，もと子は「明治女学校の中には，キリスト教思想があっても信仰はなかった。尼さんのほうの宗教には，神秘的な憧れはあっても，人間の血や肉の上に与えられる信仰ではなかった」と記している。当時，カトリック教会は，第二バチカン公会議の前の時代にあたるため，聖域である敷地を出て社会運動をすることが禁じられていた。もと子が出会った「尼さん」は，教育修道会であるシャルトル聖パウロ修道女会の修道女である。子どもたちが帰宅した後，「全く世の中とは没交渉の世界であった」とあるように，修道女の生活は祈りを中心とする私語厳禁の時間に切り替わり，もと子の言うように，「人間の血や肉の上に与えられる信仰」をみることはできなかったであろう。一方の，明治女学校は「実に社会的で」あったが，「生ける信仰を欠いていた。その聡明さはキリスト教思想を解していても，本気に神に仕えようとしていなかったであろう」と回想している。〔引用文献，羽仁 (1928a : 61-62)〕

6　北京生活学校で行われた日本語教育と，羽仁夫妻が抱いていた中国に対する考えが侵略的であるという指摘もあるが，生活学校で中国人と日本人が共同生活をしたことの意義は平和構築の面で高く評価できる。〔参考，太田 (1998)，王 (2010)〕

7　開始当初は男子学生からの有志の参加であったが，1999 年から女子学生も加わり，有志 20 名程度と引率教員数名がネパールの首都カトマンズの東に位置するカブレの丘で活動を行っている。1989 年にインド，タイ，ネパールに派遣された教員によって，どのような働きかけの可能性があるのかについて確認がなされた。男子部での植林活動を活かした取り組みができるとの判断によって，カトマンズ営林署の協力のもとでネパールで

の活動が始まった。このネパールワークキャンプをきっかけに，1994年からネパールからの留学生が定期的に入学している。〔参考，羽仁翹（2005：201-202）〕

8　評論家の大宅壮一（1980）は，もと子を「自由主義教育の家元であり，信仰と教育と生活を結びつけた一種の新興宗教の教祖でもあった」と形容した。また，自由学園は独自の実用主義と合理主義に基づき，生活に困らない良家の子どもやその親の「一種の選民意識，知的貴族主義といったようなものがそこから生まれ，二代目実業家，東京文化に憧れる地方財閥，大学教授や高級官吏などの間に熱烈な支持をえて，羽仁もと子の存在は，彼らというよりも，その夫人たちの偶像となって，その子弟を続々と自由学園へ送りこませた」と大宅は評した。大宅が指摘するように，自由学園がもつ選民的な特徴は否めないが，それは私立学校一般の特徴とも見えるだろう。またこの評論からは，当時の自由学園の影響力の大きさを読み取ることができる。

9　もと子（1950：70）は「やや極端にいえば，身体（からだ），精神（こころ），霊性（たましい）と，この3つを含む活力を強くしてやりさえすれば，そのほかのことは何もいらないと思ってもよいほどである」と述べている。

10　男子部は中等科1年生が全員1年間寮生活をして，生活の基本を学ぶ。女子部は地方生や通学に1時間半以上かかる生徒，また委員になったときに入寮する。

11　斉藤（1988：143-149, 200-209）は，もと子がクリスチャンであったこと，また当時の時代背景から，もと子の思想が反軍国主義，反ブルジョア主義，反唯物主義であり，非マルキシズムであったと述べ，独自の社会改造論は団体の行動を重視する点において，ファシズムに足をすくわれかねない危険を含んでいたと指摘する。

12　自由学園以外の私立学校の教育における教育理念と教育活動の関係については，曽我（2007）を参照されたい。

13　自由学園創設当初の女学生は，中流階級の出身者が多く，その家庭には「雇い人」がいた。「自分のことは自分でしたいと思いながら，つい雇い人にものを頼むことにならされている子供ら」だったため，面倒と困難に直面することが多く，保護者からの非難もあった。しかし，それに対して強く主張したのは，学生たちであったと，当時のことをもと子は回想している。〔参考，羽仁（1950：28-31）〕

14　イギリスのトニー・ブレア政権で促進された「サステナブル・スクール」の取組みでは，学校の取組みを評価する指標とワークショップ用ツールがつくられている。例えば，Department of Children, Schools and Families（2008, 2009），Government Office for London（2008）を参照されたい。

15　クリスピン・スクールについては，永田（2006）を参照されたい。

16　例えば，矢野恭弘（2010）「おわりに」自由学園総合企画室編『自由学園とは？100問100答』自由学園広報室，p.71. この言葉は，聞き取り調査でインフォーマントが使った言葉であり，自由学園の教育を特徴づける言葉として共有されていると考えられる。

17 同上。

18 インフォーマントの ID コードは，左の数字が学年ないし，卒業後の年数を示し，右のアルファベットは調査順を表している。例えば，3A は調査当時，最高学部 3 年生で 1 番目に調査に協力したインフォーマントを指す。また，2C なら，調査当時，卒業後 2 年経っているインフォーマントで，3 番目にインタビューしたことを表している。

19 調査の記録のために使用した IC レコーダーに表示される時間から，実際にインタビューを始めるまでの調査説明等を差し引き，インタビューにかかった時間を記している。なお，記録は，録音の許可を取ってから始めている。

20 卒業生の進路は，4 年制大学卒業に相当するとして就職している人や，資格が必要な職業に就くために大学や大学院に進学する人などさまざまである。〔参考，自由学園総合企画室（2010：49）〕

21 卒業生への調査のトランスクリプションは，一次起こしを数名の調査協力者に依頼し，筆者が最終的な確認を行った。トランスクリプションは，桜井（2002：177-180）がまとめた表記方法を用いて行った。

22 本項では，佐藤（2008）による質的データ分析で使用されている用語を文脈に即して一部変更している。

23 インフォーマントの個人情報保護のため，トランスクリプトを本論に添付することは控えた。

24 インフォーマントの言葉は，インタビューに応じた際に発せられたままの状態を載せている。

25 2012 年度の報告会で発表されたテーマは以下の通りである。「マーケティングの視点からみた『自由学園のブランド戦略』」（ライフスタイル），「那須気象データの統計モデルによる体系化」（数理モデル），「プロジェクトマネジメント手法の開発」（インターフェイス），「自由学園らしい放課後の過ごし方の研究：JIYU アフタースクールのあり方について考える」（人間形成と教育），「自然と人のかかわり：武蔵野の動植物，ニホンミツバチを中心に」（自然の理解と創造），「地域と自由学園の持続可能な関係づくりに向けた行動変容に関する研究：向山緑地としのゝめ寮の取り組みを通して」（環境と経済・社会），「人を動かす力」，「Amenity：生活における快適性の考察」（世界と日本の文化）。

26 教育における宗教の必要性を論じる一方で，「教育の詰め込みよりも宗教の詰め込みは実におそろしいことです」とあるように，宗教の与える影響力の大きさを認識しており，宗教を強要しない姿勢を保った。それは，現在にも引き継がれている。〔参考，羽仁（1950：41-46）〕

27 インフォーマントに，授業では何が好きだったかという質問に対して，彼ら／彼女たちの多くが美術と答えた。また，体操やキリスト教の授業を挙げる者もいた。

28 ここでいう「強さ」はつらさや悩みを経験して身についた精神的な弾力性を表しており，

体力や技術が優れて他を負かす意味を含んではいない。近年注目されているレジリエンス resilience に相当するだろう。

第5章

社会変容をめざす ESD

第1節
教育を通した「ケアするコミュニィ」の形成

　身の周りの持続不可能性を持続可能性へと方向づけ，自己変容と社会変容を
もたらすことが，ESD に課せられたミッションである。この使命の重要性を
認識するためにも，「ESD のエッセンス」とは何であるのかを確認しておく必
要があろう。それは，前章で捉えたケアであると筆者は考える。本章では，4
章で捉えた自由学園の特徴である「ケアするコミュニティ」について，3章ま
での見解をもとに考察し，ケアと ESD との関係を検討し，本書のまとめとし
たい。はじめに，前章までの内容を振り返る。

　持続可能性を考えるうえで，まず求められるのは，持続不可能性を認識する
ことである。何が原因で危機的な状況が引き起こされているのかについて，確
認することが必要であり，根本的に捉え直そうとしたのが，第1章である。は
じめに，近代以降の思考様式の基盤となっている二元論的な世界観を問い直し
た。二元論的な世界観によって全体性のある知識体系は分断され，科学は自然
科学という限定的な領域を示す言葉として使われるようになった。本来，知の
全体性を表していた科学が，西欧近代科学技術の進歩の過程とともに見落とし
てきたのは，近代科学では測ることができなかった感性や伝統知，信条などの
精神性に関わる部分である。分断された知識体系と思考様式によって引き起こ
された現代的な課題に対応するためには，全体論的な世界観に基づいた思考が

211

求められる。

　第2章では，地球規模の諸問題と思考様式が関わっていることを確認したうえで，複雑化する諸問題に対応するために必要となる考え方の一つとして，センゲやシャーマーが示す〈システム思考〉について検討した。近代科学技術の進歩と経済成長にともなって，社会システムは一人ひとりの生活から経済や医療福祉，教育などに関わる営みを切り離してきた。私たちは気づかないうちに，自分自身で心身の調子を整えることができなくなり，情報の正しさを判断する知性や感性などのバランスを崩してきた。自然，ないし共同体から切り離してきた人間性を取り戻していくための開発のあり方として，「いま，ここ，わたし」という視点をともなう〈持続可能な開発〉を検討していくことが求められる。そのために重要となる手法の一つとして捉えたのが，ケアであった。ケアには，自然と人間，他者と自己との関係を捉え直す自己変容のプロセスが含まれているため，それによって，切り離してきた関係性をつなげていくことができる。

　1992年のリオ・サミットで合意された「アジェンダ21」で，深刻化するグローバルな諸問題に対応するためには，教育が必要であると改めて強調され，ESDは誕生した。誕生までの経緯を振り返り，その特徴である「自分自身と社会を変容させるための学び」について検討したのが第3章である。「変容的学習」を提唱したメジローの理論をはじめ，センゲの「学習する組織」論，シャーマーのU理論を用いながら，自己変容と社会変容の関係を捉えた。個人と社会をつなぐ教育を通して，囚われている前提を意識的に捉え直そうとするのが変容的学習であり，社会変容につながる「文化的な行為」であることを確認した。意識の変容に求められる「深く開かれたシステム思考」，変容のプロセスを示すU理論を使って，個人の自己変容と社会変容のつながりについて論じた。個人と，個人が属するコミュニティを組織的に変容させながら，教育文化を変容させることが重要となる。

　第4章では，学校教育と生活が融合した取り組みである自由学園の教育から，個人と社会との接点を捉えた。自分自身や他者，コミュニティに働きかけるこ

とを通して，つながり合う関係性が，自由学園の長年の歴史を紡いできた。個人から切り離された人間性を取り戻すためのシステムの中心にあるのは，自分のことを自分で行うという自治である。同学園は，独自の「生活即教育」によって，関係性を取り戻すケアが暗黙的に実践されながら，持続可能なコミュニティを形成してきた。「自分のことは自分でする」という自分自身のケアから始まり，「自分たちのことは自分たちでする」という他者へのケアを通したコミュニティのケアへと，ケアの対象が広がっていき，当事者性が高められていく。それは，自治という教育方針によって，協働の場がつくられているためである。苦労や悩みを抱え，自己対話しながら自分の人間存在を深めていく自己変容と，一つひとつの「仕事」を遂行しながら人間関係を深めていくコミュニティづくりという2つのプロセスが動的に関わり合い，自由学園の教育的伝統が継承されているのである。その要になっているのが，「生活する」という日常の営みに染み込んだ教育活動であり，この教育的営みを通して，自由学園は一人ひとりが居場所を感じられる環境となっているのである。

　生活するという人間の普段の営みには，人間の「生」のすべてが現れる。それは，第2章で述べたケアにつながる。人間が生きるということは，身体的に発育することや，技術や能力を身につけ，何かができるようになるという成長や獲得だけを示すのではなく，そのプロセスには，生老病死に表されるように，老いや病という一般的には望まれない側面もある。自分の力ではどうしようもできない「限界性」[1]や不確実性に対応することも含まれているのである。自由学園は，人間の「生」の全体性に向き合える生活の要素を教育の営みの中に位置づけることに成功した優良実践であり，生活するというプロセスを共有するコミュニティがつくられている事例と言える。

　自由学園の調査からは，自己変容と社会変容の統合的なプロセスを部分的に捉えることができたが，その全体像を捉えるには十分ではなかったため，今後の課題として残るが，自己変容をもたらす教育を検討するための重要な示唆を得ることができた。それは，教師と学生の関係，上下級生との関係，友人関係

という他者と自己との関係であり，ケアする関係が形成されていた。第2章で捉えたように，ケアは，他者との違いを認識し，その「差異の中の同一性」（Mayeroff, 1971＝1987）を捉え，〈わたし〉という主体から〈わたしたち〉という高い当事者性へとつなげていく行為である。自由学園から捉えることができた人間関係は，異なる他者との共同生活ないし，協働作業によって築かれていた。何か目的を達成するために話し合われる時間では，それぞれが抱いた問いに傾聴し，それが共有される。対話を重ね，一つの結論を「みんなで」導き，それを行動に移していくというプロセスが重視されていた。「いま，ここ，わたし」という視点からそれぞれが考えることで，〈わたしたち〉というコミュニティが形成されている。

　このコミュニティのもつ関係性が安心感につながっている一方で，学生たちの目は自由学園の外の世界に向けられることが少なく，内向的な性格を強めていると考えられる。ケアし合うことで自己と他者とのつながりを強め，人間存在を深めている特徴を活かし，自己に関連する世界を広げていくことが今後期待される。

　図 3-1（第3章）で示した「ESD の見取り図」では，自由学園の実践は第2象限の「無反応」に位置づけられる。それは，ESD を標榜していない「黙示的，持続・継承的実践学校」（成田，2009）であるためである。高橋（2012）が課題として挙げるように，自由学園の教育に取り入れるべきは，現代的な課題への関与である。自由学園のネットワークを活用するとともに，異なる他者に出会う機会を取り入れていくことが求められよう。ここに，ESD の目的の一つである「既存の教育プログラムの再方向づけ」の重要性を認識できるのである。IIS が示すように，ESD には普遍的なモデルがないが，実践する教育現場の地域性や文化に合わせた教育活動が展開されることが望まれている（UNESCO, 2005b）。自由学園には，全国各地から学生が集まるため，地域を一つに定めることは難しいだろう。しかし，日本という地において，またさまざまな諸問題に直面している現代社会において共通する地域的な，つまり，リージョナルな

諸問題を取り扱うことは可能であると考える。創立期にみられた北京生活学校や農村セッツルメントなどのように，異なる他者に出会う機会を広げていくことで，真に同学園が「変容」をもたらす教育として特徴づけられることができるのだろう。

　一方で，ESD に積極的に取り組んでいる学校は，**図 3-1** で言えば，第 3，あるいは第 4 象限に位置づけられる。地球規模の諸問題を扱っている一般の実践からは，一人ひとりの生活と世界との関係を見ることができるが，身近な他者との関係から深まる自己，つまり「いま，ここ，わたし」とのつながりを捉えることができない。そのため，当事者性を高めているとは言い難く，「適用」ないし「改革」となる。そのような実践を社会システムとの関連で捉えれば，**図 2-5** の「社会システムの見取り図」(第 2 章)における「再生産」ないし，「改革」に位置づけられよう。当事者性を高めるためには，自由学園の特徴から明らかなように，教育に「ケア」を取り入れることが望まれる。それは，身近な他者との関係を捉え直すことであり，休み時間や放課後などの授業外の時間における教師と学生との関係，上下級生との関係，友人関係を見直すことを示している。もちろん，それは授業や課外活動においても，他者の声を聴くという環境が整っているか否かを確認する必要性を説いている。教師や友人の「目」，つまり，他者からの評価を気にして，自身の気持ちを表出できない構造，換言すれば，抑圧的な権力構造がつくられていないかどうかに気を配らなければならない。このことは，教師間にも同様であろう。

　組織構造が明確であることは，危機管理上必要であるが，その管理のあり方を考えていかなければならない。このことは，第 2 章第 3 節でスチュワードシップとケアとの関係から捉えた通りである。子どもや若者を危険から守り，管理することは重要であり，保護者に対する学校の応答責任とも受け取れよう。しかし，第 1 章で述べたように，二元論的な世界観に基づいた機械論的な思考によって，組織を管理することで生まれる弊害は，現在の教育現場から発せられる子どもや若者，教師らの「生きづらさ」の実態からも顕著である。それは，

例えば，いじめや体罰，教師の精神疾患の罹患者数の増加など[2]，生徒・学生，教師を取り巻く学校内の持続不可能とも思える問題からも明らかである。教育が抱える諸問題に対応するためにも，管理のあり方を再検討することが求められる。

　ここで特筆すべきは，ケアの意味の一つに「管理」があるということである。人間を相手にする教育であるからこそ，機械論的な世界観ではなく，全体論的な世界観に根ざし，スチュワードシップのあり方としてケアするという視点が重要となる。それは，第2章で捉えた人間存在を問う関わり方である。管理者を意味するスチュワードシップには，超越的な存在から与えられた使命に応える「仕える者」としての姿勢が示されていた。また，関係性を捉え直すケアには，自然や他者との関わりから人間存在を深めていくプロセスが含まれていた。それは，異なる感情や価値観をもっている一人ひとりに「仕え」，働きかけ，それぞれの「生きづらさ」に向き合うことを意味する。ケアの関わりで出会う他者のいたみやつらさを通して，自分自身の問題が外在化され，それまで見えていなかった抑圧的な権力構造が意識化される。抑圧的な構造の中で生きてきた「生きづらさ」が認識され，自らの人間存在を見つめ直すとともに，目の前にいる「生きづらさ」を覚える他者とつながることができ，〈わたしたち〉という当事者性が高められていく。つまり，ケアは，「いま，ここ，わたし」という視点をともなう「深く開かれたシステム思考」を用いて，他者との関係性を捉え直していくプロセスであると言え，社会変容につながるシステムをもっているのである。ゆえに，ケアというプロセスを通した自己変容は，社会変容の萌芽と捉えることができるだろう。

　吉田敦彦（2009：190）が，ケアは「〈ひとり〉と〈みんな〉の間の〈ふたり〉」の関係とともに，「〈ひとり〉で立ち，〈みんな〉で支えることの意義」をも考えさせると述べるように，それは他者との関係性を通して，自分自身とコミュニティのあり方を捉え直していく概念的枠組みである。ケアは従来の考え方を問い直すという意味において，新たな価値観が創造されるプロセスとも言え，

ESD において，IIS に記されている「持続可能な未来や積極的な社会変容に求められる価値観・行動・ライフスタイルを学ぶ」(UNESCO, 2005b：6) 過程と言い換えることができる。

　第3章で引用したメジロー (Mezirow, 1998) は，教育は個人の変容と社会の変化をつなぐ文化的な行為であり，どちらかが優先されるとすれば，個人の変容であろうと指摘した。メジローの理論は，教育が社会に直接働きかけるのではなく，一人ひとりの人間に働きかける応答関係であることを想起させる。変容的学習に見られた，個人が当然視している既存の社会的規範や慣習によって抑圧されているという構造を疑わせること，それによってどのような問題が生じていたかを批判的に振り返らせ，それを認識させること，また，包括的に問題を捉えることを含む一連の学びのプロセスは，ケアにおける自己変容のプロセスと相似している。つまり，教育が社会という集合体ではなく，一人ひとりの変容を優先する要因は，ケアを内在している教育自体の特徴にあると考えられよう。ゆえに，ESD においても，優先されるべきは個人の変容であり，社会変容よりも自己変容をもたらす教育であることが念頭に置かれるべきであろう。以上のことから，ESD において，ケアは他者との関わり方を意味する手段にとどまらず，「自分自身と社会を変容させるための学び」にとっての重要な概念的枠組みであり，「ESD のエッセンス」と捉えることができよう。

　ケアは，ESD，Education for Sustainable Development という名前にある Development の意味を問い直させる。それが開発か発展かという社会のあり方を示すのみならず，人間的な「発達」を意味する言葉であることに注目しなければならない[3]。ESD において，目の前に悩み苦しんでいる生徒・学生や教師がいるにもかかわらず，地域課題や地球規模の諸問題に対応することが強調されては本末転倒である。ESD が理想論ではなく，持続可能な社会を形成することに貢献できる現実的な教育であるならば，身近な問題に対峙しなければならない。学校が位置する地域の特性はもちろんのこと，学校に集う生徒・学生たちが直面している持続不可能性に向き合い，関係者が自己変容のプロセスを

歩みながら，持続可能性を高めていくことにこそ，ESD の真価を見出すことができるのである[4]。生徒・学生の個々人の状況と地球規模で起きている諸問題との同根性を捉え，「生きづらさ」に向き合う教育活動が展開されるとき，変容をもたらす深い学びへと進化するだろう。

　しかしながら，ESD が社会の変容を強調し，その比重が個人よりも社会に置かれたとき，それは要素還元的に捉えられ，経済学や環境学，「SD（持続可能な開発）学」，ひいては「ESD 学」として個別の学問領域となり，IIS に書かれている「学際性」ないし，「ホリスティック」という特徴と相反する教科と化すだろう。そうではなく，子どもや若者に内在する可能性に目を向け，彼ら／彼女たちの学びをケアしていかなければならない。センゲ（2011：50）は，「人間であるとはどういうことか」という意味の核心に踏み込むのが真の学習であると指摘し，学習を通して，私たちは自分自身を再形成すると述べる。このことは第 2 章で捉えた〈人間中心〉的な自然観に基づくケアのプロセスに通じよう。また，石戸の言葉を再掲すれば（2011），「再帰的（reflective）」であり，「自己に始まり自己に還っていく」のである。「ESD の 7 つの特徴」（表 3-8 参照）の一つである，学びが身近な暮らしや営み，また持続可能性にいかにつながるのかという「適用可能性（applicability）」（UNESCO, 2006）の視点から改めて教育内容や教育方法，また教育目標を見直すことが求められている。自らの実践や学びに「なぜ学ぶのか」という問いを投じ，教育と社会との関係性を捉え直すことで，教育および一人ひとりの「生」に新たな意味づけがなされる。自己変容と社会変容の接点とも取れる，この価値づけをすることで今後の方向性を確認することができるだろう。

　「安全神話」が崩れ，支えをなくした現代社会において，教育に求められるのは「なぜ学ぶのか」という問いをもち，意味づけること，すなわち，新たに価値づけることである。子どもは「良い」教育を受け，有名な大学や企業に入る「大人」になるというシナリオが成り立たなくなり，教育の意義が改めて問われている。「人間であるとはどういうことか」という深い問いに出会わせる

こと，またその問いに応えていくプロセスをともに過ごすコミュニティを形成していくことが求められる。人間存在を問いながら，深めていく再帰的なプロセスを教育の中に組み込むためには，ケアの精神に根ざした学校文化を築いていく必要がある。ESDはIISから読み取ることができるように，ビジョンや方向性を示す教育である。その具体性は，実践者に託されていると言える。当然のように決められた教育内容や教育方法を問い直し，生徒や学生が生きている社会の状況に鑑みながら，何を扱うのかを教師一人ひとりが検討する必要がある。そのためには，教育者自身もESDの価値観を内在化させていかなければならない。下記は，人間的な発達と大人世代に着目した「ホリスティックESD宣言」の第1項と第4項である。

　　現代社会へ単に適応させるために教育するのではなく，子どもの全人的な発達のために注意深く考えてデザインされた学びの環境を創造していくこと。そのこと自体が，ESDの目的を実現する。

　　大人たち自身は，子どもに伝える前に，ESDの文化とその価値観を内在化させ，体現して生きなくてはならない。そのような大人の姿がロールモデルとなって，子どもを育てるのである[5]。

（Nagata and Teasdale, 2007：209）

　上記の宣言文は，本論で捉えてきた教育と，持続可能な開発の2つのあり方を根本から問い直す視点を私たちに投げかけていると言える。前者は，教育の機能の問い直し，後者はESDにおいて扱われる諸問題に対応するための前提の見直しの必要性を説いているのである。このような再帰性をもつESDは近代教育の隘路への一つの挑戦とも受け取れよう。教育という営みにある「当たり前」を問うことで見出せる新たな価値に基づき，創造していくプロセスが，教育の〈持続可能な開発〉であり，社会変容へとつながるのである。

経済成長や地域的な発展，人間的な発達という「開発」の多義性と，社会の再生産と人格の発達という「教育」の両義性ゆえに，ESD は使われる文脈によってさまざまな意味合いをもつ。ESD の曖昧な概念を着地させ，ESD がグローバリズムや伝統的な共同体への懐古を主張する運動の影響を受けないためにも，人を育てるという教育の原点に立ち戻る必要があることを「ホリスティック ESD 宣言」は示していると言えよう。目の前にいる学習者それぞれの「生」がケアされる教育への転換が求められている。

　ESD を通して，学校全体で生徒・学生一人ひとりの人格の発達に働きかけるように，教育内容，教育方法にとどまらず，教育環境全体を見直していくことが求められる。それは，持続可能な社会づくりに貢献できる価値観をもった人間を育てることに目的が置かれ，一人ひとりが「生」を全うできるようにケアされた学習環境を提供する必要があることを意味している。ESD は，多様な価値に出会わせ，切り離された知識体系と既存のものとを再編成させていく機会を提供しているとも言える。そのとき，深く，問いかけ，考えることが重要となる。そうすることで，出会えない他者や自然の「傷つきやすさ」に向き合うことができる。さらに，自己対話をしながら，切り離された他者や自然とともにいるコミュニティのあり方を問うのである。一人ひとりが立ち止まって自分自身のあり方を問い直し，一人ひとりがケアされるコミュニティをつくっていくことで，UNDESD の目標である持続可能な未来の創造ないし，積極的な社会変容は具現化していくだろう。

第2節
本研究の課題

　本論では，ESD の特徴である「自分自身と社会を変容させるための学び」を検討し，教育が持続可能な社会づくりに寄与できる可能性を探究してきた。二元論的な世界観の影響を受けた近代学校教育システムが全体論的な世界観を

もって再編成されることは，理想に過ぎないと受け取られることもあり得よう。しかしながら，学校現場で起きている問題は，現在の教育システムへの警鐘である。この状況を乗り越えるためにも，今一度一人ひとりが人間存在の意義について深く問いながら，多元的価値を認め，自分たちが進むべき方向性を確認していくことが求められる。そこでは，誰かによって方向性が示されるのではなく，社会状況を顧みながら，自分たちで自身に問いかけ，何をすべきか，またどうすべきかを考えていくこと，なおかつそれぞれが教育について語り合うことが必要とされている。一人ひとりがケアし，関係性を取り戻した学校へと変容し[6]，一人ひとりが生きられるコミュニティが具現化されていくことを期待したい。

　最後に，本論の課題を3点述べる。「自分自身と社会を変容させるための学び」を捉えるために，本研究は対象を若者に設定した。「変化の担い手」とされる若者がいる社会を検討することで，変容をもたらす教育としての ESD の性格を捉えることができた。しかし，自由学園の調査から自己変容のみならず，社会変容の統合的なプロセスの全体像を捉えることができなかったため，今後の課題として，若者の学びをもたらす高等教育の実践とその成果を捉えながら，その特徴と課題を示していくことが挙げられる。高等教育は，教師を始めとする大人たちの学びなおしの場でもあるため，今後生涯学習の重要な教育拠点となることが期待されている。実際，ESD においても HESD (Higher Education for Sustainable Development) として研究と実践が進められており[7]，「自分自身と社会を変容させるための学び」に関するより発展的な議論を展開するためにも，HESD に関する研究を，今後も押さえていくべきだろう。

　若者に焦点を当てて，第4章の調査を進めたため，自由学園で学んだ学園生が卒業後どのような社会貢献をしているのかについて捉えることができなかった。「自分自身と社会を変容させるための学び」を検討するためには，社会に働きかけている卒業生を対象にした調査を行い，社会変容のプロセスを捉えることが求められる。それは，U 理論の右側のプロセスを検証するうえでも，重

要であると考える。自己変容と社会変容の両者を検証することで，教育の実態
とその成果を捉えることができよう。

　最後に，ESD と内発的発展論との関係を検討することが本研究の課題とし
て挙げられる。近年，ESD と内発的発展論との検討が環境教育の分野でなさ
れている。それは，第三者によって促される ESD ではなく，地域に根ざし，
地域に内在している文化的な自治や開発手法を内発的 ESD として再検討して
いくべきであると提案する議論である（例えば，小栗，2005a, 2008, 2012；岩佐，
2013）。佐藤真久（2012）は地域の特徴を活かした実践が生まれるという内発性
と，国際的な流れの中で ESD の必要性が強調されるという外発性に，ESD
がボトムアップとトップダウンによる組織・社会変革の可能性を秘めていると
指摘する。しかしながら，内発的 ESD については，環境教育や開発教育の分
野で，地域での活動に焦点が置かれて強調されるため，地域での取り組みに議
論が終始されている。そのため，学校教育におけるその応用的な展開について
は示されておらず，教育文化ないし学校文化の変容にまでは至っていない。

　学校教育において，内発性と外発性を兼ねているという ESD の特徴を活か
すためには，国外の ESD の実践を紹介したり，ESD に関する研究が共有さ
れたりする機会の提供とともに，内発的な実践が展開できる環境の整備が求め
られる。この意味において，学校教育における内発的発展論の検討が求められ
るのである。

　本論ではシステム思考の一つとされる U 理論とケア論を用いて，教育シス
テムの変容の重要性を説いてきた。しかしながら，両者に関係する理論として
鶴見和子らが唱えた内発的発展論を検討することで，当事者性の高い変容のプ
ロセスを捉えることが可能となろう。また，本論は現代的な地球規模の課題で
ある環境問題の源流にある人間と自然との関係を批判的に捉えながら，議論を
展開してきた。そのため，どちらかと言えば，社会的な側面，つまり，人間と
人間との関係を扱う開発学の視点が弱い。ゆえに，社会的弱者へのまなざしを
重視することで，変容のプロセスの議論を補完できるだろう。

注：

1 菊地（2006）は「自分で生まれることさえできず，自分で呼吸を止めることさえできない人間の限界性」に言及し，それを中心に据えていた社会が念頭に置かれ，持続可能性を考えていく必要があることを指摘した。

2 文部科学省（2013b）によると，教職員の病気休職者数のうち精神疾患による休職者数の割合は，約6割を占めている。平成20（2008）年まで罹患者数は毎年増加し続けたが，近年対策が進められるなどして，平成23（2011）年度の報告ではピーク時の2008年度の63.3%から61.7%に減少しているが，依然として高水準にあり，深刻な状況である。

3 ESDを教育学的視座から検討した論考として，今村（2005, 2009），日本ホリスティック教育協会（2006, 2008），鈴木（2013）を参照されたい。

4 永田（2013a）は，ESDが持続不可能性に向き合う教育であるのであれば，いじめや体罰に関わる問題に対処すべきであると述べている。

5 日本語訳は原文をもとに，筆者が行った。

　　他の2項は次の通りである。「マイノリティの文化やローカルな地域文化を保持し，文化的多様性を維持することが，ESDにとって力強い基盤となること。これは必ずしも，国民的なアイデンティティの土台を掘り崩すことにはならない。」（第2項），「伝承文化を，現代のグローバルな社会の現実を踏まえて創造的（交響的）に継承していくためには，その文化の最善のものと克服すべきものを見極めていく眼を持つことが大切である。」（第3項）〔引用，日本ホリスティック教育協会（2008：220）〕

6 関係性を取り戻すためのツールとして，イギリスのトニー・ブレア政権によって進められていた「サステナブル・スクール」の枠組みが参考となるだろう。〔参考，Department of Children, Schools and Families（2008）〕また，この枠組みをもとにして，曽我（2010b）はホールスクール・アプローチを取り入れた新たな学校づくりの枠組みを作成し，日本国際理解教育学会第21回研究大会で発表した。

7 例えば，*International Journal of Sustainability in Higher Education* を始めとする学術誌や，本論でも取り上げたスターリンやウォルスらはHESDの論者として関連する文献を執筆している。例えば，Corcoran and Wals（2004），Jones, Selby and Sterling（2010）を参照されたい。

おわりに

　ESD は私たちに持続可能な社会づくりとともに，危機的な問題への対応を考えさせる。それは，私たち人間が自然を破壊する存在であると同時に，それに働きかけて築いてきた文化をもっている存在であることに気づかせてくれる。破壊と創造のバランスを保つためにも，私たちは自分自身に何が正しいかを問い続けていかなければならない。

　本文はじめに引用したセヴァン・スズキの言葉は，地球規模の諸問題への対応だけでなく，私たちの今後のあり方をも考えさせる。「どうやって直すのかわからないものを，こわし続けるのはもうやめてください。」大人の身勝手な行動によって苦しみ，「生きづらさ」の最中にいる子どもや若者の数は計り知れない。売買され，搾取される子どもや若者，誰かによって評価され，序列化される子どもや若者など，目の前にいる子どもや若者の声に耳を傾ける社会にしていくことが求められる。

　地球温暖化を原因とする異常気象による自然災害，地域紛争，多国籍企業による途上国の侵略的開発などによって，世界中で数多くの人々が悲痛な叫び声をあげ，つらさに打ちひしがれた表情を目にする報道が続いている。「弱者」が切り捨てられる社会の再生産はもう終わりにしてほしい。二項対立の図式で議論される知の覇権争いをやめにしよう。地球は「みんなで」守り，よくしていかなければならない，と何度唱えればよいのだろう。

　本論は，この問いの答えには到底ならないが，人間存在の両義性を認め，そのあり方を探究した。また，教育がどのように貢献できるのかについて考察してきた。もちろん，これがすべてではないし，いまだ課題も残るが，この問いに目をそむけることなく，本論が他者とともに居続けるための一助となることを願う。

本論は聖心女子大学大学院文学研究科に提出した博士学位論文「持続可能な
コミュニティと自己変容をもたらす教育」(2014年2月博士学位取得) をもとに
している。本論を書くというプロセスをともに共有したすべての人に感謝の意
を表したい。一人ひとりの存在がなければ，この論文は日の目を見ることもな
かっただろう。未熟な筆者の限界域を少しずつ広げること，深めることに手を
貸してくれた皆さまに深く御礼申し上げたい。ありがとうございました。

　調査にご協力いただきました自由学園関係者の方々，特に，インタビューに
ご協力いただきました在学生および卒業生に厚く御礼申し上げます。

　次に，大学院生室でともに学んできた院生たちに感謝している。どのような
時もともにいて，問いを共有し，切磋琢磨しながら研究を続けてこられたのは，
研究仲間のおかげである。ありがとう。また，母校である聖心女子大学文学部
教育学科の先生方，ならびに在籍中にお世話になった先生方一人ひとりに謝意
を表したい。的確な助言と温かい激励とともに，研究環境の整備にご尽力いた
だいたことに深謝申し上げたい。特に，卒業論文と修士論文でご指導いただい
た高田遵湖先生には，研究の基礎を教えていただいた。また，副査である永野
和男先生と吉田敦彦先生 (大阪府立大学教授) は，筆者の「なぜ？」という問い
に耳を傾け，実り豊かな学びへとつながる深い問いに出会わせてくださった。
博士後期課程の指導教員である永田佳之先生は，7年間という研究生活でさま
ざまな人と出会う機会とともに，定期的な対話の時間を共有してくださり，筆
者の研究は広がりと深まりをもつことができた。また，筆者自身が自己変容の
プロセスをたどるのを静かに，そして温かく見守ってくださったことに深謝し
ている。聖心女子大学という地で多くの方々にケアされながら，本論を書きあ
げることができた。

　本書の刊行に向けて筆者を励まし続けてくださった学文社の落合絵理さんと
の縁つなぎも永田先生であった。大学院在籍時から笑顔で応援し続けてくださ
った落合さんにどれほど筆者は助けられただろう。本書の出版に労をとってく
ださるとともに筆者を温かく見守ってくださったことに深く感謝している。

おわりに　225

最後に，筆者の存在の源である父重信，母つや子に，そしていつも笑顔の源をくれる家族に謝意を表したい。ありがとうございました。

2017 年 12 月

曽我　幸代

参考文献

アインシュタイン，アルバート著，中村誠太郎監訳 (1950)『晩年に想う』日本評論社.

朝岡幸彦 (2005)「グローバリゼーションのもとでの環境教育・持続可能な開発のための教育 (ESD)」日本教育学会編『教育学研究』72(4)，pp.112-125.

浅野智彦 (2012)「若者論の現在」一般財団法人青少年問題研究会編『青少年問題』59(648)，pp.8-13.

阿部治・朝岡幸彦監修，小玉敏也・福井智紀編著 (2010)『持続可能な社会のための環境教育シリーズ [3] 学校環境教育論』筑波書房.

阿部治・田中治彦編 (2012)『アジア・太平洋地域の ESD〈持続可能な開発のための教育〉の新展開』明石書店.

天野郁夫 (1995)『教育改革のゆくえ』東京大学出版会.

淡路剛久・川本隆史・植田和弘・長谷川公一編 (2006)『リーディングス環境　第5巻　持続可能な発展』有斐閣.

飯尾要 (1986)『システム思考入門』日本評論社.

池川清子 (2005)「実践知としてのケアの倫理」川本隆史編『ケアの社会倫理学——医療・看護・介護・教育をつなぐ』有斐閣，pp.137-148.

石川一喜 (2012)「『学習する組織』論の教育分野における展開の可能性——開発教育におけるグローバル人材の育成に向けて」拓殖大学国際開発研究所編『国際開発学研究』12(1)，pp.33-51.

石戸教嗣 (2011)「『教育システム』という森に分け入るにあたって」石戸教嗣・今井重孝編『システムとしての教育を探る——自己創出する人間と社会』勁草書房，pp.1-16.

石山徳子 (2008)「原子力発電と『公正なサステイナビリティ』——リスクに直面する弱者たち」木村武史編『サステイナブルな社会を目指して』春風社，pp.80-94.

井上有一 (2012)「環境教育の『底抜き』を図る——『ラディカル』であることの意味」井上有一・今村光章編『環境教育学——社会的公正と存在の豊かさを求めて』法律文化社，pp.11-32.

乾彰夫 (2010)『〈学校から仕事へ〉の変容と若者たち——個人化・アイデンティティ・コミュニティ』青木書店.

今道友信 (1990)『エコエティカ——生圏倫理学入門』講談社.

今村仁司 (1994a)『近代性の構造——「企て」から「試み」へ』講談社.

――――(1994b)『貨幣とは何だろうか』筑摩書房.

――――(1998)『近代の思想構造——世界像・時間意識・労働』人文書院.

今村光章 (1996)「エーリッヒ・フロムを基底とした環境教育理念構築へのアプローチ」京都大学教育学部編『京都大学教育学部紀要』42，pp.104-114.

――――(2009)『環境教育という〈壁〉——社会変革と再生産のダブルバインドを超えて』昭

和堂.

————編 (2005)『持続可能性に向けての環境教育』昭和堂.

今村光章・五十嵐有美子・石川聡子・井上有一・下村静穂・杉本史生・諸岡浩子 (2010)「バ
　ワーズの『持続可能な文化に向けての環境教育』論の批判的検討」日本環境教育学会編『環
　境教育』19(3)，pp.3-14.

今村光章・石川聡子・井上有一・塩川哲雄・原田智代 (2003)「Bob Jickling の『持続可能性
　に向けての教育 (EfS)』批判」日本環境教育学会編『環境教育』13(1)，pp.22-30.

今村光章・井上有一編 (2012)『環境教育学——社会的公正と存在の豊かさを求めて』法律文
　化社.

岩佐礼子 (2013)「持続可能な発展のための内発的教育 (内発的 ESD)——宮崎県綾町上畑地
　区の事例から」日本環境教育学会編『環境教育』22(2)，pp.14-27.

岩間浩 (2012)「羽仁もと子・自由学園と新自由教育運動」世界新教育学会編『教育新世界
　——世界は一つ，教育は一つ』60，pp.33-48.

内山節 (1997)『貨幣の思想史——お金について考えた人びと』新潮社.

————(1999a)「市場経済と自由——自由から自在へ」内山節・大熊孝・鬼頭秀一・榛村純
　一編『市場経済を組み替える』農山漁村文化協会，pp.212-231.

————(1999b)「市場経済社会を組み替える」内山節・大熊孝・鬼頭秀一・榛村純一編『市
　場経済を組み替える』農山漁村文化協会，pp.11-24.

————(2009)『怯えの時代』新潮社.

————(2010)『シリーズ地域の再生 2　共同体の基礎理論——自然と人間の基層から』農
　山漁村文化協会.

生方秀紀・神田房行・大森亨編 (2010)『ESD (持続可能な開発のための教育) をつくる——
　地域でひらく未来への教育』ミネルヴァ書房.

枝廣淳子監修 (2010)「環境教育の視座——自然と人間の関係性を問う」五島敦子・関口知子
　編『未来をつくる教育 ESD——持続可能な多文化社会をめざして』明石書店，pp.123-145.

江藤裕之 (2007)「通時的・統語論的視点から見た care と cure の意味の相違——care 概念を
　考えるひとつの視点として」長野県看護大学紀要委員会編『長野県看護大学紀要』9，
　pp.1-8.

王娟 (2010)「自由学園北京生活学校の設立について」神戸大学編『鶴山論叢』10，pp.1-19.

大澤真幸 (2008)『不可能性の時代』岩波書店.

————(2010)『量子の社会哲学——革命は過去を救うと猫が言う』講談社.

————(2011)『「正義」を考える——生きづらさと向き合う社会学』NHK 出版.

大島弘和・伊井直比呂 (2012)「ESD 実践のための地域課題探究アプローチ——大阪府立北淀
　高校の成果と大阪ユネスコスクール (ASPnet) 学校群の試み」日本国際理解教育学会編『国
　際理解教育』18，明石書店，pp.82-89.

太田孝子 (1998)「自由学園北京生活学校の教育——日中戦時下の教育活動」岐阜大学編『岐
　阜大学留学生センター紀要』1，pp.3-19.

大宅壮一（1980）「羽仁もと子と自由学園」『大宅壮一全集──大学の顔役』14，蒼洋社，pp.248-271.

岡部美香（2012）「無為の生み出す豊かさ──共に在ることにおいて立ち現れるこの私たちの存在と意義」井上有一・今村光章編『環境教育学──社会的公正と存在の豊かさを求めて』法律文化社，pp.165-186.

小栗有子（2005a）「持続可能な開発のための教育論の展開方法としての内発的発展論──鶴見和子のコペルニクス的大転換の過程を中心に」鹿児島大学生涯学習教育研究センター編『鹿児島大学生涯学習教育研究センター年報』2，pp.18-29.

────（2005b）「成人教育からみた持続可能な開発のための教育の意義と可能性」日本社会教育学会年報編集委員会編『日本の社会教育　グローバリゼーションと社会教育・生涯学習』49，東洋館出版社，pp.173-185.

────（2008）「持続可能な地域社会を創造する学びとローカルな知──水俣地元学の成立と発展の意味を問う」日本社会教育学会年報編集委員会編『日本の社会教育〈ローカルな知〉の可能性──もうひとつの生涯学習を求めて』52，東洋館出版社，pp.65-78.

────（2012）「『当事者主権』としての地元学序論──吉本地元学の進化の意味をもとめて」鹿児島大学生涯学習教育研究センター編『鹿児島大学生涯学習教育研究センター年報』9，pp.8-18.

尾関周二編（2001）『エコフィロソフィーの現在──自然と人間の対立をこえて』大月書店.

────（2007）『環境思想と人間学の革新』青木書店.

小澤紀美子（2008）「学校教育における環境教育の実践と課題」社団法人環境情報科学センター編『環境情報科学』37(2)，pp.24-29.

小田勝己（2011）『サステイナブル社会と教育──ESD の新しい軸』アカデミア・プレス.

織田康幸（2013）「学校づくりにおける校長のリーダーシップに関する事例研究──『学習する組織』論の視点から」三重大学教育学部附属教育実践統合センター編『三重大学教育学部附属教育実践統合センター紀要』33，pp.1-6.

外務省（2012）「国連持続可能な開発会議（リオ＋20）」〈http://www.mofa.go.jp/mofaj/gaiko/kankyo/rio_p20/gaiyo.html〉（2013 年 10 月 12 日）

────「ミレニアム目標（MDGs）とは」〈http://www.mofa.go.jp/mofaj/gaiko/oda/doukou/mdgs/about.html#goals〉（2012 年 6 月 4 日）

外務省国際機関人事センター「国連欧州経済委員会（UNECE）」〈http://www.mofa-irc.go.jp/link/kikan_unece.html〉（2013 年 9 月 14 日）

加藤尚武（1991）『環境倫理学のすすめ』丸善.

────（2005）『新・環境倫理学のすすめ』丸善.

川嶋直（2011）「ESD における E（教育）とは何か──個の変革を目指す参加・体験型の学びのスタイル」立教大学 ESD 研究センター監修『次世代 CSR と ESD──企業のためのサステナビリティ教育』ぎょうせい，pp.185-215.

河野勝彦（2001）「環境哲学の構築にむけて」尾関周二編『エコフィロソフィーの現在──自

然と人間の対立をこえて』大月書店，pp.85-107.

環境省「環境教育・環境学習，環境保全活動」〈http://www.env.go.jp/policy/suishin_ho/kai-sei_2011.html〉(2013年7月16日)

――――(2010)『平成22年版　環境白書　循環型社会白書／生物多様性白書―地球を守る私たちの責任と約束―チャレンジ25』，〈http://www.env.go.jp/policy/hakusyo/h22/html/hj10010000.html#n1_0〉(2013年9月18日)

菊地栄治(2006)「持続可能な教育社会へ――新自由主義の教育改革とどう向き合うか」日本ホリスティック教育協会，吉田敦彦・永田佳之・菊地栄治編『持続可能な教育社会をつくる――環境・開発・スピリチュアリティ』せせらぎ出版，pp.190-209.

北村友人(2009)「開発途上国の教育政策に対する国際機関の影響」日本比較教育学会編『比較教育学』39，東信堂，pp.91-106.

鬼頭秀一(1996)『自然保護を問いなおす――環境倫理とネットワーク』筑摩書房.

――――(1999a)「いのちと環境の『かけがえのなさ』と市場経済――生と死，性，環境がつきつけるもの」内山節・大熊孝・鬼頭秀一・榛村純一編『市場経済を組み替える』農山漁村文化協会，pp.25-47.

――――編(1999b)『環境の豊かさをもとめて――理念と運動(講座　人間と環境12)』昭和堂.

――――(2008)「環境倫理におけるホリスティックな視点のESD」日本ホリスティック教育協会，永田佳之・吉田敦彦編『持続可能な教育と文化――深化する環太平洋のESD』せせらぎ出版，pp.157-164.

――――(2009)「環境倫理の現在――二項対立図式を越えて」鬼頭秀一・福永真弓編『環境倫理学』東京大学出版会，pp.1-22.

鬼頭秀一・福永真弓編(2009)『環境倫理学』東京大学出版会.

木村武史編(2008)『サステイナブルな社会を目指して』春風社.

教皇庁正義と平和評議会著，シーゲル，マイケル訳(2009)『教会の社会教説綱要』カトリック中央協議会.

教皇ベネディクト16世(2010)「2010年世界平和の日メッセージ」カトリック中央協議会.

清里環境教育フォーラム実行委員会編(1992)『日本型環境教育の「提案」――自然との共生をめざして』小学館.

国際教育法研究会編(1987)『教育条約集』三省堂.

国際自然保護連合・国連環境計画・世界自然保護基金著，世界自然保護基金日本委員会訳(1992)『かけがえのない地球を大切に――新・世界環境保全戦略』小学館.

国連環境開発会議(1992)『環境と開発に関するリオ宣言』〈http://www.env.go.jp/council/21kankyo-k/y210-02/ref_05_1.pdf〉(2012年6月4日)

「国連持続可能な開発のための教育の10年」関係省庁連絡会議(2009)「国連持続可能な開発のための教育の10年ジャパンレポート――我が国のUNDESDに関する取組及び優良事例」〈http://www.cas.go.jp/jp/seisaku/kokuren/090709report.pdf〉(2012年7月11日)

小谷敏(2013)「もちあげ・たたき・あきらめさせる――若者論の20年をふりかえって」一

般財団法人青少年問題研究会編『青少年問題』60 (649)，pp.2-7.

小森谷浩志 (2012)『協奏する組織——認識力のある主体の観点から』学文社.

斉藤道雄 (2002)『悩む力——べてるの家の人びと』みすず書房.

————(2010)『治りませんように——べてるの家のいま』みすず書房.

斉藤道子 (1988)『羽仁もと子——生涯と思想』ドメス出版.

桜井厚 (2002)『インタビューの社会学——ライフストーリーの聞き方』せりか書房.

佐藤郁哉 (1992)『フィールドワーク増訂版——書を持って街へ出よう』新曜社.

————(2008)『質的データ分析法——原理・方法・実践』新曜社.

佐藤真久 (2012)「内発的外向型発展論と ESD の内発性と外発性」佐藤真久・阿部治編『持
続可能な開発のための環境教育シリーズ〔4〕持続可能な開発のための教育　ESD 入門』
筑波書房，pp.211-230.

佐藤真久・阿部治編 (2012)『持続可能な開発のための環境教育シリーズ〔4〕持続可能な開
発のための教育　ESD 入門』筑波書房.

佐藤真久・阿部治・アッチア，マイケル (2008)「トビリシから 30 年——アーメダバード会
議の成果とこれから」社団法人環境情報科学センター編『環境情報科学』37 (2)，pp.3-14.

佐藤真久・菊池慶子 (2010)「日本の高等教育機関における持続可能な開発のための教育
(ESD) の実施動向——Baltic21 大学プログラム (BUP) の ESD11 要素に基づく現代 GP
関連活動の分析を通して」『日本環境教育学会関東支部年報』4，pp.33-38.

シヴァ，ヴァンダナ著，松本丈二訳 (2002)『バイオパイラシー——グローバル化による生命
と文化の略奪』緑風出版.

————著，戸田清・鶴田由紀訳 (2003)『生物多様性の危機——精神のモノカルチャー』明
石書店.

————著，山本規雄訳 (2007)『アース・デモクラシー』明石書店.

持続可能な開発のための教育の 10 年推進会議［ESD-J］「ESD の 10 年の経緯」〈http://
www.esd-j.org/j/esUNDESD.php?catid=86〉(2012 年 5 月 31 日)

シャーマー，C・オットー著，中土井僚・由佐美加子訳 (2010)『U 理論——過去や偏見にと
らわれず，本当に必要な「変化」を生み出す技術』英治出版.

自由学園食の学び推進委員会 (2009)『自由学園　生活即教育ブックレット「食の学び一貫教
育」』自由学園出版局.

自由学園総合企画室編 (2010)『自由学園とは？100 問 100 答』自由学園広報室.

消費者庁「消費生活情報」〈http://www.caa.go.jp/information/index12.html〉(2013 年 7 月 16 日)

小路口聡 (2010)「"モッタイナイ"から"シノビナイ"へ——中国哲学 (儒教思想) の叡知に
学ぶ」松尾友矩・竹村牧男・稲垣論編『エコ・フィロソフィ入門——サステナブルな知と
行為の創出』ノンブル社，pp.65-80.

島薗進 (2007)「危機の時代における科学と宗教——生命の価値と文化の差異」島薗進・氷見
勇一監修『スピリチュアリティといのちの未来——危機の時代における科学と宗教』人文
書院，pp.16-39.

鈴木克徳 (2011)「世界的動向」阿部治監訳, 荻原彰編『高等教育と ESD――持続可能な社会のための高等教育』大学教育出版, pp.1-31.

鈴木敏正 (2012)『持続可能で包容的な社会のために――3・11後社会の「地域をつくる学び」』北樹出版.

――――(2013)「『持続可能な開発のための教育 (ESD)』の教育学的再検討――開発教育と環境教育の理論的・実践的統一のために」北海学園大学編『開発論集』91, pp.127-153.

鈴木敏正・佐藤真久 (2012)「『外部のない』時代における環境教育と開発教育の実践的統一に向けた理論的考察――『持続可能で包容的な地域づくり教育 (ESIC)』の提起」日本環境教育学会編『環境教育』21 (2), pp.3-14.

スターマン, ジョン・D. 著, 枝廣淳子・小田理一郎訳 (2009)『システム思考――複雑な問題の解決技法』東洋経済.

スピヴァック, ガヤトリ・C. 著, 上村忠男訳 (1998)『サヴァルタンは語ることができるか』みすず書房.

関上哲 (2008)「まちづくりとローカルな知――地域通貨の学びを中心に」日本社会教育学会年報編集委員会編『日本の社会教育〈ローカルな知〉の可能性――もうひとつの生涯学習を求めて』52, 東洋館出版社, pp.92-104.

センゲ, ピーター・M. (2010)「序文」シャーマー, C・オットー著, 中土井僚・由佐美加子訳『U理論――過去や偏見にとらわれず, 本当に必要な「変化」を生み出す技術』英治出版, pp.21-30.

――――著, 枝廣淳子・小田理一郎・中小路佳代子訳 (2011)『学習する組織――システム思考で未来を創造する』英治出版.

曽我幸代 (2007)「聖心会の教育的伝統に関する一考察――カトリック女子教育への創立者の意思について」日本カトリック教育学会編『カトリック教育研究』24, pp.26-41.

――――(2010a)「人間中心的な自然観からの転換――『持続可能な開発』の視点から」聖心女子大学編『聖心女子大学大学院論集』32 (2), pp.97-113.

――――(2010b)「イギリスにおけるサステナブル・スクールのためのナショナル・フレームワークの再考」日本国際理解教育学会第 21 回研究大会発表抄録, pp.115-116.

――――(2011a)「地域に根ざした持続可能な開発と高等教育――インド・ナヴダーニャの多様性の保護を事例として」聖心女子大学編『聖心女子大学大学院論集』33 (2), pp.131-150.

――――(2011b)「『価値中心』の ESD の実践にむけたシューマッハー・カレッジからの示唆」国立教育政策研究所編『国立教育政策研究所紀要』140, pp.225-234.

――――(2012)「持続可能性に求められる思考様式に関する一考察――システム思考の視点から」国立教育政策研究所編『国立教育政策研究所紀要』141, pp.221-230.

――――(2013a)「〈人間中心〉的な自然観の再考――持続可能な開発のための教育 (ESD) の基盤構築に向けて」日本カトリック教育学会編『カトリック教育研究』30, pp.3-24.

――――(2013b)「ESD における『自分自身と社会を変容させる学び』に関する一考察――システム思考に着目して」国立教育政策研究所編『国立教育政策研究所紀要』142,

pp.101-115.

高橋和也・小林亮（2012）「ESD 実践のためのホールスクール・アプローチ——自由学園における自治的生活と食育を事例に」日本国際理解教育学会編『国際理解教育』18，明石書店，pp.72-81.

竹端寛（2010）「ボランタリー・アクションの未来——障害者福祉政策における社会起業家の視点から」国際ボランティア学会編『ボランティア研究』10，pp.15-38.

———（2011）「福祉現場の構造に関する現象学的考察——『U 理論』と『魂の脱植民地化』概念を手がかりに」山梨学院大学編『法学論叢』68，pp.363-389.

竹村景生・曽我幸代（2012）「ESD 実践のためのインフュージョン・アプローチ——奈良教育大学附属中学校のカリキュラム再編」日本国際理解教育学会編『国際理解教育』18，明石書店，pp.63-71.

タッカー，マリー（2007）「宗教とエコロジー——高まりつつある協調」島薗進・氷見勇一監修『スピリチュアリティといのちの未来——危機の時代における科学と宗教』人文書院，pp.228-243.

田中綾乃（2010）「ヨーロッパの自然観と基本姿勢」松尾友矩・竹村牧男・稲垣諭編『エコ・フィロソフィ入門——サステイナブルな知と行為の創出』ノンブル社，pp.81-97.

田中裕（1998）『現代思想の冒険者たち　ホワイトヘッド——有機体の哲学』2，講談社.

千葉杲弘監修（2004）『国際教育協力を志す人のために——平和・共生の構築へ』学文社.

『中日新聞』2011 年 11 月 18 日朝刊 19 面「『足尾』と『福島』酷似——正造の警告世紀超え」.

辻敦子（2012）「『いまを生きること』の豊かさを求めて——児童文学『モモ』が語る生命の時間」井上有一・今村光章編『環境教育学——社会的公正と存在の豊かさを求めて』法律文化社，pp.144-164.

鶴見俊輔（2010）『教育再定義への試み』岩波書店.

デイリー，ハーマン・E. 著，新田功・蔵本忍・大森正之共訳（2005）『持続可能な発展の経済学』みすず書房.

土井かおる（2003）「マクフェイグにおけるケアの倫理——環境問題へのキリスト教の可能性と課題」関西学院大学神学研究会編『神学研究』50，pp.133-141.

土井隆義（2004）『「個性」を煽られる子どもたち——親密圏の変容を考える』岩波書店.

———（2008）『友だち地獄——「空気を読む」世代のサバイバル』筑摩書房.

———（2009）『キャラ化する／される子どもたち——排除型社会における新たな人間像』岩波書店.

戸崎純（2005）「持続可能な社会への架橋のために——サブシステンス視座の含意」郭洋春・戸崎純・横山正樹編『環境平和学——サブシステンスの危機にどう立ち向かうか』法律文化社，pp.3-24.

戸崎純・横山正樹編（2002）『環境を平和学する！——「持続可能な開発」からサブシステンス志向へ』法律文化社.

ドブソン，アンドリュー編著，松尾真・中尾ハジメ訳（1995）『原典で読み解く環境思想入門

グリーン・リーダー』ミネルヴァ書房.

トランスファー 21 編著, 由井義通・卜部匡司監訳 (2012)『ESD コンピテンシー──学校の質的向上と形成能力の育成のための指導方針』明石書店.

内閣府 (2012)『平成 24 年版　自殺対策白書』〈http://www8.cao.go.jp/jisatsutaisaku/whitepaper/w-2012/pdf/honbun/pdf/p78-84.pdf〉(2013 年 7 月 15 日)

中澤静男 (2012)「教員養成における ESD 授業実践の意義に関する一考察──持続発展教育 (ESD) 概論の授業実践を通して」奈良教育大学教育実践開発研究センター編『教育実践開発研究センター研究紀要』21, pp.98-107.

───(2014)「国際理解教育における ESD で優先すべき学習内容──持続可能な社会づくりに関する課題の整理から」日本国際理解教育学会編『国際理解教育』20, 明石書店, pp.3-12.

永田佳之 (2006)「持続可能な教育実践とは──ホールスクール・アプローチを超えて」日本ホリスティック教育協会, 吉田敦彦・永田佳之・菊地栄治編『持続可能な教育社会をつくる──環境・開発・スピリチュアリティ』せせらぎ出版, pp.34-61.

───(2007)「〈いのち〉をはぐくむケアリングな共同体──フリースペース『たまりば (えん)』」『アジア太平洋地域の持続可能な開発のための教育に関する国際研究集会に向けた企画調査』平成 18 年度科研費報告書 (科学研究費補助金基盤研究 C) http://www.nier.go.jp/hidekim/ESD/CaringCommunityJ.pdf (2015 年 9 月 16 日)

───(2009a)「ポスト・ネオリベラルな時代の教育の行方──『サスティナビリティ』を手がかりに」日本比較教育学会編『比較教育学研究』39, 東信堂, pp.74-90.

───(2009b)「サスティナブルな未来のための学び──ESD (持続可能な開発のための教育) とは」NPO 法人家庭科教育研究者連盟編『家教連　家庭科研究』285, pp.4-11.

───(2010)「持続可能な未来への学び──ESD とは何か」五島敦子・関口知子編『未来をつくるための教育 ESD──持続可能な多文化社会をめざして』明石書店, pp.97-121.

───(2011)「〈ポスト 3・11〉に期待されるオルタナティブ教育のミッション」開発教育協会『開発教育』編集委員会編『開発教育 2011』58, pp.55-71.

───(2012)「ESD の実践へと導く四つのアプローチ──日本におけるグッド・プラクティスからの示唆」日本国際理解教育学会編『国際理解教育』18, 明石書店, pp.44-51.

───(2013a)「ガラパゴス化する日本の ESD──世界的に求められるホリスティック・アプローチ」日本ホリスティック教育協会『ホリスティック教育ニュース』86 (2013 年 2 月 20 日), pp.2-6.

───(2013b)「グローバル化時代における〈聖心スピリット〉の涵養──海外スタディツアーの試みを事例に」聖心女子大学キリスト教文化研究所編『宗教なしで教育はできるのか』春秋社, pp.211-239.

永田佳之・原郁雄他 (2012)「特集 ESD と国際理解教育」日本国際理解教育学会編『国際理解教育』18, pp.44-86.

中西紹一 (2011)「CSR を牽引する『対話 (ダイアローグ)』とは何か──ESD における『対

話」の位置づけと次世代 CSR」立教大学 ESD 研究センター監修『次世代 CSR と ESD
——企業のためのサステナビリティ教育』ぎょうせい, pp.141-184.

中村香（2004）「ピーター・センゲの『学習する組織』——社員の力量形成を企業の発展につ
なげるプロセス」日本社会教育学会年報編集委員会編『日本の社会教育 成人の学習』48,
東洋館出版社, pp.228-240.

————（2005）「企業の社会的責任（CSR）に関する一考察——学習する組織論と関連して」
お茶の水女子大学大学院人間文化創成科学研究科生涯学習論研究室編『お茶の水女子大学
生涯学習実践研究』3, pp.51-65.

————（2011）「成人の学習を組織化する省察的実践——学習する組織論に基づく一考察」
日本教育学会編『教育学研究』78（2）, pp.26-37.

中村昇（2007）『ホワイトヘッドの哲学』講談社.

奈良教育大学附属中学校（2007）『研究集録第 36 集——ESD の理念にもとづく学校づくり（2
年次）』.

成田喜一郎（2009）「ESD へのアプローチ」ユネスコ・アジア文化センター [ACCU]『ESD
教材活用ガイド——持続可能な未来への希望』ACCU, pp.93-107.

西井麻美・藤倉まなみ・大江ひろ子・西井寿里編（2012）『持続可能な開発のための教育
（ESD）の理論と実践』ミネルヴァ書房.

日本科学者会議編（2008）『環境事典』旬報社.

日本環境教育学会編（2012）『環境教育』教育出版.

日本聖書協会（1992）「創世記」『聖書 新共同訳』.

日本ホリスティック教育協会, 吉田敦彦・永田佳之・菊地栄治編（2006）『持続可能な教育社
会をつくる——環境・開発・スピリチュアリティ』せせらぎ出版.

————永田佳之・吉田敦彦編（2008）『持続可能な教育と文化——深化する環太平洋の
ESD』せせらぎ出版.

————吉田敦彦・守屋治代・平野慶次編（2009）『ホリスティック・ケア——新たなつなが
りの中の看護・福祉・教育』せせらぎ出版.

ノガル, R. J.（1969）「進化論的ヒューマニズムとキリスト教」日本版コンキリウム編集局編『対
話：キリスト者の今日的務め』南窓社, pp.127-141.

ノーバーグ＝ホッジ, ヘレン著,『懐かしい未来』翻訳委員会訳（2011）『懐かしい未来——
ラダックから学ぶ』懐かしい未来の本.

バウマン, ジークムント著, 森田典正訳（2001）『リキッド・モダニティ——液状化する社会』
大月書店.

羽仁翹（2005）『よく生きる人を育てる——偏差値ではなく人間値』教文館.

羽仁もと子（1928a）『羽仁もと子著作集 半生を語る』14, 婦人之友社.

————（1928b）『羽仁もと子著作集——家庭教育篇（下）』11, 婦人之友社.

————（1931）『羽仁もと子著作集 みどりごの心』16, 婦人之友社.

————（1950）『羽仁もと子著作集 教育 30 年』18, 婦人之友社.

―――――（1955）『羽仁もと子著作集――友への手紙』19，婦人之友社.

広井良典（1997）『ケアを問いなおす――〈深層の時間〉と高齢化社会』筑摩書房.

―――――（2000）『ケア学――越境するケアへ』医学書院.

―――――（2001）『死生観を問いなおす』筑摩書房.

―――――（2006）『持続可能な福祉社会――「もうひとつの日本」の構想』筑摩書房.

―――――（2009）『コミュニティを問いなおす――つながり・都市・日本社会の未来』筑摩書房.

広田照幸（2009）『格差・秩序不安と教育』世織書房.

フィエン，ジョン著，石川聡子・石川寿敏・塩川哲雄・原子栄一郎・渡部智暁訳（2001）『環境のための教育――批判的カリキュラム理論と環境教育』東進堂.

深井慈子（2005）『持続可能な世界論』ナカニシヤ出版.

藤田英典（2007）『誰のための「教育再生」か』岩波書店.

ブラボー，エリザベス（2007）「自然を操作・改造する」島薗進・氷見勇一監修『スピリチュアリティといのちの未来――危機の時代における科学と宗教』人文書院，pp.244-281.

フレイレ，パウロ著，小沢有作・楠原彰・柿沼秀雄・伊藤周訳（1979）『被抑圧者の教育学』亜紀書房.

ベック，ウルリッヒ著，木前利秋・中村健吾監訳（2005）『グローバル化の社会学――グローバリズムの誤謬――グローバル化への応答』国文社.

ポーキングホーン，ジョン著，本多峰子訳（2000）『科学と宗教――一つの世界』玉川大学出版部.

ポランニー，カール著，玉野井芳郎・平野健一郎編訳（2003）『経済の文明史』筑摩書房.

堀尾輝久（1989）『教育入門』岩波書店.

ホワイト・ジュニア，リン著，青木靖三訳（1972）『機械と神――生態学的危機の歴史的根源』みすず書房.

ホワイトヘッド，アルフレッド・ノース著，上田泰治・村上至孝訳（1981）『ホワイトヘッド著作集　科学と近代世界』6，松籟社.

―――――著，藤川吉美訳（1982）『ホワイトヘッド著作集 自然という概念』4，松籟社.

本田由紀（2007）『若者の労働と生活世界――彼らはどんな現実を生きているか』大月書店.

松尾友矩・竹村牧男・稲垣諭編（2010）『エコ・フィロソフィ入門――サステイナブルな知と行為の創出』ノンブル社.

丸山英樹（2009）「ESD ではぐくむ『学力』」ユネスコ・アジア文化センター［ACCU］『ESD 教材活用ガイド――持続可能な未来への希望』ACCU，pp.109-130.

―――――（2011）「ユネスコスクールにおける ESD 活動の成果と課題に関する一考察――実践前後における回答を比較して」ACCU『ひろがりつながる ESD 実践事例 48』ACCU，pp.148-166.

見田宗介（2006）『社会学入門――人間と社会の未来』岩波書店.

間瀬啓允（1996）『エコロジーと宗教』岩波書店.

向谷地生良（2006）『「べてるの家」から吹く風』いのちのことば社.

村上陽一郎（1986）『近代科学を超えて』講談社.

―――（2002a）『近代科学と聖俗革命〈新版〉』新曜社.

―――（2002b）『西欧近代科学――その自然観の歴史と構造〈新版〉』新曜社.

―――（2006）『文明の死／文化の再生』岩波書店.

―――（2010）『人間にとって科学とは何か』新潮社.

メドウズ，ドネラ・H，メドウズ，デニス・L，ランダース，ジャーガン，ベアランズ三世，ウィリアム・W著，大来佐武郎監訳（1972）『成長の限界――ローマ・クラブ「人類の危機」レポート』ダイアモンド社.

メドウズ，ドネラ・H，メドウズ，デニス・L，ランダース，ヨルゲン著，茅陽一監訳（1992）『限界を超えて――生きるための選択』ダイアモンド社.

森岡正博（2003）『無痛文明論』トランスビュー.

森田恒幸・川島幸子（1993）「『持続可能な発展論』の現状と課題」『三田学会雑誌』85(4)，pp.532-561.

森村修（2000）『ケアの倫理』大修館書店.

森本あんり（1998）『現代に語りかけるキリスト教』日本キリスト教団出版局.

守屋彰夫（1998）「聖書の自然観――環境問題への視座」東京女子大学編『東京女子大学紀要論集』49(1)，pp.109-125.

文部科学省（2008）「教育振興基本計画」〈http://www.mext.go.jp/a_menu/keikaku/080701/002.pdf〉（2012年5月22日）

―――（2013a）「教育振興基本計画」〈http://www.mext.go.jp/a_menu/keikaku/detail/__ics-Files/afieldfile/2013/06/14/1336379_02_1.pdf〉（2013年9月14日）

―――（2013b）「教職員のメンタルヘルス対策について（最終まとめ）」〈http://www.mext.go.jp/component/b_menu/shingi/toushin/__icsFiles/afieldfile/2013/03/29/1332655_03.pdf〉（2013年10月6日）

矢口克也（2010）「『持続可能な発展』理念の実践過程と到達点」国立国会図書館調査及び立法考査局編『総合調査報告書「持続可能な社会の構築」』pp.15-49.

山田昌弘（2012）「青年の『アイデンティティ』の二重構造」一般財団法人青少年問題研究会編『青少年問題』59(648)，pp.2-7.

山中信幸（2014）「意識変容の学習としての開発教育――ペダゴジーとアンドラゴジーの理論に基づく実践的検討」日本国際理解教育学会編『国際理解教育』20，明石書店，pp.13-23.

祐岡武志・田渕五十生（2012）「国際理解教育としての世界遺産教育――世界遺産を通した『多様性』の学びと学習者の『変化』」日本国際理解教育学会編『国際理解教育』18，pp.14-23.

湯川秀樹（1976）『目には見えないもの』講談社.

ユネスコ・アジア文化センター［ACCU］（2009）『ESD教材活用ガイド――持続可能な未来への希望』ACCU.

―――（2011）『ひろがりつながるESDの実践事例48』ACCU.

ユネスコスクール「ユネスコスクールとは」〈http://www.unesco-school.jp/?page_id=34〉(2013年7月16日)

横川和夫 (2003)『降りていく生き方——「べてるの家」が歩む，もうひとつの道』太郎次郎社.

吉田敦彦 (1999)『ホリスティック教育論——日本の動向と思想の地平』日本評論社.

————(2007)『ブーバーの対話論とホリスティック教育——他者・呼びかけ・応答』勁草書房.

————(2008)「結 ESDへの『子ども』と『文化』の視点——『ホリスティック ESD 宣言』解読」日本ホリスティック教育協会，永田佳之・吉田敦彦編『持続可能な教育と文化——深化する環太平洋の ESD』せせらぎ出版，pp.208-220.

————(2009)「ケアの三つの位相とその補完関係——〈ひとり〉と〈みんな〉の間の〈ふたり〉」日本ホリスティック教育協会 吉田敦彦・守屋治代・平野慶次編『ホリスティック・ケア——新たなつながりの中の看護・福祉・教育』せせらぎ出版，pp.190-209.

吉見周子 (1978)「羽仁もと子」円地文子監修『人物日本の女性史　教育・文学への黎明』12，集英社，pp.189-218.

ラズロ，アーヴィン (2010)「『いまこそ必要な知恵』を育む——現代教育の最重要課題」教育改革国際シンポジウム実行委員会編『教育改革国際シンポジウム報告書「持続可能な開発」と 21 世紀の教育——未来の子ども達のために今，私たちにできること——教育のパラダイム変換』国立教育政策研究所，pp.7-21.

立教大学 ESD 研究センター監修 (2011)『次世代 CSR と ESD——企業のためのサステナビリティ教育』ぎょうせい.

レオポルド，アルド著，新島義昭訳 (1997)『野生のうたが聞こえる』講談社.

Asia-Pacific Cultural Centre for UNESCO [ACCU]. (2010). *ESD Journey of HOPE: Final Report of the Asia-Pacific Forum for ESD Educators and Facilitators*. ACCU.

Baltic University Programme [BUP].〈http://www.balticuniv.uu.se/〉(2013 年 10 月 29 日)

Cranton, Patricia A. (1992). *Working with Adult Learners*. Wall & Emerson.〔入江直子・豊田千代子・三輪建二訳 (2006)『おとなの学びを拓く—自己決定と意識変容をめざして』鳳書房.〕

Corcoran, Peter Blaze and Wals, Arjen E. J. (ed). (2004). *Higher Education and the Challenge of Sustainability*. Kluwer Academic Publishers.

Department of Children, Schools and Families [DCSF]. (2008). *S3: Sustainable School Self-evaluation: Driving School Improvement through Sustainable Development*. DCSF.

————(2009). *Planning a Sustainable School: Driving School Improvement through Sustainable Development*. DCSF.

Fien, John. and Tilbury, Daniella. (2002). The Global Challenge of Sustainability. in Tilbury, Daniella. and Stevenson, Robert B. (ed.). *Education and Sustainability: Responding to the Global Challenge*. World Conservation Union, pp.1-12.

Gilligan, Carol. (1982) *In a Different Voice: Psychological Theory and Woman's Development*. Harvard University Press. 〔岩男寿美子監訳. 生田久美子・並木美智子共訳(1986)『もう一つの声——男女の道徳観の違いと女性のアイデンティティ』川島書店.〕

Government Office for London [GOL]. (2008). *Towards Whole School Sustainability: a View from London Schools*. GOL.

Guevara, Jose Roberto., Nagata, Yoshiyuki. and Shibao, Tomoko. (ed.). (2012). *Tales of Hope III: EFA-ESD Linkages and Synergies*. ACCU.

Huxley, Julian. (1946). *UNESCO: Its Purpose and Its Philosophy*. 〔上田康一訳(1950)『ユネスコの目的と哲学』日本教文社.〕 ⟨http://unesdoc.unesco.org/images/0006/000681/068197eo.pdf⟩ (2012年6月4日)

Inglis, Tom. (1997). Empowerment and Emancipation. *Adult Education Quarterly*. 48 (1), pp.3-17.

Intergovernmental Conference on Environmental Education for Sustainable Development [Tbilishi + 35]. (2012). *Tbilisi Communiqué: Educate Today for a Sustainable Future*. IUCN ⟨https://cmsdata.iucn.org/downloads/tbilisi_story_komunike_small.pdf⟩ (2013年10月20日)〔丸山英樹・永田佳之訳(2013)「トビリシ宣言——持続可能な未来に向けた今日の教育——解説と訳」日本国際理解教育学会編『国際理解教育』19, 明石書店, pp.109-117.〕

International Conference on Environmental Education [ICEE]. (2007). *The Ahmedabad Declaration 2007: A Call to Action: 4th ICEE Environmental Education towards a Sustainable Future: Partners for the Decade of Education for Sustainable Development*. ⟨http://www.esd-j.org/documents/4thicee_ahmedabad_declaration.pdf⟩ (2012年8月25日参照)〔永田佳之訳(2008)「アーメダバード宣言——行動への呼びかけ」日本ホリスティック教育協会, 永田佳之・吉田敦彦編『持続可能な教育と文化——深化する環太平洋の ESD』せせらぎ出版, pp.224-226.〕

International Labour Organization [ILO]. (2013). *Global Employment Trends 2013: Recovering from a Second Job*. Geneva: ILO. ⟨http://www.ilo.org/wcmsp5/groups/public/---dgreports/---dcomm/---publ/documents/publication/wcms_202326.pdf⟩ (2013年7月12日)

International Union for the Conservation of Nature and Natural Resources [IUCN]. (1980). *World Conservation Strategy: Living Resource Conservation for Sustainable Development*. ⟨http://data.iucn.org/dbtw-wpd/edocs/WCS-004.pdf⟩ (2012年6月4日)

Jarvis, Peter. (2007). *Globalisation, Lifelong Learning and the Learning Society: Sociological Perspectives*. Routledge.

Jickling, Bob. (1992). Why I Don't Want My Children to Be Educated for Sustainable Development. *Journal of Environmental Education*. 23 (4). Routledge, pp.5-8.

————(1998). Education for the Environment: a Critique. *Environmental Education Research*. 4 (3). Routledge, pp.309-327.

Jones, Paula., Selby, David and Sterling, Stephen. (ed). (2010). *Sustainability Education: Perspectives and Practice across Higher Education*. Earthscan.

Korean National Commission for UNESCO [KNCU]. (2009). *Regional Collection of Good Prac-*

tices in Achieving MDGs through ESD in Asia and the Pacific Region 2009. KNCU.

Mayeroff, Milton. (1971). *On Caring*. HarperPerennial.〔田村真・向野宣之訳 (1987)『ケアの本質——生きることの意味』ゆみる出版.〕

McFague, Sally. (1997). *Super, Natural, Christians: How We Should Love Nature*. Fortress Press.

McKean, Erin. (eds.). (2005). *New Oxford American Dictionary 2nd ed.*, Oxford University Press.

McKeown, Rosalyn. and Hopkins, Charles. (2007). Moving Beyond the EE and UNDESD Disciplinary Debate in Formal Education. *Journal of Education for Sustainable Development*. 1(1). Sage Publications, pp.17-26.

Merriam, Sharan B. and Caffarella, Rosemary S. (1999). *Learning in Adulthood: a Comprehensive Guide*. Jossey-Bass, Inc.〔立田慶裕・三輪建二訳 (2005)『成人期の学習——理論と実践』鳳書房.〕

Mezirow, Jack. (1998). Transformative Learning and Social Action: a Response to Inglis. *Adult Education Quarterly*. 49(1), pp.70-72.

————(2009). An Overview in Transformative Learning. in Illeris, Knud. (eds.). *Contemporary Theories of Learning: Learning Theorists...in Their Own Words*. Routledge, pp.90-105.

Mochizuki, Yoko. and Fadeeva, Zinaida. (2010). Competences for Sustainable Development and Sustainability: Significance and Challenge for ESD. *International Journal of Sustainability in Higher Education*. 11(4). Emerald, pp.391-403.

Nagata, Yoshiyuki. and Teasdale, Jennie. (ed.). (2007). *Roots and Wings: Fostering Education for Sustainable Development: Holistic Approaches towards ESD (Final Report of International Workshops and Symposium: Holistic Approaches towards Education for Sustainable Development (ESD) : Nurturing "Connectedness" in Asia and the Pacific in an Era of Globalization)*. Japan Holistic Education Society & Asia/Pacific Cultural Centre for UNESCO (ACCU).

National Institute for Educational Policy Research〔NIER〕./UNESCO-APEID (2004). *Educational Innovation for Sustainable Development*. The Department for International Research and Co-operation NIER.〈http://www2.unescobkk.org/elib/publications/Edu_innovation/NIER_Report.pdf〉(2012 年 11 月 19 日)

Noddings, Nel. (1984). *Caring: a Feminine Approach to Ethic & Moral Education*. University of California Press.〔立山善康・林泰成・清水重樹・宮崎宏志・新茂之訳 (1997)『ケアリング——倫理と道徳の教育——女性の観点から』晃洋書房.〕

Nordin, Noradilah Md. Talib, Mansor Abu. and Yaacob, Siti Nor. (2009). Personality, Loneliness and Mental Health among Undergraduates at Malaysian Universities. *European Journal of Scientific Research*. 36(2). EuroJournals Publishing, pp.285-298.

Orr, David W. (1992). *Ecological Literacy: Education and the Transition to a Postmodern World*. State University of New York Press. pp.23-40.

————(2004). *Earth in Mind: on Education, Environment and the Human Prospect*. Island Press.

Phillips, Anne. (2008) *Holistic Education: Learning from Schumacher College*. Green Books.

Presencing Institute [PI]. 〈http://www.presencing.com〉(2013 年 1 月 13 日)

Presencing Institute Community Japan [PICJ]. 〈http://www.presencingcomjapan.org〉(2013 年 1 月 13 日)

Prigogine, Ilya. and Stengers, Isabelle. (1984). *Order out of Chaos: Man's New Dialogue with Nature.* Flamingo.〔伏見康治・伏見譲・松枝秀明訳 (1987)『混沌からの秩序』みすず書房.〕

Rohweder, Lisa. and Virtanen, Anne. (ed.). (2008). *Learning for a Sustainable Future: Innovative Solutions from the Baltic Sea Region.* The Baltic University Press.

Selby, David. and Kagawa, Fumiyo. (2010). Runaway Climate Change as Challenge to the 'Closing Circle' of Education for Sustainable Development. *Journal of Education for Sustainable Development.* 4(1). Sage Publications, pp.37-50.

Shaeffer, Sheldon. (2006). *Beyond "Learning to Live together": the Key to Education for Sustainable Development.* Expert Meeting on ESD: Reorienting Education to Address Sustainability. Bangkok: UNESCO. 〈http://www.unescobkk.org/fileadmin/user_upload/esd/documents/workshops/kanchanburi/shaeffer_key_ppt.pdf〉(2012 年 8 月 25 日)

Schumacher College. 〈http://www.schumachercollege.org.uk/〉(2013 年 10 月 16 日)

Simpson, Paul L. Schumaker, John F. Dorahy, Martin J. and Shrestha, Sarvagya N. (1996). Depression and Life Satisfaction in Nepal and Australia. *The Journal of Social Psychology.* 136(6). Taylor and Francis, pp.783-790.

Society for Organizational Learning [SoL]. 〈http://www.solonline.org〉(2014 年 1 月 13 日)

Society for Organizational Learning Japan [SoL Japan]. 〈http://www.soljapan.org/〉(2014 年 1 月 13 日)

Sterling, Stephen. (2001). *Sustainable Education: Re-visioning Learning and Change.* Green Books.

───(2003). Whole Systems Thinking as a Basis for Paradigm Change in Education: Explorations in the Context of Sustainability, Ph.D. Thesis, University of Bath. 〈http://www.bath.ac.uk/cree/sterling.htm〉(2009 年 8 月 27 日)

───(2004). Higher Education, Sustainability, and the Role of Systemic Learning. in Corcoran, Peter Blaze and Wals, Arjen E. J. (ed.). *Higher Education and the Challenge of Sustainability.* Kluwer Academic Publishers. pp.49-70.

───(2007). Riding the Storm: towards a Connective Cultural Consciousness. Wals, Arjen E. J. (eds.). *Social Learning towards Sustainable World.* Wageningen Academic.

Teasdale, G. R. and Rhea, Z. Ma. (2000). A Dialogue between the Local and the Global. *Local Knowledge and Wisdom in Higher Education.* Pergamon, pp.1-14.

Thaman, Konai. (2007). Learning to Be: a Perspective of Education for Sustainable Development in Oceania. in Nagata, Yoshiyuki. and Teasdale, Jennie. (ed.). *Roots and Wings: Fostering Education for Sustainable Development: Holistic Approaches towards ESD (Final Report of International Workshops and Symposium: Holistic Approaches towards Education for Sustainable Devel-*

opment（ESD）: *Nurturing "Connectedness" in Asia and the Pacific in an Era of Globalization*）. Japan Holistic Education Society & Asia/ Pacific Cultural Centre for UNESCO（ACCU）, pp.87-103.〔天野郷子訳（2008）「存在を深める学び──オセアニアから見た ESD への視点」日本ホリスティック教育協会. 永田佳之・吉田敦彦編『持続可能な教育と文化──深化する環太平洋の ESD』せせらぎ出版. pp.50-69.〕

─────（2008）. Nurturing Relationships and Honouring Responsibilities: a Pacific Perspective. *International Review of Education*. 54, Springer, pp.459-473.

United Nations［UN］.（1981）. Annex: Report of the Advisory Committee for the International Youth Year. *Report of the Secretary-General: International Youth Year: Participation, Development, Peace*. A/36/215. New York: UN.

─────（1992）. *Earth Summit Agenda 21: the United Nations Programme of Action from Rio.* 〈http://www.un.org/esa/dsd/agenda21/〉（2012 年 6 月 4 日）

─────（2012）. The Future We Want. 〈http://sustainabledevelopment.un.org/futurewewant.html〉（2012 年 8 月 27 日）

United Nations Economic Commission for Europe［UNECE］.（2011）. *Learning for Future: Competences in Education for Sustainable Development*. ECE/CEP/AC.13/2011/6. Geneva: UN-ECE.

United Nations Environment Programme［UNEP］.（1972）. Educational, Information, Social and Cultural Aspects of Environmental Issues. *Report of the United Nations Conference on the Human Environment.* 〈http://www.unep.org/Documents.Multilingual/Default.asp?DocumentID=97&ArticleID=1511&l=en〉（2012 年 6 月 4 日）

─────（2003）. *Cultural Diversity and Biodiversity for Sustainable Development*. Nairobi: UNEP.

United Nations Educational, Scientific and Cultural Organization［UNESCO］. "Education for Sustainable Development" 〈http://www.unesco.org/new/en/education/themes/leading-the-international-agenda/education-for-sustainable-development/〉（2012 年 8 月 17 日）

─────（1972）. *Learning to Be: the World of Education Today and Tomorrow*. Paris: UNESCO.

─────（1975）. *The Belgrade Charter: a Global Framework for Environmental Education.* 〈http://portal.unesco.org/education/en/file_download.php/47f146a292d047189d9b3ea7651a2b-98The+Belgrade+Charter.pdf〉（2012 年 6 月 4 日）

─────（1978）. Declaration and Recommendations of the Conference. *Intergovernmental Conference on Environmental Education Tbilisi（USSR）: Final Report.* 〈http://unesdoc.unesco.org/images/0003/000327/032763eo.pdf〉（2012 年 6 月 4 日）

─────（1988）. *UNESCO-UNEP Congress Environmental Education and Training: International Strategy for Action in the Field of Environmental Education and Training for the 1990s.* 〈http://unesdoc.unesco.org/images/0008/000805/080583eo.pdf〉（2012 年 6 月 4 日）

─────（1994）. *Environment and Population Education and Information for Human Development （EPD）: UNESCO's Interdisciplinary and Inter-agency Cooperation Project.* 〈http://unesdoc.unesco.org/images/0014/001405/140596eb.pdf〉(2010 年 6 月 4 日)

————(1996). *Learning: The Treasure within.* Paris: UNESCO.〔天城勲監訳 (1997)『学習——秘められた宝 ユネスコ「21 世紀教育国際委員会」報告書』ぎょうせい.〕

————(1997). *International Conference Environment and Society: Education and Public Awareness for Sustainability.* 〈http://unesdoc.unesco.org/images/0011/001177/117772eo.pdf〉(2012 年 6 月 4 日)〔阿部治・市川智史・佐藤真久・野村康・高橋正弘 (1999)「『環境と社会に関する国際会議——持続可能性のための教育とパブリック・アウェアネス』におけるテサロニキ宣言」日本環境教育学会編『環境教育』8(2), pp.71-74.〕

————(2000). *The Dakar Framework for Action: Education for All: Meeting Our Collective Commitments.* Paris: UNESCO.〔文部科学省ホームページ参照：〈http://www.mext.go.jp/unesco/004/003.htm〉(2012 年 6 月 4 日)〕

————(2001). *Unesco Universal Declaration on Cultural Diversity.* Paris: UNESCO.

————(2002). *Learning to Be: a Holistic and Integrated Approach to Value Education for Human Development.* Bangkok: UNESCO.

————(2005a). *Education for Sustainable Development: Asia-Pacific Region.* Paris: UNESCO.〔国立教育政策研究所訳 (2006)『アジア太平洋地域における「持続可能な開発のための教育」』〕

————(2005b). *UNDESD International Implementation Scheme.* Paris: UNESCO.

————(2005c). *Guidelines and Recommendations for Reorienting Teacher Education to Address Sustainability.* Paris: UNESCO.〔国立教育政策研究所訳 (2007)『持続可能性に向けた教師教育の新たな方向づけ——ガイドライン及び提言』〕

————(2006). *Framework for the UNDESD International Implementation Scheme.* Paris: UNESCO.

————(2008). *ESD on the Move: National and Sub-regional ESD Initiatives in the Asia-Pacific Region.* Bangkok: UNESCO.

————(2009a). *UNESCO Associated Schools: Second Collection of Good Practices in Education for Sustainable Development.* Paris: UNESCO.

————(2009b). *Review of Contexts and Structures for Education for Sustainable Development.* Paris: UNESCO.〔国立教育政策研究所訳 (2010)『国連持続可能な開発のための教育の 10 年中間レビュー——ESD の文脈と構造』〕

————(2009c). *UNESCO World Conference on Education for Sustainable Development: Bonn Declaration.* 〈http://unescodoc.unesco.org/images/0018/001887/188799e.pdf〉(2012 年 8 月 25 日)

————(2010). *Education for Sustainable Development Lens: a Policy and Practice Review Tool.* Paris: UNESCO.

————(2011a). *Education for Sustainable Development: an Expert Review of Process and Learning.* Paris: UNESCO.

————(2011b). *Astrolabe: a Guide to Education for Sustainable Development Coordination in Asia*

参考文献　243

and the Pacific. Bangkok: UNESCO.

―――(2012). *Education for All Global Monitoring Report 2012: Youth and Skills: Putting Education to Work.* Paris: UNESCO.

―――(2014a). *Aichi-Nagoya Declaration on Education for Sustainable Development.* 〈http://www.unesco.org/new/fileadmin/MULTIMEDIA/HQ/ERI/pdf/Aichi-Nagoya_Declaration_EN.pdf〉(2015 年 9 月 27 日)

―――(2014b). *UNESCO Roadmap for Implementing the Global Action Programme on Education for Sustainable Development.* Paris: UNESCO.

Wade, Ros. and Parker, Jenneth. (2008). *EFA-ESD Dialogue: Educating for a Sustainable World. Education for Sustainable Development Policy Dialogue No.1.* Paris: UNESCO.

Wals, Arjen. E. J. (2007). *Social Learning towards Sustainable World.* Wageningen Academic Publishers.

―――(2010). *Message in a Bottle: Learning Our Way out of Unsustainability.* Wageningen University.

―――(2011). Learning Our Way to Sustainability. *Journal of Education for Sustainable Development.* 5(2). Sage Publications, pp.177-186.

World Commission on Environment and Development [WCED]. (1987). *Our Common Future.* Oxford University Press.

索 引

あ行

IIS　6, 7, 15, 62, 65, 70
生きづらさ　17, 82, 130, 148, 151, 180, 216, 218
ESD　4-8, 10-12, 19, 104, 111-117, 121-125, 149-156, 175, 217-222
ESD レンズ　133-137

か行

学習する組織　37, 38, 128, 129
学習の4本柱　94, 132-144
環境教育　5, 8, 10, 11, 61, 98-100
傷つきやすさ　75-77, 84
既存の教育プログラムの再方向づけ　7, 9, 13, 214
教育振興基本計画　4, 91
ケア（care）　15, 16, 67, 70-78, 83-86, 88, 147, 204-206, 212-218
形容詞付きの教育　11, 12, 95, 150, 154

さ行

再帰的　50, 85, 153, 218
再生産　5, 10, 18, 65, 87, 201, 215
システム思考　14, 20, 33-36, 38, 43, 44, 46, 47, 50, 78-80, 116-118, 121, 129, 130, 212
持続可能な開発（Sustainable Development）　2, 62, 63, 65, 85-88, 101, 103, 110, 212, 219
自治　168-170, 178, 191, 192, 202, 205, 213
自分自身と社会を変容させるための学び　7, 13, 19, 130, 132, 134-137, 139, 143, 145, 149, 221

自由学園　22, 162-177, 198-206
スチュワードシップ（stewardship）　67, 69, 70
生活即教育　163, 168, 175, 198, 213
『成長の限界』　3, 34, 48, 61, 95

な行

人間中心　21, 27, 67-69, 78

は行

バックキャスティング　41, 42, 106, 112, 130
羽仁もと子　22, 164, 171-174, 199
フォアキャスティング　106, 112
不確実性　3, 16, 17, 31, 49, 54, 74, 153, 213
変容（transformation）　14, 86, 118, 119, 122, 123, 125, 202
変容的学習　126, 217
ホールインスティチューション・アプローチ　161, 203
ホールスクール・アプローチ　120, 123, 143, 161-163, 177, 203

や行

UNDESD　4, 6, 7, 15
ユネスコ　4, 7, 9, 92-94, 132
ユネスコスクール　5, 123-125
U プロセス　38, 80-82, 117, 138, 145, 148
U 理論　37-39, 41, 42, 80

ら行

レバレッジ　33, 35, 36, 47, 130, 148

【著者紹介】

曽我幸代（そが　さちよ）
聖心女子大学大学院文学研究科博士後期課程修了　博士（人間科学）
現在，名古屋市立大学大学院人間文化研究科准教授

主要著作
「持続可能な社会と SDGs」『転換期・名古屋の都市公共政策―リニア到来と大都市の未来像』（伊藤泰彦・小林直三・三浦哲司編，ミネルヴァ書房，2020 年）
「ホリスティックな学びとは？―持続可能な社会と私たちのかかわり」『ワークで学ぶ教育の方法と技術』（小林弘毅・齋藤智哉編，ナカニシヤ出版，2019 年）
『新たな時代の ESD　サスティナブルな学校を創ろう―世界のホールスクールから学ぶ』（永田佳之との共編著・翻訳，明石書店，2017 年）
「自由学園の実践～〈みんな〉の中で一人ひとりが大切にされる教育とは～」『対話がつむぐホリスティックな教育―変容をもたらす多様な実践』（高橋和也との共著，日本ホリスティック教育協会編，創成社，2017 年）

社会変容をめざす ESD―ケアを通した自己変容をもとに

2018年 1 月18日　　第 1 版第 1 刷発行
2020年 9 月10日　　第 1 版第 2 刷発行

著者　曽　我　幸　代

発行者　田　中　千津子

発行所　株式会社　学　文　社

〒153-0064　東京都目黒区下目黒3-6-1
電話　03（3715）1501 ㈹
FAX 03（3715）2012
http://www.gakubunsha.com

©Sachiyo SOGA 2018　　　Printed in Japan　　　印刷　新灯印刷㈱
乱丁・落丁の場合は本社でお取替えします。
定価は売上カード，カバーに表示。

ISBN978-4-7620-2756-7